'संगीत' का विशेष प्रकाशन

प्रकाशन-संख्या–१५७

फ़िल्म संगीत

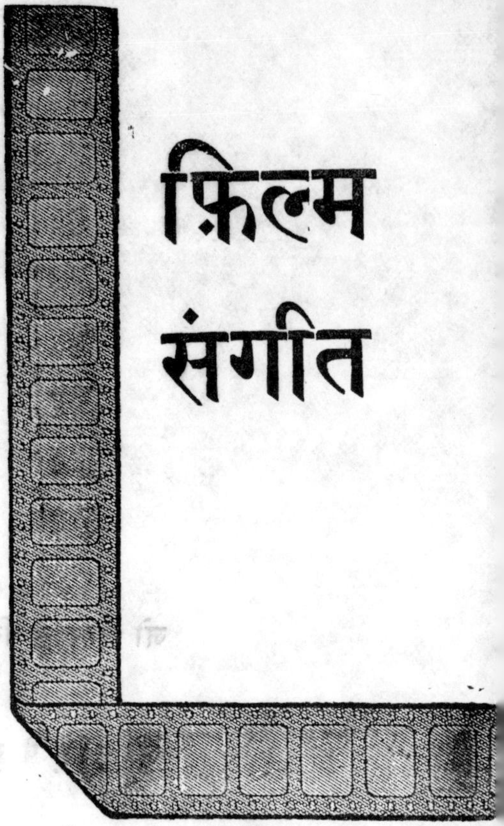

फ़िल्मी ग़ज़ल अंक

संस्थापक :
प्रभूलाल गर्ग
(काका हाथरसी)

प्रधान संपादक :
डॉ० लक्ष्मीनारायण गर्ग

वर्ष १२ अंक १
जनवरी, १९७१

प्रकाशन-स्थान :
संगीत कार्यालय
हाथरस (उ० प्र०)

जो तार से निकली है,

वो धुन सबने सुनी है।

जो साज़ पे गुज़री है,

वो किस दिल को पता है ?

☐ साहिर लुधियानवी

सि • ल • सि • ला

नग़्म - ए - एडीटर • ५

१. आपकी नज़रों ने समझा प्यार के क़ाबिल मुझे • ७
फ़िल्म : अनपढ़ • शब्द : राजा मेहँदीअली ख़ाँ • गायन : लता मंगेशकर

२. है इसी में प्यार की आबरू, वो जफ़ा करें, मैं वफ़ा करूँ • १०
फ़िल्म : अनपढ़ • शब्द : राजा मेहँदीअली ख़ाँ • गायन : लता मंगेशकर

३. तुम्हारी ज़ुल्फ़ के साए में शाम कर लूँगा • १२
फ़िल्म : नौनिहाल • शब्द : कैफ़ी आज़मी • गायन : मुहम्मद रफ़ी

४. छू लेने दो नाज़ुक होठों को, कुछ और नहीं है, जाम है ये • १६
फ़िल्म : काजल • शब्द : साहिर लुधियानवी • गायन : मुहम्मद रफ़ी

५. फिर वही शाम, वही ग़म, वही तनहाई है • १८
फ़िल्म : जहाँआरा • शब्द : राजेन्द्रकृष्ण • गायन : तलत महमूद

६. हाले-दिल यूँ उन्हें सुनाया गया • २०
फ़िल्म : जहाँआरा • शब्द : राजेन्द्रकृष्ण • गायन : लता मंगेशकर

७. नसीब में जिसके जो लिखा था, वो तेरी महफ़िल में काम आया • २३
फ़िल्म : दो बदन • शब्द : शकील बदायूँनी • गायन : मुहम्मद रफ़ी

८. भरी दुनिया में आख़िर दिल को समझाने कहाँ जाएँ • २६
फ़िल्म : दो बदन • शब्द : शकील बदायूँनी • गायन : मुहम्मद रफ़ी

९. मैंने ले लिया है शायद तेरा नाम बेख़ुदी में • २९
फ़िल्म : फिर बहार आई • शब्द : कमल राजस्थानी • गायन : मुहम्मद रफ़ी

१०. जुर्मे-उल्फ़त पे हमें लोग सज़ा देते हैं • ३३
फ़िल्म : ताजमहल • शब्द : साहिर लुधियानवी • गायन : लता मंगेशकर

११. तुम्हारी मस्त नज़र गर इधर नहीं होती • ३७
फ़िल्म : दिल ही तो है • शब्द : साहिर लुधियानवी • गायन : मुकेश व लता मंगेशकर

१२. रहते थे कभी जिनके दिल में हम जान से भी प्यारों की तरह • ४२
फ़िल्म : ममता • शब्द : मजरूह • गायन : लता मंगेशकर

१३. अश्कों ने जो पाया है, वह गीतों ने दिया है • ४४
फ़िल्म : चाँदी की दीवार • शब्द : साहिर लुधियानवी • गायन : तलत महमूद

१४. फिर वो भूली-सी याद आई है • ४६
फ़िल्म : बेगाना • शब्द : शैलेन्द्र • गायन : मुहम्मद रफ़ी

१५. ये न थी हमारी क़िस्मत कि विसाले-यार होता • ४८
फ़िल्म : मैं नशे में हूँ • शब्द : ग़ालिब • गायन : लता मंगेशकर

१६. है बस कि हरएक उनके इशारे में निशां और • ५१
फ़िल्म : मिर्ज़ा ग़ालिब • शब्द : ग़ालिब • गायन : मुहम्मद रफ़ी

१७. तेरे कूचे में अरमानों की दुनिया लेके आया हूँ • ५५
फ़िल्म : दिल्लगी • शब्द : शकील बदायूँनी • गायन : मुहम्मद रफ़ी

१८. मुझको इस रात की तनहाई में आवाज़ न दो • ५८
फ़िल्म : दिल भी तेरा, हम भी तेरे • शब्द : शमीम जयपुरी • गायन : मुकेश
१९. अब क्या मिसाल दूँ मैं तुम्हारे शबाब की • ६१
फ़िल्म : आरती • शब्द : मजरूह • गायन : मुहम्मद रफ़ी
२०. उनको ये शिकायत है कि हम कुछ नहीं कहते • ६६
फ़िल्म : अदालत • शब्द : राजेन्द्रकृष्ण • गायन : लता मंगेशकर
२१. यूँ हसरतों के दाग़ मुहब्बत में धो लिए • ७०
फ़िल्म : अदालत • शब्द : राजेन्द्रकृष्ण • गायन : लता मंगेशकर
२२. मेरी ज़िन्दगी के चराग़ को तेरी बेरुख़ी नें बुझा दिया • ७३
फ़िल्म : जाल • शब्द : राजा मेहँदीअली ख़ाँ • गायन : लता मंगेशकर
२३. न किसी की आँख का नूर हूँ, न किसी के दिल का क़रार हूँ • ७६
फ़िल्म : लाल किला • शब्द : बहादुरशार जफ़र • गायन : मुहम्मद रफ़ी
२४. लगता नहीं है दिल मेरा, उजड़ दयार में • ७९
फ़िल्म : लाल किला • शब्द : बहादुरशाह जफ़र • गायन : मुहम्मद रफ़ी
२५. दिल जलता है तो जलने दे, आँसू न बहा, फरियाद न कर • ८३
फ़िल्म : पहली नज़र • शब्द : आह सीतापुरी
२६. तुम एक बार मुहब्बत का इम्तिहान तो लो • ८७
फ़िल्म : बाबर • शब्द • साहिर लुधियानवी • गायन : मुहम्मद रफ़ी
२७. जानेवाले से मुलाक़ात न होने पाई • ८९
फ़िल्म : अमर • शब्द : शकील बदायूँनी • गायन : लता मंगेशकर
२८. न मिलता ग़म तो बरबादी के अफ़साने कहाँ जाते • ९१
फ़िल्म : अमर • शब्द : शकील बदायूँनी • गायन : लता मंगेशकर
२९. तस्वीर बनाता हूँ, तस्वीर नहीं बनती • ९५
फ़िल्म : बारादरी • शब्द : खुमार बाराबंकवी • गायन : तलत महमूद
३०. कभी ख़ुद पे, कभी हालात पे रोना आया • ९९
फ़िल्म : हम दोनों • शब्द : साहिर लुधियानवी • गायन : मुहम्मद रफ़ी
३१. तुम्हें देखा है मैंने गुलिसिताँ में • १०३
फ़िल्म : चंदन का पालना • शब्द : आनन्द बख्शी • गायन : मुहम्मद रफ़ी
३२. हम हैं मता-ए-कूचा-ओ बाज़ार की तरह • १०७
फ़िल्म : दस्तक • शब्द : मजरूह • गायन : लता मंगेशकर
३३. वक़्त करता जो वफ़ा, आप हमारे होते • १११
फ़िल्म : दिल ने पुकारा • शब्द : इन्दीवर • गायन : मुकेश
३४. मिलती है ज़िन्दगी में मुहब्बत कभी-कभी • ११४
फ़िल्म : आँखें • शब्द : साहिर लुधियानवी • गायन : लता मंगेशकर
३५. मैं तो इक ख़्वाब हूँ, इस ख़्वाब से तू प्यार न कर • ११९
फ़िल्म : हिमालय की गोद में • शब्द : जलालाबादी • गायन : मुकेश
अकारादिक्रम से गीत-सूची (फ़िल्मी ग़ज़ल अंक) • १२१
स्वरलिपि-चिह्न-परिचय • १२२

नग़्म-ए-एडीटर

फ़िल्मों के गीत-साहित्य पर यदि गम्भीरतापूर्वक विचार किया जाए, तो उसमें ग़ज़लों का महत्त्वपूर्ण योगदान सिद्ध होता है। सवाक् फ़िल्मों के प्रारम्भ से जितने भी गीतकारों ने इस क्षेत्र में पदार्पण किया, उनमें अधिकांश संख्या उर्दू के शायरों की थी। हिन्दी कवियों ने भी अनेक श्रेष्ठ गीतों की रचना की, किन्तु उर्दू-कवियों के अनुपात से उनकी संख्या काफ़ी कम रही।

चूंकि 'ग़ज़ल' स्वयं उर्दू-काव्य की एक समृद्ध शैली है और प्रेम या मुहब्बत की अभिव्यक्ति का सरलतम माध्यम भी, फलतः मोहक स्वरों का संयोग पाकर जनमानस पर इसका सीधा और गहरा प्रभाव पड़ा। कहरवा, दादरा, रूपक और पश्तो-जैसी चपल तथा सरल तालों में गाए जाने के कारण इसका रूप निखरा और निखरता ही गया। 'क़मर' जलालाबादी, स्वर्गीय 'शकील' बदायूँनी, स्व० राजा मेहँदीअली ख़ाँ, 'हसरत' जयपुरी, 'साहिर' लुधियानवी, 'मजरूह' सुल्तानपुरी, 'कैफ़ी' आज़मी, राजेन्द्रकृष्ण इत्यादि फ़िल्म-क्षेत्र के प्रमुख शायरों ने बेहतरीन ग़ज़लें लिखकर फ़िल्म-संगीत के भण्डार को समृद्ध किया। यद्यपि ये लोग शुद्ध ग़ज़ल-शैली का पूर्णरूपेण निर्वाह नहीं कर पाए, फिर भी इनके गीतों में ग़ज़ल का रंग सर्वोपरि रहा। फ़िल्म-निर्माताओं ने इन शायरों के अतिरिक्त और भी अनेक प्राचीन-अर्वाचीन शायरों—ग़ालिब, ज़ौक़, जफ़र, दाग़, जिगर, बहज़ाद, शमीम आदि—की ग़ज़लों का प्रयोग किया, जिनका समय-समय पर दर्शक तथा श्रोताओं द्वारा उचित स्वागत किया गया। परिणामतः फ़िल्म-संगीत के क्षेत्र में ग़ज़लों की तूती खूब बोली और आज भी बोल रही है। 'मुझको इस रात की तनहाई में आवाज़ न दो', 'तुम चाँद-से हसीन हो या आफ़ताब हो', 'मुझे बार-बार छेड़ा तेरी ज़ुल्फ़ की घटा ने', 'दिल की ऐ धड़कन ठहर जा, मिल गई मंज़िल मुझे', 'तुम्हारी ज़ुल्फ़ के साए में शाम कर लूँगा', 'होती है दिलबरों की इनायत कभी-कभी' इत्यादि मिसरे जब मधुर स्वर और मादक सौंदर्य के साथ कर्णगोचर हुए, तो भावुक हृदय झूम-झूम उठे। हाँ, पाषाणों की बात अलग रही।

मनुष्य स्वभाव से ही सरलता, सरसता, सौंदर्य, प्रेम और माधुर्य का उपासक रहा है। यह सभी-कुछ उसने येन-केन-प्रकारेण ग़ज़लों में पाया। हर्ष में, विषाद में, अमीरी में, ग़रीबी में—यहाँ तक कि फ़ाक़ामस्ती में भी ग़ज़लों के मिसरे गुनगुनाकर

उसे सांत्वना मिली। उसकी अपनी जटिल-से-जटिल समस्याओं का हल भी ग़ज़लों में मिला। सीधी-सादी भाषा में यह कहिए कि प्रत्येक परिस्थिति में ग़ज़ल का कोई-न-कोई टुकड़ा उसका सहयोगी बन गया। फ़िल्म-संगीत की सरस, सरल और मधुर शैली ने इसके मोहक स्वरूप में चार चाँद लगा दिए। यही सब कारण हैं जो फ़िल्मी ग़ज़लों को लोकप्रिय बनाने में सहायक सिद्ध हुए।

फ़िल्मी गायकों और संगीत-निर्देशकों ने भी ग़ज़ल को कलेजे से लगाया। सर्वप्रथम निर्मित बोलती फ़िल्म 'आलमआरा' में ग़ज़लों अथवा ग़ज़ल-शैली के गीतों का ही बोलवाला था। उसके बाद अनेक फ़िल्में बनीं, उनमें से अधिकांश को 'फड़कती ग़ज़लों' के कारण ही लोकप्रियता मिली। नूरजहाँ, खुर्शीद, सहगल, सुरैया, शमशाद बेगम, लता मंगेशकर, मुहम्मद रफ़ी, तलत महमूद, मुकेश, मन्ना डे, आशा भोसले इत्यादि प्रसिद्ध गायक-गायिकाओं ने तथा नौशाद, मदनमोहन, शंकर-जयकिशन, कल्याणजी-आनन्दजी, रवि और अब लक्ष्मीकांत-प्यारेलाल आदि प्रमुख संगीत-निर्देशकों ने मोहक धुनों द्वारा ग़ज़ल की ख्याति को चरमोत्कर्ष पर पहुँचाने में सहायता की।

यहाँ अब एक प्रश्न विचारणीय है। यह ठीक है कि ग़ज़लों ने फ़िल्मों की रौनक़ बढ़ाई और फ़िल्मों ने ग़ज़लों को प्राण दिए, परन्तु इस सब खेल में ग़ज़ल बेचारी का 'शोरबा' बन गया—उसका अंग-भंग हो गया, उसके साथ मनमानी की गई और वह बेचारी आज सिसक रही है। आज के श्रोताओं की एक बड़ी संख्या 'गीत' और 'ग़ज़ल' में अन्तर नहीं समझती। फ़िल्मों में प्रयुक्त ग़ज़लों को 'गीत' ही कहा जाता है। यहाँ हमें 'गीत' शब्द की व्यापकता के प्रश्न में न उलझकर अपने श्रोताओं को फ़िल्म-संगीत के चमन में महकनेवाली विभिन्न खुशबुओं के सही नाम से भी परिचित बनाए रखना है। बक़ौल किसी शायर—"चमन में इख़्तिलाफ़े-रंगो-बू से बात बनती है। हमीं हम हैं तो हम क्या हैं, तुम्हीं तुम हो तो तुम क्या हो?" अस्तु—

हमारे बहुत-से शुभचिंतक पाठकों का अनुरोध था कि इस बार जनवरी, १९७१ में 'फ़िल्म-संगीत' का विशेषांक 'फ़िल्मी ग़ज़ल अंक' प्रकाशित किया जाए। फलस्वरूप हमने गतांक में प्रस्तुत विशेषांक के प्रकाशन की घोषणा कर दी और पाठकों से उनकी प्रिय ग़ज़लों के नाम जानने चाहे, किन्तु उत्तर में हमें एक भी शुद्ध ग़ज़ल की फ़र्माइश प्राप्त नहीं हुई। हाँ, फ़र्माइशें अनेक प्राप्त हुईं, किन्तु उन्हें 'ग़ज़ल' नहीं कहा जा सकता था। अंततोगत्वा हमने फ़िल्म-संगीत के इतिहास पर विहंगम दृष्टिपात किया और कुछ लोकप्रिय फ़िल्मों की प्रसिद्ध (हिट) ग़ज़लों का चयन करके उपलब्ध रिकॉर्डों को स्वरांकित कराया जिनमें अनेक रिकॉर्ड अप्राप्य रहे। हमने इस विशेषांक में शुद्ध फ़िल्मी ग़ज़लें प्रकाशित करने का जो स्वप्न संजोया था, पूर्ण न हो सका। तथापि प्रस्तुत अंक में अधिक-से-अधिक शुद्ध ग़ज़लें प्रकाशित करने का प्रयत्न किया गया है और कुछ ग़ज़लनुमा गीत भी देने पड़े हैं। हमारे इस प्रयास का यदि पाठकों द्वारा स्वागत किया गया, तो भविष्य में भी हम फ़िल्म-संगीत की विभिन्न विधाओं पर उपयोगी विशेषांक प्रकाशित करते रहेंगे। □ □ □

फ़िल्मी ग़ज़लें

आपकी नज़रों ने समझा (१)

संगीत-लिपि : देवकीनन्दन धवन

आपकी नज़रों ने समझा प्यार के क़ाबिल मुझे।
दिल की ए धड़कन, ठहर जा, मिल गई मंज़िल मुझे।।
जी, हमें मंज़ूर है आपका ये फ़ैसला,
कह रही है हर नज़र, बंदापरवर, शुक्रिया!
हँसके अपनी ज़िंदगी में कर लिया शामिल मुझे।।
आपकी मंज़िल हूँ मैं, मेरी मंज़िल आप हैं,
क्यों मैं तूफ़ाँ से डरूँ, मेरा साहिल आप हैं।
कोई तूफ़ानों से कह दे, मिल गया साहिल मुझे।।
पड़ गईं दिल पर मेरे, आपकी परछाइयाँ,
हर तरफ़ बजने लगीं सैकड़ों शहनाइयाँ।
दोजहाँ की आज खुशियाँ हो गईं हासिल मुझे।।

□ फ़ि० : अनपढ़

संगीत : मदनमोहन • **गीत** : राजा मेहँदीअली खाँ • **गायन** : लता मंगेशकर

रूपक ताल

पार्श्व-संगीत :

×			२		३		×			२		३	
प़	ध़	ऩि	प़	ध़	ऩि	रे	सा	–	सा	सा	–	सा	–
सा	सासा	सासा	रे	म	प	ध॒	नि॒	सां	म	नि॒	ध॒प	सां	नि॒
रेंरें	सां	सां	सां	–	रेंरें	नि॒	सां	–	रेंसां	नि॒प	–	प	–
आऽ	ऽ	प	की	ऽ	नऽ	ज़	रों	ऽ	नेऽ	समऽ	ऽ	झा	ऽ

प   रें

ग॒ं – ग॒ं | ग॒ंमं रें | रेंग॒ं,रें सां | सां नि॒ नि॒सां | रेंरें सांसां | नि॒ध॒ नि॒

प्या ऽ र | केऽ ऽ | क़ाऽऽ ऽ | बिल ऽ मुऽ | झेऽ ऽऽ | ऽऽ ऽ

नि॒

रें सां सां | सां – | –रें नि॒ | सां – रेंसां | प प | प –

दिल ऽ की | ऐ ऽ | अ ड़ | कन ऽ ठऽ | ह र | जा ऽ

प   रें

ग॒ं – ग॒ं | ग॒ंमं रें | रेंग॒ं,रें सां | सां नि॒ नि॒सां | रेंरें सांसां | नि॒ध॒ नि॒

मिल ऽ ग | ईऽ ऽ | मंऽऽ ऽ | ज़िल ऽ मुऽ | झेऽ ऽऽ | ऽऽ ऽ

नि॒

रेंग॒ं मंग॒ं रेंसां | सां – | रेंग॒ं,रें नि॒ | सां – सांरें | सां – | सां –

आऽ ऽऽ पऽ | को ऽ | नऽऽ ज़ | रों ऽ नेऽ | सम ऽ | झा ऽ

[रें – ग॒ंमं | रें सां | सां प | सां – रेंग॒ं | सां प | प म

(पार्श्व-संगीत :

नि॒ धसां नि॒ | प ध॒ | सां ध | नि॒ नि॒रें सांरें | नि॒सां ध॒नि॒ | प ध॒]

प

सां – –नि | सां – | सांग॒ं रेंसां | नि॒ध सांनि॒ ध॒प | प – | मपधसां नि॒

जो ऽ अह | में ऽ | मंऽ ऽऽ | ज़ूऽ ऽऽ रऽ | है ऽ | ऽऽऽऽ ऽ

म   सां

नि॒ – नि॒प | ग॒ं – | – रेग॒ं | नि॒धसांनि॒ – ध॒ | प ग॒ं | रेंरें नि॒

आ ऽ पऽ | का ऽ | अ येऽ | फ़ैऽऽऽ ऽ स | ला ऽ | ऽऽ ऽ

नि॒

सां – सांरें | सां – | | | प ध॒ | नि॒ सां

जी ऽ हऽ | में ऽ | मंज़ूर है आपका ये फ़ैस— | ला ऽ | ऽ ऽ

रें रें रें | रें – | रें – | ग॒ं ग॒ं रें | ग॒ं रेंरें | सांसां नि॒ध॒

क ह र | ही ऽ | है ऽ | ह र न | ज़र ऽऽ | ऽऽ ऽऽ

ध॒ – नि॒ | सांरें ग॒ंमं | ग॒ं सां | सां सां सांरें | नि॒सां नि॒रें,सां | ध॒ नि॒

बं ऽ दा | पर ऽऽ | व र | शु क् रिऽ | याऽ ऽऽऽ | ऽ ऽ

नि॒

रें सां सां | सां सां | रेंग॒ं,रें नि॒ | सां – रेंसां | प – | प –

हं स के | अ प | नीऽऽ ऽ | ज़ि ऽ दऽ | गी ऽ | में ऽ

प   रें
गं गं गं | गंमं रें | रेंगंरें सां | सां नि निसां | रेंरें सांसां | निध नि
क र लि | याऽ ऽ | शाऽऽ ऽ | मिल ऽ मुऽ | झेऽ ऽऽ | ऽऽ ऽ

नि
रेंगं मंगं रेंसां | सां – | रेंगं,रें नि | सां – सांरें | सां – | सां –
आऽ ऽऽ पऽ | को ऽ | नऽऽ ज़ | रों ऽ नेऽ | सम ऽ | झा ऽ

पार्श्व-संगीत :
पं मं रेंगं | मं गंरें | सां नि | गं रें निसां | रें सांनि | धनि प

ध ध सां
नि धनि धसां | नि नि | ध सां | नि नि धसां | नि नि | ध प

प
सां – सां | सां – | सांगं रेंसां | निध सांनि धप | प – | मपधसां नि
आ ऽ प | की ऽ | मंऽ ऽऽ | ज़िलऽ ऽऽ हूँऽ | मैं ऽ | ऽऽऽऽ ऽ

म
नि – निप | ग – | ग – | निधसांनि – ध | प ध | नि सां
मे ऽ रीऽ | मं ऽ | ज़िल ऽ | आऽऽऽ ऽ प | हैं ऽ | ऽ ऽ

रें – रें | रें – | रें – | गं – रें | गं रेंरें | सांसां निध
क्यों ऽ मैं | तू ऽ | फ़ां ऽ | से ऽ ह | रू ऽऽ | ऽऽ ऽऽ

ध – नि | सांरें गंमं | गं सां | सां – सांरें | निसां निरें,सां | ध नि
मे ऽ रा | साऽ ऽऽ | हिल ऽ | आ ऽ पऽ | हैंऽ ऽऽऽ | ऽ ऽ

नि
रें सां सां | सां – | रेंगं,रें नि | सां – रेंसां | प प | प –
को ऽ ई | तू ऽ | फ़ाऽऽ ऽ | नों ऽ सेऽ | क ह | दे ऽ

प   रें
गं – गं | गंमं रें | रेंगं,रें सां | सां नि निपां | रेंरें सांसां | निध नि
मिल ऽ ग | याऽ ऽ | साऽऽ ऽ | हिल ऽ मुऽ | झेऽ ऽऽ | ऽऽ ऽ

नि
रेंगं मंगं रेंसां | सां – | रेंगं,रें नि | सां – सांरें | सां – | सां –
आऽ ऽऽ पऽ | की ऽ | नऽऽ ज़ | रों ऽ नेंऽ | सम ऽ | झा ऽ

(पहले अंतरे से पूर्व का पार्श्व-संगीत बजाने के पश्चात् तीसरा अंतरा पहले अंतरे के समान गाया जाएगा।)

□□□

है इसी में प्यार की आबरू (२)

संगीत-लिपि :
देवकीनन्दन धवन

फ़ि० : अनपढ़

है इसी में प्यार की आबरू, वो जफ़ा करें, मैं वफ़ा करूँ।
जो वफ़ा भी काम न आ सके, तो वो ही कहें कि मैं क्या करूँ॥
मुझे ग़म भी उनका अज़ीज़ है कि उन्हीं की दी हुई चीज़ है।
यही ग़म है अब मेरी ज़िंदगी, इसे कैसे दिल से जुदा करूँ॥
जो न बन सके, मैं वो बात हूँ, जो न ख़त्म हो, मैं वो रात हूँ।
ये लिखा है मेरे नसीब में, यूँ ही शम्मा बनके जला करूँ॥

संगीत : मदनमोहन • *गीत* : राजा मेहँदीअली खाँ • *गायन* : लता मंगेशकर

रूपक ताल

× २ ३ × २ ३
सां – – | – | सां – – | –
• • म | प म | रे सा | प म | रे सा
पार्श्व-संगीत :

सां – – | – | | सां – – | – |
सा सा | सा
• मप धम | रे सा | – ऩिऩि | साध़ – – | ऩि ऩि | ऩि

सां – – | – | | सां – – | – |
ऩि ऩि सा | सा
• मप धम | रे सा | – – | प़ प़ ऩि | – ऩि | ऩि सा

सां – – | – | | |
मं गंमं सां | ऩिसां ध | मप गम | सा रे ग | – सा] | सा सा
है इ

सारे गरे रेसा | सारे,सा ऩि | ऩि ऩि | सा – –सा | सा – | –सा रे
सीऽ ऽऽ मेंऽ | प्याऽऽ ऽ | र की | आ ऽ ऽब | रू ऽ | •वो ज

ग
रेम – –म | पम,प – | ध ध | धधपम ग मपपम | रे सा | –सा सा
फ़ाऽ ऽ •क | रेंऽऽ ऽ | मैं व | फ़ाऽऽऽ ऽ ऽऽकऽ | रूँ ऽ | •जो व

सारे गरे रेसा | सारेसा, ऩि | ऩि ऩि | सा – –सा | सा – | –सा रे
फ़ाऽ ऽऽ भीऽ | काऽऽ ऽ | म न | आ ऽ ऽस | के ऽ | •तो वो

ग

रे॒म – –म | मध॒ पनि॒ | –,पम म | पम,ग॒ –,मप ,पम | रे॒ सा | –सा सा
हीऽ ऽ •क | हेंऽ ऽऽ | ऽकिऽ मैं | क्याऽ ऽऽऽ ऽकऽ | रू ऽ | •है इ

सारे॒ ग॒रे॒ रे॒सा | सारे॒,सा नि॒॒ | नि॒ नि॒ | सा – –सा | सा – | मप धनि॒
सीऽ ऽऽ मेंऽ | प्याऽऽ ऽ | र की | आ ऽ ऽब | रू ऽ | पार्श्व-संगीत।

सांनि॒ सां – | सांनि॒ सांनि॒ | रें॒ सांनि॒धप | म प नि॒सां | ध नि॒सां | ध –

धप ध – | धप धप | नि॒धपमग॒ | रे॒ ग॒ पध | म – | ग॒सारे॒सानि॒

सा – – | – सारे॒सानि॒ | सा – | – – सारे॒सानि॒ | सा – | म म
मु झे

ग रे

पध – पम,ग॒ | रे॒ रे॒ | ग॒ ग॒ | म – –म | म – | –ग॒ म
ग़मऽ ऽ भीऽऽ | उ न | का अ | ज़ी ऽ ऽज़ | है ऽ | •कि उ

प म

ध – ध | धनि॒,ध प | –ध ध | नि॒ – –,पम | ग॒ ग॒ | –म म
न्हीं ऽ की | दीऽऽ ऽ | •हु ई | ची ऽ ऽज़ऽ | है ऽ | ऽमु झे

ग रे

पधनि॒ध सांनि॒,– –,पम | रे॒ रे॒ | ग॒ ग॒ | म – –म | म – | –ग॒ म
ग़मऽऽ ,ऽऽऽऽ ऽभीऽ | उन ऽ | का अ | ज़ी ऽ ऽज़ | है ऽ | •कि उ

प

ध – ध | धनि॒,ध प | –ध ध | नि॒ – –ध | नि॒ध पम | –म म
न्हीं ऽ की | दीऽऽ | •हु ई | ची ऽ ऽज़ | हैऽ ऽऽ | •कि उ

प

मग॒,ग॒ – ग॒ | ग॒रे॒,रे॒ – | ग॒म म | ग॒रे॒ ग॒रे॒मग॒ –रे॒ | सा – | सा सा
न्हींऽऽ ऽ की | दीऽऽ ऽ | हुऽ ई | चीऽ ऽऽऽऽ ऽज़ | है ऽ | य ही

सारे॒ ग॒रे॒ रे॒सा | सारे॒,सा नि॒ | नि॒ नि॒ | सा – –सा | सा – | –सा रे॒
ग़मऽ ऽऽ हैऽ | अऽऽ ब | मे री | ज़िं ऽ ऽद | गी ऽ | •इ से

ग

रे॒म – म | मध॒ पनि॒ | –,पम मप | पनि॒,ध॒ पध॒ –,पम | रे॒ सा |
कंऽ ऽ से | दिलऽ ऽऽ | ऽसेऽ जुऽ | दाऽऽ ऽऽ ऽकऽ | रू ऽ | है इसी में
प्यार की आबरू……॥

ग
म −,मम | म म म | प म | म −,मम
पार्श्व-संगीत :

म म
म म म | प म | सा ग | म ध नि | प ग | ग म

नि नि ग ग रे
ध धनि −प | म − | म म | पध − पम,ग | रे रे | ग ग
जो न | बन ऽ सऽऽ | के ऽ | मैं वो

प
म − −म | म − | −ग म | ध − ध | धनि,ध प | −ध ध
बा ऽ ऽत | हूँ ऽ | *जो न | ख़ ऽ त्म | होऽऽ ऽ | *मैं वो

नि − −ध | निध पम | −म म | मग,ग − ग | गरे,रे − | गम म
रा ऽ ऽत | हूँऽ ऽऽ | जो* न | ख़ऽऽ ऽ त्म | होऽऽ ऽ | मैंऽ वो

गरे गरेमग −रे | सा − |
राऽ ऽऽऽऽ ऽत | हूँ ऽ |

'ये लिखा है मेरे' इस पंक्ति को 'यही ग़म है अब मेरी' के समान गाएँ। तत्पश्चात्—
है इसी में प्यार की आबरू........।
जो वफ़ा भी काम न आ सके...............।। है इसी में प्यार की आबरू ।।

□□□

तुम्हारी ज़ुल्फ़ के साए में (३)

संगीत-लिपि : मुकेश गर्ग

फ़ि० : नौनिहाल

तुम्हारी ज़ुल्फ़ के साए में शाम कर लूंगा।
सफ़र इक उम्र का पल में तमाम कर लूंगा ।।
नज़र मिलाई तो पूछूंगा इश्क़ का अंजाम।
नज़र झुकाई तो ख़ाली सलाम कर लूंगा ।।
जहाने-दिल पे हुकूमत तुम्हें मुबारक हो।
रही शिकस्त तो वो अपने नाम कर लूंगा ।।

संगीत : मदनमोहन • गीत : कैफ़ी आज़मी • गायक : मुहम्मद रफ़ी

ज्ञातव्य : अपने मध्यम को 'सा' मानकर गाइए।

दादरा ताल

× ० × ०

सारे ग ग | सा ग म | धप,ध म ग | – सा ग
पार्श्व-संगीत :

मध,– पध,– – | म ध नि॒ | सां रें सां नि॒ ध || ध प ध पनि॒ –ध
सितार :

पमगम ग ध़ | नि॒सा सा नि॒ ध़ || ग प़ धनि़ | साध़ नि़सा धनि़
वाद्य-संगीत :

सा – •सा | साग रेग ग रे | सा – नि़ सा | नि़ सा – सा
•तु | म्हाऽ ऽऽ री | ज़ुल् ऽ फ़ | के • सा

नि़ – सा | रे नि़ ध़ ध़ | – नि़ ध़ नि़ | सा साग ग,रेग
ए ऽ में | शा ऽ म | • क र लूँ | ऽ गाऽ ऽऽऽ

सा रे सा –सा | साग रेग,ग ग रे | नि़ सा – सा | सा ध़ – सा
ऽ ऽ •तु | म्हाऽ ऽऽऽ री | ज़ुल् ऽ फ़ | के ऽ सा

नि़ – –सा | रे नि़ नि़ध़ प़ ध़ ध | – नि़ ध़ नि़ | सा साग ग,रेग
ए ऽ ऽमें | शाऽ ऽ म | • क र लूँ | ऽ गाऽ ऽऽ

सा रे सा –सा | साग रेग,ग ग रे | नि़ सा – नि़ सा | साध़ – सासा
ऽ ऽ •स | फ़रऽ ऽऽऽ इक | उ ऽ म्र | काऽ • पल

नि़ सारे,– – | सानि़ नि़ध़ –ध़ | – नि़ ध़ नि़ | सा साग –,रेग
में ऽऽऽ ऽ | तऽ माऽ ऽम | • क र लूँ | ऽ गाऽ ऽऽऽ

रे सा | साग | ग ग ध ध़ –, | सा – – | रेंसां रेंसां,ध सांध सांध,म – – –
ऽ ऽ
पार्श्व-संगीत :

मरे रेसा रेसा,ध़ | साध़,म़ साध़ * | * * रेंनि | निप निप पग
– – रेंसां,नि | सांध मध निसां | नि – – | – – –

पग गसा नि़ | सानि़,प़ – –]
सा सा ध | प – –]
[नि़रे नि़रे
| सासा –नि़ – | सासा –नि़ –
(सितार :

प़ गप़
सा नि़ प़ | म़म़ –ग़ – | गम़ प़ नि़सा | ग गम प

म
मध पमगम,– ग | रेम गरे,ग ग | गरे,सा –] ग | गम,प मप म
] न | जरऽऽ ऽऽ मि

ग
ग – ग | गरे सा ग | म – मरे | – म म
ला ऽ ई | तोऽ ऽ पू | छूँ ऽ गाऽ | * इ श्क़

प प ग रे
गम,ध पग ग | पप म म | ग रेसा,–
काऽऽ ऽऽ अं | ऽऽ जा ऽ | ऽ ऽऽ,म नज़र मिलाई तो पूछूँगा—

गग
| मम –म | मप धनि़ प | धप गग मग
| इऽ ऽश्क़ | काऽ ऽऽ अं | ऽऽ ऽजा ऽऽ

सा नि़
रे सा –सा | साग रेग रे | सा – सा | साध़,– – सा
ऽ ऽम *न | ज़रऽ ऽऽ झु | का ऽ ई | तोऽऽ * खा

नि़ – –सा | नि़ ध़ ध़ | – नि़ ध़ नि़ | सा साग –,मग
ली ऽ *स | ला ऽ म | * क र लूँ | ऽ गाऽ ऽऽऽ

सा नि़ नि़
रे सा सा | साग रे ग रे | सा – सा | सा – सा
ऽ ऽ न | ज़रऽ ऽ ऽ झु | का ऽ ई | तो * खा

नि़ सारे,- -| सा नि़ ध़ ध़ | - नि़ ध़ नि़ | सा साग ग,मग
ली ऽऽऽ ऽ | स ला ऽ म | * क र लूँ | ऽ गाऽ ऽऽऽ

सा नि़ नि़
रे सा -सा | गरे सारे,ग रेसा | सा - सा | सा - सा
ऽ ऽ *तु | म्हाऽ ऽऽऽ रीऽ | ज़ुल् ऽ फ़ | के * सा

प
सारे,ग मग रे | सानि़,नि़ - ध़ | - नि़ ध़ नि़ | सा साग -
एऽऽ ऽऽ में | शाऽऽ ऽ म | * क र लूँ | ऽ गाऽ ऽ

सा
रे सा | गम | धप गसा धप़ | मध़ सानि़,ध़ सानि़,ध़ | मध़ सानि़,ध़ सानि़,ध़
ऽ ऽ | **पार्श्व-संगीत :**

नि़ ध
नि़सा,- सा -| धप मप मग | म ध प | नि नि ध

ग़म़,- म़म़ म़म़ | ग़म़,म़ म़,ग़म़ म़म़ | म़ग़ नि़ -नि़ | ध़प़,म़ म़ग़ -

सितार :

ध़-नि़ नि़नि़ नि़नि़ | धनि़,नि़ नि़,धनि़ नि़,नि़रे | नि़ध़,ध़ ध़ नि़रे | नि़ध़,ध़ प़ -

ध
नि़सा ग,मप ग | -ग मग गप | -ग मग प | मरे साप़ ध़,नि़सा

साग रेसा |

(दूसरा अंतरा पहले अंतरे के समान गाया जाएगा।) □□□

छू लेने दो नाज़ुक
(४)

संगीत-लिपि : देवकीनन्दन धवन

फ़िल्म : काजल

छू लेने दो नाज़ुक होंठों को, कुछ और नहीं है, जाम है ये,
क़ुदरत ने जो हमको बख़्शा है, वो सबसे हसीं इनाम है ये।
शरमाके न यूँ ही खो देना, रंगीन जवानी की घड़ियाँ,
बेताब धड़कते सीनों का अरमान-भरा पैग़ाम है ये।
अच्छों को बुरा साबित करना दुनिया की पुरानी आदत है,
इस मय को मुबारक चीज़ समझ, माना कि बहुत बदनाम है ये।

संगीत : रवि • गीत : साहिर लुधियानवी • गायक : मुहम्मद रफ़ी

पार्श्व-संगीत : मममम मममम म – प –धु सां नि॒ धु प मममम मम,म – –

पधु रेंसां नि॒धु पपपप पप,प – – धु नि॒ सां मंमंमंमं मंमंमंमं मंमंमंमं

मंमंमंमं – – गं॒मं गं॒ सां सांगं॒ सां धु धुसां नि॒धु मग॒ सा * सा साग॒
छू लेऽ

ग॒सा सानि॒ नि॒सा,नि॒ नि॒धु धुनि॒
नेऽ दोऽ नाऽऽ ज़ुऽ कऽ

दादरा ताल

×	×	×
नि॒सा सा – सा – सासा	साम – –म म मग॒ –	ग॒म पधु,प ग॒म ग॒सा – सा
होंऽ ठों ऽ को ऽ कुछ	औऽ ऽ रन हीं हैऽ *	जाऽ ऽऽऽ महै येऽ * छू

साग॒ ग॒सा सानि॒ नि॒सा,नि॒ नि॒धु धुनि॒ | सासा
लेऽ नेऽ दोऽ नाऽऽ ऽज़ु कऽ | होंठों को, कुछ और नहीं है, जाम है ये। क़ुद

साग॒ ग॒सा सानि॒ नि॒सा,नि॒ नि॒धु धु(नि॒)	नि॒सा सा – सा – सा	मम म –म म – मग॒
रत नेऽ जोऽ हमऽ कोऽ ऽ	बऽ ख़्शा ऽ है * वो	सब से ऽह सीं * इऽ

ग॒म पधु,प ग॒म ग॒सा – सा		नि॒सा सा – सा – –
नाऽ ऽऽऽ महै येऽ * छू	लेने दो नाज़ुक—	होंऽ ठों ऽ को ऽ ऽ

पार्श्व-संगीत : म धु सां नि॒नि॒नि॒नि॒ नि॒नि॒नि॒नि॒ नि॒सां । नि॒ – नि॒सां नि॒ – –

म प नि धधधध धधधध धनि । ध – धनि ध – –

पध प म मप म ग । सानि धनि साग म [–म मप
*श रऽ]

पध ध –प पध ध – | मप प धप मग – गसा | साग ग ग मप प –
माऽ के ऽन यूँऽ ही ऽ | खोऽ दे ऽऽ नाऽ ऽ रंऽ | गीऽ न ज वाऽ नो ऽ

वाद्य-संगीत : ध सां म – सांसां गं –निनि गंसां निध पध म –*

निध निधपम म म,पम – – | * * * * * * | * * * * *
कोऽ ऽऽघऽ ड़ि याँऽऽ ऽ ऽ | * * * * * * | * * * * *

| निध निधपम म म – सा
शरमाके न यूँ हो खो देना, रंगोन जवानी— | कोऽ ऽऽघऽ ड़ि याँ * बे

नि
साग गसा सानि निनि निध ध | निसा सा – सा – सासा | म – –म – – मग
ताऽ बऽ धऽ ड़क तेऽ ऽ | सोऽ नों ऽ का * अर | मा ऽ नभ रा * पैऽ

गम पध,प गम गसा – सा |
गाऽ ऽऽ महै येऽ * छू | लेने दो नाजुक…।

सां नि ध प
गसानिसा – – | [मप ध – – * *
छू लेने दो नाजुक होंठों— कोऽऽऽ ऽ ऽ | [पार्श्व-संगीत :

म – सा म – सा । निग प नि ध प म । ग – नि ग – –

साग मप धप म –] |
प ग म सा नि ध । सा – – – –] |

(दूसरा अंतरा पहले अंतरे के समान गाया जाएगा ।)

□□□

फिर वही शाम

[५]

संगीत-लिपि :

देवकीनंदन धवन

□ फ़ि० : जहाँआरा

फिर वही शाम, वही ग़म, वही तनहाई है,
दिल को समझाने तेरी याद चली आई है !

फिर तेरी ज़ुल्फ़ की, रुख़सार की बातें होंगी,
हिज्र की रात, मगर प्यार की बातें होंगी।
फिर मुहब्बत में तड़पने की क़सम खाई है !

जाने अब तुझसे मुलाक़ात कभी हो कि न हो,
जो अधूरी रही, वो बात कभी हो कि न हो।
मेरी मंज़िल, तेरी मंज़िल से बिछुड़ आई है !

संगीत : मदनमोहन • *गीत* : राजेन्द्रकृष्ण • *गायन* : तलत महमूद

पार्श्व-संगीत :

प म ग प म ग प निसांनिध नि धप मग – मंरें गं – मंरें

गं – सा ग रेरे म गरे सानि़ (नि़)रें म प नि सां ध म –

सां नि धनि,ध पम म – – म – – म म ग प – – – –

फिर व हीऽऽ ऽऽ शा ऽ ऽ म • • व हो ऽ ग़म ऽ ऽ ऽ •

–प पग गरे रेग पम ग – ग – – – प गरे सा नि़

•व हीऽ तन हाऽ ऽऽ ई ऽ है ऽ ऽ ऽ दिल को स म

दादरा ताल

× × ×

रे – रे –रे प – | नि – नि –नि निसां,नि धप | पध निध,प धनि धप मम –

झा ऽ ने •ते री ऽ | या ऽ द •च लीऽऽ ऽऽ | आऽ ऽऽऽ ईऽ ऽऽ ऽहै ऽ

गरे,ग – नि निध धनि,ध पम | म – – –म म ग | प – –प पग ग रे

ऽऽऽ ऽ फिर वऽ हीऽऽ ऽऽ | शा ऽ ऽम • वही ऽ | ग़म ऽ •व होऽ त न

रेग पम ग – ग – | – –

हाऽ ऽऽ ई ऽ है ऽ | ऽ ऽ दिल को समझाने तेरी याद चली आई है !

पार्श्व-संगीत : (रेम मप

सां नि धनि,ध पम | म — — — पनि निसां | सांनि निप पम मप प सां
फिर व हीऽऽ ऽऽ | शा ऽ ऽ ऽम * * | * * * * * *

ध म प ग — — | साग गप रे रेम मप सा | साग गम मप परे रे प
* * * * * * | * * * * * * | * * * * * *

नि नि नि नि सां रें | सां ध मं रे मं मं | रें नि) नि ध प मं
* * * * * * | * * * * * * | * * फिर ते री ऽ

प — प प — रे | प — प प प ध | मंप मंप मंप धप म —
जुल् ऽ फ़ की * रुख़ | सा ऽ र की बा ऽ | तेंऽ ऽऽ होंऽ ऽऽ गी ऽ

ग — नि ध प मं | प — प —प पध निसां | नि प प प —प ध
ऽ ऽ हि ज्र की ऽ | रा ऽ त *म गरऽ ऽऽ | प्या ऽ र की *बा ऽ

मं रे मंध पप म — | ग — प प निरें सांनि | रें रें रें रें रें रें
तें ऽ होंऽ ऽऽ गी ऽ | ऽ ऽ फिर मु हऽ ऽऽ | ब्ब त में *त ड़ प

रें — रें —रें रेंगं रेंरें | सां — निध निसां,नि धप — | — — सां नि धनि,ध पम
ने ऽ की ऽक़ समऽ ऽऽ | खा ऽ ईऽ ऽऽऽ हैऽ ऽ | ऽ ऽ फिर व हीऽऽ ऽऽ

शाम, वही ग़म, वही तनहाई है। दिल को समझाने तेरी याद चली आई है! फिर वही शाम!

(पहले अंतरे से पूर्व का पार्श्व-संगीत बजाने के पश्चात्—)

नि ध प मं | प प प —रे रेमं प | प — प —प प ध
जा ने अ ब | तु झ से *मु लाऽ ऽ | क़ा ऽ त *क भी ऽ

मंप मंप मं धप म — | ग — नि ध प मं | प — प प —,पध निरें,सां
होऽ ऽऽ कि नऽ हो ऽ | ऽ ऽ जो अ धू ऽ | री ऽ र ही *वोऽ ऽऽऽ

नि प प —प प ध | मंप रे रेध पप म — | ग — प प निरें सांनि
बा ऽ त *क भी ऽ | होऽ ऽ किऽ नऽ हो ऽ | ऽ ऽ मे री मंऽ ऽऽ

रें रें रें रें —रें — | रें — रें रें रेंगं रेंरें | सां — निध निसां,नि धप —
ज़ि ल ते री *मं ऽ | ज़िल ऽ से बि छुड़ऽ ऽऽ | आ ऽ ईऽ ऽऽऽ हैऽ ऽ

— —
ऽ ऽ फिर वही शाम……!

□□□

हाले-दिल यूँ उन्हें (६)

संगीत-लिपि : देवकीनन्दन धवन

□ फ़ि० : जहाँआरा

हाले-दिल यूँ उन्हें सुनाया गया, आँख ही को ज़ुबाँ बनाया गया !
ज़िंदगी की उदास रातों को, आपकी याद से सजाया गया !
इश्क़ की वो भी एक मंज़िल थी, हर क़दम पर फ़रेब खाया गया !
दिल पे इक वो भी हादसा गुज़रा, आज तक दिल से जो छुपाया गया !
लाख तूफ़ाँ समेटकर, या रब ! किसलिए एक दिल बनाया गया !

संगीत : मदनमोहन • गीत : राजेन्द्रकृष्ण • गायन : लता मंगेशकर

म म म म
रे रेप – ग॒ ग॒ ग॒म रे सा – – –
पार्श्व-संगीत :

सा सा
सा – – – नि़ नि़
केवल गुनगुनाना है :

सा
रे – – – – – – | – रेम म रे – – नि़ नि़ सा – – – –

म
सा सा रे प
हा ले दिल ऽ

दादरा ताल

× × ×

म नि़ म
ग॒ मप,म –रे सा सा रे | प –म मनि़ पनि़,प ग॒ मप,म | रे सा –म –ध ध –
यूँ ऽऽऽ उ न्हें ऽ सु | ना ऽऽ याऽ गऽऽ या ऽऽऽ | ऽ ऽ हा ऽले दिल ऽ

म म
नि़सां,नि़ धप -,पध धनि़,ध पम –प | पनि सां नि़प –प ग॒ मप,म | रे सा नि़ सा रे प
यूँऽऽ ऽऽ उऽ न्हें,ऽ ऽऽ सु | नाऽ ऽ याऽ ऽग या ऽऽऽ | ऽ ऽ आँ ख ही ऽ

म प नि़ म
ग॒ म –रे सा सा रे | प –म मप,नि़ –,नि़प ग॒ मप,म | रे सा सा सा रेम पनि़,प
को ऽ ज़ु बाँ ऽ ब | ना ऽऽ याऽऽ ऽगऽ या ऽऽऽ | ऽ ऽ आँ ख हीऽ ऽऽऽ

म प नि़ प
ग म –रे सा सा रे | मप – म म प – || नि़ रे गम ग रे पम
को ऽ *ज़ु बाँ ऽ ब | नाऽ ऽ या ग या ऽ || पार्श्व-संगीत :

ध
मप – | म प निसां,नि प | प – –प प रें रेंसां | सां – नि सांनि धनि,ध पम
| ज़िं द गीऽऽ ऽ | की ऽ *उ दा ऽ सऽ | रा ऽ तों ऽऽ कोऽऽ ऽऽ

प प नि म
धप – प प ध म | मप – –प पनि सां सांनि | निधपम –प प ग मप,म
ऽऽ ऽ ज़िं द गी ऽ | कीऽ ऽ *उ दाऽ ऽ सऽ | राऽऽऽ ऽ तों ऽ को ऽऽऽ

म म प नि म
रे सा सा सा रे प | ग म रे सा – –रे | प –म पनि –प ग मप,म
ऽ ऽ आ प की ऽ | या ऽ द से ऽ *स | जा ऽऽ याऽ ऽग या ऽऽऽ

म म प नि़ प
रे सा सा सा रे प | ग म रे सा सा रे | मप – म म प –
ऽ ऽ हा ले दिल ऽ | यूँ ऽ *उ न्हें ऽ सु | नाऽ ऽ या ग या ऽ

म़ प़ ध़नि़ सानि़ सा – | – – | म प पनि सां | सां – सां –,सांनि नि नि
पार्श्व-संगीत : | | इ श्क कीऽ ऽ | वो ऽ भी *एऽ ऽ क

सां – नि रेंसां निधपम – | धप –म प पनि सां | सां – सां निध,ध प प
मं ऽ ज़िल ऽऽ थीऽऽऽ ऽ | ऽऽ ऽ इ श्क़ कीऽ ऽ | वो ऽ भी एऽऽ ऽ क

प म म म प नि़
धनि,ध म मनि पप ग मप,म | रे सा सा सा रे प | ग म –रे सा सा रे
मंऽऽ ऽ ज़िलऽ ऽऽ थी ऽऽऽ | ऽ ऽ हर क़ दम ऽ | पर ऽ *फ़ रे ऽ ब

नि म म प नि
प –म पनि –प ग मप,म | रे सा सा सा रेम पनि,प | ग म –रे सा सा रे
खा ऽऽ याऽ ऽग या ऽऽऽ | ऽ ऽ हा ले दिलऽ ऽऽऽ | यूँ ऽ *उ न्हें ऽ सु

प म म नि
मप – म म प – || रे रे ध – निरें सांरें | सां प | प प धनि,ध म
नाऽ ऽ या ग या ऽ || पार्श्व-संगीत : | दिल पे इऽऽ क

ध   प
मप – प प रें रेंसां | सां – नि़ सां नि़ध पम | धप – प प ध म
वोऽ ऽ भी हा ऽ दऽ | सा ऽ गु ज़ राऽ ऽऽ | ऽऽ ऽ दिल पे इ क

नि़ म   म
मप – प पनि सां सांनि़ | नि़धपम –प प ग॒ मप,म | रे सा सा सा रे प
वोऽ ऽ भी हाऽ ऽ दऽ | साऽऽऽ ऽ गु ज़ रा ऽऽऽ | ऽ ऽ आ ज त क

म प   म   म
ग॒ म रे सा – –रे | प –म पनि़ –प ग॒ मप,म | रे सा सा सा रे प
दिल ऽ से जो ऽ •छु | पा ऽऽ याऽ ऽग या ऽऽऽ | ऽ ऽ हा ले दिल ऽ

म प   नि़   प   ध
ग॒ म –रे सा सा रे | मप – म म प – | म परें – – नि़ प
यूँ ऽ •उ न्हें ऽ सु | नाऽ ऽ या ग या ऽ | पार्श्व-संगीत :

सां नि
नि सां |

(चौथा अंतरा दूसरे अंतरे के समान गाया जाएगा।)

□□□

नसीब में जिसके

[७]

संगीत-लिपि :

देवकीनंदन धवन

नसीब में जिसके जो लिखा था, वो तेरी महफ़िल में काम आया।
किसी के हिस्से में प्यास आई, किसी के हिस्से में जाम आया॥
मैं इक फ़साना हूँ बेकसी का, ये हाल है मेरी ज़िंदगी का।
न हुस्न ही मुझको रास आया, न इश्क़ ही मेरे काम आया॥
बदल गईं तेरी मंज़िलें भी, बिछड़ गया मैं भी कारवाँ से।
तेरी मुहब्बत के रास्ते में न जाने ये क्या मक़ाम आया॥
तुझे भुलाने की कोशिशें भी, तमाम नाकाम हो गई हैं।
किस ने ज़िक्रे-वफ़ा किया जब, ज़ुबाँ पे तेरा ही नाम आया॥

संगीत : रवि • *गीत* : शकील बदायूंनी • *गायन* : मुहम्मद रफ़ी

म – प – ध – – – – प – – – – ध – – – – सा –

(ध – ध)
रे – ग – – – – म – – सां रेंसां नि रेंसां – – – नि

सांनि प निं ध – – – – प धप म पम ग मग रे गरे सा

(ध म सा म ध)
– – – • • • •

कहरवा ताल

×				०				×	(ध)			०			
सा	सारे	ग	रे	सा	नि	नि	ध	नि	नि	सा	सा	सा	–	सा	–
न	सीऽ	ऽ	ब	में	ऽ	जि	स	के	जो	ऽ	लि	खा	ऽ	था	ऽ
				(प)										(म)	
सा	सा	म	म	म	ग	मप	निध	प	मप	प	म	ग	रे	ग	–
वो	ते	ऽ	री	म	ह	फ़िलऽ	ऽऽ	में	काऽ	ऽ	म	आ	ऽ	या	ऽ
सा	सारे	ध	रे	सा	नि	नि	ध	नि	नि	सा	सा	सा	–	सा	–
कि	सीऽ	ऽ	के	हि	ऽ	स्से	ऽ	में	प्या	ऽ	स	आ	ऽ	ई	ऽ
				(प)										(म)	
सा	सा	म	म	म	ग	मप	निध	प	मप	प	म	ग	रे	ग	–
कि	सी	ऽ	के	हि	ऽ	स्से	ऽऽ	में	जाऽ	ऽ	म	आ	ऽ	या	ऽ

नसीब में जिसके जो लिखा था। | ध – – – | – – – –
पार्श्व-संगीत :

सा ग प नि सां गं पं
सां –ध – सां | –ध – प म | प – – – | – – – –

निं – – – | – – – – | • निं पं गं | मं रें
नि –प – नि | प –म – रे | नि – – – | – – ग रे

सा – – – | – – धप धप | म – धप धप | म ध सां रें

गं मं पं धं | मं – – – | म म म प | प ध ध –
मैं इ क फ़ | सा ऽ ना ऽ

प धप म प | प ध ध – | प प नि नि | नि – सांनि प
हूँ बेऽ ऽ क | सी ऽ का ऽ | ये हा ऽ ल | है ऽ मेऽ ऽ

प ध नि निरें | सां – रेंसां म |
री ज़ि ऽ दऽ | गी ऽ काऽ ऽ | मैं इक फ़साना हूँ बेकसी का ये हाल है

सां – | सां सांगं रेंरें नि | ध प पनि धम
मेरी ज़िंदगी— का ऽ | ये हाऽ ऽऽ ल | है ऽ मेऽ ऽऽ

म
म रे ग रेसा | सा – सा – | सा सा साग रे | सा नि नि ध
री ज़ि ऽ दऽ | गी ऽ का ऽ | न हु स्ऽ न | ही ऽ मु झ

प
नि नि सा सा | सा – सा – | सा सा म म | म ग मप निध
को रा ऽ स | आ ऽ या ऽ | न इ ऽ श्क़ | ही ऽ मेऽ ऽऽ

म
प मप प म | ग रे ग – | रेसा सा
रे काऽ ऽ म | आ ऽ या ऽ | नसीब में जिसके जो लिखा— थाऽ ऽ

– – – – | नि सा ग म | प – – – | – – – पध
ऽ ऽ • • | पार्श्व-संगीत :

धप ध सांध सां रेंनि रें
प – – – | सां ध प ध | म – – – | – – • •

मं धं पं मं | गं रें नि ध | ध नि ध नि ग गप म –

(म) – गग ग ग | म – म – | पध ग रे ग | ग म म –

• बद ल ग | ईं ऽ ते ऽ | रीऽ म ऽ जि | लेंऽ ऽ भी ऽ

– मध ध प | ध – –नि सां | नि ध निध प | धप म पम –

• बिछ ड़ ग | या ऽ •मैं ऽ | भी का ऽऽ र | वाँऽ ऽ सेऽ ऽ

म

ग गग ग गरे | रे – –ग म | ग रे ग रेसा | सा – सा –

ऽ बिछ ड़ गऽ | या ऽ •मैं ऽ | भी का ऽ रऽ | वाँ ऽ से ऽ

सा सारे ग रे | सा नि़ नि़ ध़ | नि़ नि़ सा सा | सा – सा –

ते रीऽ ऽ मु | ह ऽ ब्ब त | के रा ऽ स् | ते ऽ में ऽ

प म

सा सा म म | म ग मप निध | प मप प म | ग रे ग –

न जा ऽ ने | ये ऽ क्याऽ ऽऽ | म क़ाऽ ऽ म | आ ऽ या ऽ

नसीब में जिसके जो लिखा था। | सा म ध सां | रें – – –

पार्श्व-संगीत :

– सांरें सां ध | सां – – – | – सा म ध | प – म ध

प – म प | ग – – – | – ग म ग | सा नि़ ध़ सा

नि़ – धप निध | पम गप मग रेग | सा – ग म | प ध म –

(तीसरा अंतरा पहले अंतरे के समान गाया जाएगा।) □□□

भरी दुनिया में

(८)

संगीत-लिपि :
देवकीनन्दन धवन

फि० : छोटी बहन

भरी दुनिया में आखिर दिल को समझाने कहाँ जाएँ ?
मुहब्बत हो गई जिनको, वो दीवाने कहाँ जाएँ ?
लगे हैं शम्मा पर पहरे, जमाने की निगाहों के।
जिन्हें जलने की हसरत है, वो परवाने कहाँ जाएँ ?
सुनाना भी जिन्हें मुश्किल, छुपाना भी जिन्हें मुश्किल।
ज़रा तू ही बता, ऐ दिल ! वो अफ़साने कहाँ जाएँ ?
नज़र में उलझनें, दिल में है आलम बेक़रारी का।
समझ में कुछ नहीं आता, सुकूँ पाने कहाँ जाएँ ?

संगीत : रवि • गीत : शकील बदायूँनी • गायन : मुहम्मद रफ़ी

प्यानो : सा रे म प ध — — — — — प ध मप धसां निरें सां — —

— — — सां गं रें —नि सां ध | नि प ध म प —नि ध

म प ग म गरे सा — —

कहरवा ताल

	×				०				×				०			
				सा	सा	रे	ग	म	ग	—	—	रे	सा	नि	सा	ग रे
				भ	री	ऽ	दु	नि	या	ऽ	ऽ	में	आ	ऽ	खि	र
	सा—	—	—	सा	सा	ग	म	प	पनि	ध	—	प	ध	म	प	ध
	दिल	ऽ	ऽ	को	स	म	झा	ऽ	नेऽ	ऽ	ऽ	क	हाँ	ऽ	जा	ऽ
	म	—	—	सा	सा	रे	ग	म	गम	ग	—					
	एँ	ऽ	ऽ	भ	री	ऽ	दु	नि	याऽ	ऽ	ऽ	में आखिर दिल को समझाने				
				नि	नि	—	नि	नि	—	ध	नि	ध	पध,प	म	प	ध
कहाँ जाएँ।				मु	ह	ऽ	ब्ब	त	ऽ	हो	ऽ	ग	ईऽऽऽ	ऽ	जि	न

नि – – निप | –प नि नि रें | सां – प प | ध म प ग
को ऽ ऽ वोऽ | ऽदी ऽ वा ऽ | ने ऽ ऽ क | हाँ ऽ जा ऽ

गम – सा सा | सा रे ग म | गम ग – { ध | ध प प ग
एँऽ ऽ ऽ भ | री ऽ दु नि | याऽ ऽ ऽ { प्यानो :

ग रे रे प | प म म रे | रे नि़ नि़ ग | ग रे रे नि़

नि़ ध ध रे | रे ग रे नि़ | सा – सा रे | ग म प ध

सां – – } सां | सां – सां – | नि नि– रें रेंसां | प ध नि नि
} . ल | गे ऽ हैं ऽ | ऽ शम् ऽ माऽ | प र प ह

सां – – सां | सांरें गं गं रें | गं – – रेंसां | रेंसां गंगं रें सां
रे ऽ ऽ ज़ | माऽ ऽ ने ऽ | की ऽ ऽ निऽ | गाऽ ऽऽ हों ऽ

सां नि रें रें | रें सां सां – | –
के ऽ ऽ ल | गे ऽ हैं ऽ | ऽ शम्मा पर पहरे, ज़माने की निगाहों—

सां – – सां | निसां रेंसां ध प | म मध – प | ग पम रे सा
के ऽ ऽ ज़ | माऽऽ ऽऽ ने ऽ | ऽ कीऽ ऽ नि | गा ऽऽ हों ऽ

सा – – सा | सा रे ग म | ग – – रे | सा नि़ सा रे
के ऽ ऽ जि | न्हें ऽ ज ल | ने ऽ ऽ की | ह स र त

सा – – सा | सा ग म प | पनि ध – प | ध म प ग
है ऽ ऽ वो | प र वा ऽ | नेऽ ऽ ऽ क | हाँ ऽ जा ऽ

म – – सा | सा रे ग म | ग मग – – | – – { म ध
एँ ऽ ऽ भ | री ऽ दु नि | या ऽऽ ऽ ऽ | ऽ ऽ { प्यानो :

सां सां – सां | सां – सां रें | नि ध म ग | रे – – –

नि नि – नि | नि – सां रें | सां ध प ध | म – – –

धप म – ध | म धप मग रे | नि़ –सा रे ग | म प ध नि

सां – – } |

(दूसरा अंतरा पहले अंतरे के समान गाने के पश्चात्—)

धृ – धृ सा
सा | सा रे ग म | गम ग – ● | ध प म ग
भ | री ऽ दु नि | याऽ ऽ ऽ ● | ● ● ● ●

म – – मप | म ग रे ग | ग – – – | नि़ सा रे ग
● ● ● ● | ● ● ● ● | ● ● ● ● | ● ● ● ●

रे – – मप | धप मग पम गरे | सा – म प | ध नि सां रें
● ● ● ● | ● ● ● ● | ● ● ● ● | ● ● ● ●

ध
सां – – सां | सां सां सां – | नि नि रें सां | प ध नि नि
● ● ● न | ज़ र में ऽ | ऽ उ ल झ | नें ऽ दि ल

मंमं
सां – – सां | सांरें गं गं– – | – रें गं रेंसां | सांरें गंगं रें सां
में ऽ ऽ है | आऽ ऽ लम ऽ | ऽ बे ऽ ऽक़ | राऽ ऽऽ री ऽ

गं
सां नि रें रें | रें सां
का ऽ ऽ न | ज़ र में उलझनें, दिल में है आलम बेक़रारी—

सां – – सां | निसां रेंसां ध– प | ग मध – प | ग पम रे सा
का ऽ ऽ है | आऽ ऽऽ लम ऽ | ऽ बेऽ ऽ क़ | रा ऽऽ री ऽ

ग
सा – – सा | सा रे ग म | ग ग – रे | सा नि़ सा रे
का ऽ ऽ स | म झ में ऽ | कु छ ऽ न | हीं ऽ आ ऽ

सा – – सा | सा ग म प | पनि ध – प | ध म प ग
ता ऽ ऽ सु | कूँ ऽ पा ऽ | नेऽ ऽ ऽ क | हाँ ऽ जा ऽ

म – –
एँ ऽ ऽ मुहब्बत हो गई जिनको, वो दीवाने कहाँ जाएँ ? भरी दुनिया…?

□□□

तेरा नाम बेख़ुदी में
(९)

संगीत-लिपि :
मुकेश गर्ग

□ फ़ि० : फिर बहार आई

मैंने ले लिया है शायद तेरा नाम बेख़ुदी में,
मेरा दिल धड़क रहा है सरे-शाम बेख़ुदी में !
मुझे बार-बार छेड़ा तेरी ज़ुल्फ़ की घटा ने,
तेरी आँख बन गई है मेरा जाम बेख़ुदी में !
कई बार चाँद चमके तेरी नर्म आहटों के,
कई बार जगमगाए दरो-बाम बेख़ुदी में !

संगीत : कमल राजस्थानी • *गीत* : नक़्श लायलपुरी • *गायन* : मुहम्मद रफ़ी

सा – – – – – – – – – – सा – – – – – रे रेग – –
• • • • • • • • • • ऊँ ऽ ऽ ऽ ऽ हूँ हूँऽ ऽ ऽ
(गुनगुनाता है)

ग
– – – प गरे – सा सा – – – – सा रे सारे – – – –
ऽ ऽ ऽ हूँ हूँऽ ऽ ऽ हूँ ऽ • • ऊँ हूँ हूँऽ ऽ ऽ ऽ ऽ

रे ऩि
– –म सा – ऩि – – – – – – – – – – ऩि ऩि सा – –
ऽ ऽऽ ऽ ऽ ऽ ऽ ऽ ऽ • • • • • स रे शा ऽ ऽ

– – – सा – – सा रेग रेसा,– सा – – – सा – – –
ऽ ऽ ऽ म ऽ • बे ऽऽ ख़ुऽऽ दी ऽ ऽ ऽ मैं ऽ ऽ ऽ

– – – – सा रे साग – – – गप,– गरे रेसा सा
• • • • मे रा दिलऽ ऽ • • धऽऽ ड़ऽ कऽ र

कहरवा ताल

× ० × ०

सा ग

रे – – – | सा रे सा ऩि | –सा – – – | सा सा रेग रेसा

हा ऽ ऽ ऽ | है स रे ऽ | *शा ऽ ऽ ऽ | म बे ऽऽ ख़ुऽ

रे ग

सा – – – | सा – सा रेग | ग – – – | प गरे – सा

दी ऽ ऽ ऽ | में ऽ मैं नेऽ | ले ऽ ऽ ऽ | लि याऽ ऽ है

सा सा ऩि रे

– सा रे सा रे | सा ऩि – – | ऩि ऩि सा – | सा सा रेग सा

* शा ऽ य द | ऽ ऽ * * | ते रा ना ऽ | म बे ऽऽ ख़ु

सा सा सा म

सा – – – | सा ऩि – – | ऩि ऩि ऩिसा – | सा रेग म –

दी ऽ ऽ ऽ | में ऽ * * | ते रा नाऽ ऽ | म बेऽ ऽ ऽ

रे

ग सा – – | सा – – – | सां – – – | – – – –

ख़ु दी ऽ ऽ | में ऽ ऽ ऽ | पार्श्व-संगीत :

प पप

ऩिसां, ऩि धप ग – | – – गप धसां | ऩि – – धऩि | ध प धध पग

सरोद :

रे ग

रेग रे,गप ग प | सारे सा,रेग रे ग | ऩिसा ऩि,सा – रे | रे सा मरे साऩि

धऩि –ऩि सा सारे | –रे म मप प | पग –सा ऩि सारे | सा – | सा रे

अन्य वाद्य : मु झे

प

ग – – – | ग गम रे ग | ग प प ग | – – पऩि ध

बा ऽ ऽ ऽ | र बाऽ ऽ र | छे ऽ ड़ा ऽ | * * तेऽ री

प म ध

म – – – | म धध ऩिप,– प | प – – –ध | म पग – सारे

ज़ुल् ऽ ऽ ऽ | फ़ कीऽ ऽऽऽ घ | टा ऽ ऽ ऽऽ | ने ऽऽ ऽ मुझे

ग प
ग — — — | ग पम रे ग | — गप प ग | — — पनि ध
बा ऽ ऽ ऽ | र बाऽ ऽ र | * छेऽ ड़ा ऽ | ऽ * तेऽ री

प
म — — — | म मनि ध सां | निध धप,— — — | पग — —सा रे
ज़ुल् ऽ ऽ ऽ | फ़ कीऽ ऽ ऽ | घऽ टाऽऽ ऽ ऽ | नेऽ * *ते री

सा सा
ग — — — | गप,— गरे,— — सा | सांनि,— — — — | नि़ — नि़ ध़
आँ ऽ ऽ ऽ | ऽखऽ बनऽऽ ऽ ग | ईऽऽ ऽ ऽ ऽ | है * मे रा

सा
नि़ सा — — | सा सा रेगरे सा,— | सा — — — | सा — सा रेग
जा ऽ ऽ ऽ | म बे ऽऽ ख़ुऽऽ | दी ऽ ऽ ऽ | में * मैं नेऽ

ग
रे ग — — | प गरे,— — सा | — —सा रे सा | रे सा नि़ —
ले ऽ ऽ ऽ | लि याऽऽ ऽ है | * *शा ऽ य | द ऽ ऽ *

सा सा सा रे
नि़ नि़ नि़सा,— — | सा सा रेग सा | सा — — — | सा — — —
ते रा नाऽऽ ऽ | म बे ऽऽ ख़ु | दी ऽ ऽ ऽ | में ऽ * *

सा सा सा ग रे
नि़ नि़ नि़सा,— — | सा रे प — | — मग सा — | — सा { धसा रेप
ते रा नाऽऽ ऽ | म बे ऽ ऽ | ऽ ख़ुऽ दीऽ ऽ | ऽ में { पार्श्व-संगीत :

प ग
म —म — म | —म — मरे सा, | सा रेग रे ग | —, ध सां रें

गं रें — — | गं रें —, प | म —ग ग —रे | सा, सांनि, सांनि धंपं

मं पंधं पं सां | रेंगं रें रेंसां निध | प — सां निध | प — } मनि धनि,प
} कऽ ईऽऽ

ध नि नि
प — — — | प पम,— — म | ध धनि,प — — | — — —म म
बा ऽ ऽ ऽ | र चाँऽऽ ऽ द | च मऽऽ के ऽ | ऽ * *ते री

सां
ध — — — | धम मनि़ ध नि़ | नि़ध धप,— — —ध | मप,— — —म नि़,ध
नर् ऽ ऽ ऽ | मऽ आ ऽ ह | टोंऽ ऽऽऽ ऽ ऽऽ | केऽऽ ऽ • क ऽई

ध नि नि
नि़प,— प — — | प पम,— — म | ध धनि़,प प — | म — म म
ऽऽऽ बा ऽ ऽ | र चाँऽऽ ऽ द | च मऽऽ के ऽ | ऽ • ते री

ध — — — | धम मनि़ ध सांनि़ | धप,— — — — | प — — सारे
नर् ऽ ऽ ऽ | मऽ आऽ ऽ ऽह | टोंऽऽ ऽ ऽ ऽ | के ऽ • कई

रे सा सा सा
ग — — — | गप,ग गरे रेसा सा | सा नि़ — — | नि़ — नि़ ध
बा ऽ ऽ ऽ | रऽऽ जऽ गऽ म | गा ऽ ऽ ऽ | ए ऽ द रो

सा रे
ध़ सा — — | सा सा रेग सा | सा — — — | सा —
बा ऽ ऽ ऽ | म बे ऽऽ खु | दी ऽ ऽ ऽ | में • मेरा दिल

धड़क रहा है सरे-शाम बेखुदी में। मैंने ले लिया है शायद तेरा नाम बेखुदी में। तेरा नाम—

म रे रे
| रेग म — | ग सा — — | सा नि़ — —
| बेऽ ऽ ऽ | खु दी ऽ ऽ | में ऽ • •

सा सा सा म
नि़ नि़ नि़सा,— — | सा रे प — | — मग रे सा | -सा — — —
ते रा नाऽऽ ऽ | म बे ऽ ऽ | ऽ खुऽ दी ऽ | ऽमें ऽ ऽ ऽ

ज्ञातव्य : जहाँ ⌣ यह चिह्न है, वहाँ दो मात्राओं में तीन स्वर समझने चाहिए। □□□

जुर्म-उल्फ़त पे हमें

[१०]

संगीत-लिपि :

देवकीनंदन धवन

□ फ़िo : ताजमहल

जुर्म-उल्फ़त पे हमें लोग सज़ा देते हैं।
कैसे नादान हैं, शोलों को हवा देते हैं॥
हम-से दीवाने कहीं तर्के-वफ़ा करते हैं।
जान जाए कि रहे, बात निभा देते हैं॥
आप दौलत के तराज़ू में दिलों को तोलें।
हम मुहब्बत से मुहब्बत का सिला देते हैं॥
तख़्त क्या चीज़ है और लालो-जवाहर क्या हैं।
इश्क़वाले तो ख़ुदाई भी लुटा देते हैं॥
हमने दिल दे भी दिया, अहदे-वफ़ा ले भी लिया।
आप अब शौक़ से दे लें, जो सज़ा देते हैं॥

संगीत : रोशन • *गीत* : साहिर लुधियानवी • *गायन* : लता मंगेशकर

सा ... नि
सा – ध – – – – – – – – – – – – – – प ध निप
आ ऽ ऽ ऽ ऽ ऽ ऽ ऽ ऽ ऽ ऽ ऽ ऽ ऽ ऽ ऽ ऽ ऽऽ

– – – – – म॑प ग – – – – – – – – – गम॑ पम॑
ऽ ऽ ऽ ऽ ऽ ऽऽ ऽ ऽ ऽ ऽ ऽ ऽ * * * * आऽ ऽऽ

रे
धप म – – – – – – – – ग –म ग – रे – – – – –
ऽऽ ऽ ऽ ऽ ऽ ऽ ऽ ऽ ऽ ऽ ऽऽ ऽ ऽ ऽ ऽ ऽ ऽ * *

गम रेग – रे गसा,रे सा नि़ सा ग – – – – – – – ग
* * * * * * * * * * * * * * * * जु

ग
मरे रे़ सा – सा नि़ रे – – रे रे सा
ऽऽ में उल् ऽ फ़ त पे ऽ * ह में ऽ

कहरवा ताल

×				०				×				०			
								रे						म॑	
ग	–	–	–	म	ग	म	गम	ग	–	–	–	गम	ध	प	–
लो	ऽ	ऽ	ऽ	ग	स	ज़ा	ऽऽ	दे	ऽ	ऽ	ऽ	तेऽ	ऽ	हैं	ऽ

रे मं
म रे – प | – प प – | प ऩि धप ध | नि नि सां –रें
ऽ ऽ ऽ जु | ऽ में उल् ऽ | फ़ त ऽऽ ऽ | पे ह में ऽऽ

नि
सां – धऩि प | प म म रे | प – मंप धप | म – गप म
लो ऽ ऽऽ ऽ | ग स ज़ा ऽ | दे ऽ ऽऽ ऽऽ | ते ऽ हैंऽ ऽ

रे – – ग | म रे सा – | ऩि – – ऩि | रे – गरे सा
ऽ ऽ * कै | ऽ से ना ऽ | दा ऽ ऽ न | हैं ऽ शोऽ ऽ

रे मं
ग – – – | म ग म गम | ग – – – | गम ध प –
लों ऽ ऽ ऽ | को ह वा ऽऽ | दे ऽ ऽ ऽ | तेऽ ऽ हैं ऽ

(पार्श्व-संगीत : प़ ऩिसा रे
म रे – ग | म रे सा – | सा – – सा | सा – * *
ऽ ऽ ऽ कै | ऽ से ना ऽ | दा ऽ ऽ न | हैं ऽ * *

पनि सां –) रे
* * * प | – प निसां रें | सां – सां – | – सां ध प
* * * हम | ऽ से दीऽ ऽ | वा ऽ ने ऽ | ऽ क हीं ऽ

ग
– – प म | मरे रे सा – | सा ऩि रे सा | रे सा सा सा
* * त ऽ | कें ऽ व फ़ा ऽ | कर ऽ ऽ ऽ | ते ऽ हैं ऽ

म – – म | रे रे प – | प ऩि धप ध | नि नि सां –रें
* * * हम | ऽ से दी ऽ | वा ऽ ऽऽ ऽ | ने क हीं ऽऽ

नि
सां – धऩि प | प म म रे | प – मंप धप | म – गप म
त ऽ ऽऽ ऽ | कें व फ़ा ऽ | कर ऽ ऽऽ ऽऽ | ते ऽ हैंऽ ऽ

रे – – ग | मरे रे सा – | सा – – – | सा ऩि रे –
ऽ ऽ * जा | ऽऽ न जा ऽ | ए ऽ ऽ ऽ | कि र हे ऽ

रे मं
– – ग – | म ग म गम | ग – – – | गम ध प –
* * बा * | त नि भा ऽऽ | दे ऽ ऽ ऽ | तेऽ ऽ हैं ऽ

म रे – ग | मरे रे सा – | सा – – { सां | – नि प मं
ऽ ऽ ऽ जा | ऽऽ न जा ऽ | ए ऽ ऽ { पार्श्व-संगीत :

म ग प) प | – प निसां रें | सां सां सां – | – सां ध प
आ | ऽ प दौऽ ऽ | ल त के ऽ | ऽ त रा ऽ

म॑ ग
प – – म | मरे रे सा – | सा नि़ रे सा | रे सा सा –
ज़ू ऽ ऽ ऽ | मेंऽ दि लों ऽ | को ऽ ऽ ऽ | तो ऽ लें ऽ

म – – म | रे रे प – | प नि॒ धप ध | नि नि सां –रें
* * * आ | ऽ प दौ ऽ | ल त ऽऽ ऽ | के त रा ऽ

नि
सां – धनि॒ प | प म म रे | प – म॑प धप | म – गप म
ज़ ऽ ऽऽ ऽ | में दि लों ऽ | को ऽ ऽऽ ऽऽ | तो ऽ लेंऽ ऽ

ग रे – ग | मरे रे सा – | सा नि़ रे – | – रे गरे सा
ऽ ऽ ऽ हम | ऽऽ मु ह ऽ | ब्ब त से ऽ | * मु हऽ ऽ

रे म॑
ग ग – – | म ग म गम | ग – – – | गम ध प –
ब्ब त ऽ ऽ | का सि ला ऽऽ | दे ऽ ऽ ऽ | तेऽ ऽ हैं ऽ

म रे – ग | मरे रे सा – | सा सा सा – | – प़ नि़सा रे
ऽ ऽ ऽ हम | ऽऽ मु ह ऽ | ब्ब त से ऽ | ऽ * * *

नि
पनि सां – प | – प निसां रें | सां – – – | सां सां ध नि॒
* * * त | ऽ ख्त क्याऽ ऽ | ची ऽ ऽ ऽ | ज़ है औ र

ग
प – प म | म रे सा – | सा नि़ रे सा | रे सा सा –
ऽ ऽ ला ऽ | लो ज वा ऽ | हर ऽ ऽ ऽ | क्या ऽ हैं ऽ

म – – म | रे रे प – | प नि॒ धप ध | नि नि सां सांरें
* * * त | ऽ ख्त क्या ऽ | ची ऽ ऽऽ ऽ | ज़ है औ रऽ

नि
सां – धनि॒ प | प म म रे | प – म॑प धप | म – गप म
ला ऽ ऽऽ ऽ | लो ज वा ऽ | हर ऽ ऽऽ ऽऽ | क्या ऽ हैंऽ ऽ

रे – – ग | म रे सा – | सा नि़ रे – | – रे गरे सा

ऽ ऽ • इ | ऽ श्क़ वा ऽ | ले ऽ तो ऽ | • ख़ु दाऽ ऽ

रे मं

ग – – – | म ग म गम | ग – – – | गम ध प –

ई ऽ ऽ ऽ | भी लु टा ऽऽ | दे ऽ ऽ ऽ | तेऽ ऽ ऽ हैं

म रे – ग | म रे सा – | सा – रे प | मं सां नि रें

ऽ ऽ ऽ इ | ऽ श्क़ वा ऽ | ले ऽ पार्श्व-संगीत :

नि

सां नि – प | – प निसां रें | सां – – – | सां सां धनि़ प

हम | ऽ ने दिलऽ ऽ | दे ऽ ऽ ऽ | भी दि याऽ ऽ

ग

– – प पम | म रे सा – | सा नि़ रे सा | रे सा सा –

• • अ हऽ | दे व फ़ा ऽ | ले ऽ ऽ ऽ | भी लि या ऽ

म – – म | रे रे प – | प नि़ धप ध | नि नि सां –रें

• • • हम | ऽ ने दिल ऽ | दे ऽ ऽऽ ऽ | भी दि या ऽऽ

निसां सां धनि़ प | प म म रे | प – मंप धप | म म गप म

अऽ ह ऽऽ ऽ | दे व फ़ा ऽ | ले ऽ ऽऽ ऽऽ | भी लि याऽ ऽ

रे – – ग | म रे सा सा | सा – – नि़ | रे – गरे सा

ऽ ऽ • आ | ऽ प अ ब | शौ ऽ ऽ क़ | से ऽ देऽ ऽ

रे मं

ग – – – | म ग म गम | ग – – – | गम ध प –

लें ऽ ऽ ऽ | जो स ज़ा ऽऽ | दे ऽ ऽ ऽ | तेऽ ऽ हैं ऽ

म रे – ग | म रे सा – | सा नि़ रे – | – रे गरे सा

ऽ ऽ ऽ जु | ऽ में उल् ऽ | फ़ त पे ऽ | ऽ ह मेंऽ ऽ

प – – – म – म म म ग म ग – रे • रेग म ग

लो ऽ ऽ ऽ ऽ ऽ ग स ज़ा ऽ ऽ दे ऽ ऽ • तेऽ ऽ ऽ

ग – – – – –

हैं ऽ ऽ ऽ ऽ ऽ

□□□

तुम्हारी मस्त नज़र

(११)

संगीत-लिपि : देवकीनन्दन थवन

फ़ि० : दिल ही तो है

तुम्हारी मस्त नज़र गर इधर नहीं होती।
नशे में चूर फ़िज़ा इस क़दर नहीं होती ॥
तुम्हीं को देखने की दिल में आरज़ूएँ हैं।
तुम्हारे आगे ही ऊँची नज़र नहीं होती ॥
ख़फ़ा न होना अगर बढ़के थाम लूँ दामन।
ये दिलफ़रेब ख़ता जानकर नहीं होती ॥
तुम्हारे आने तलक हमको होश रहता है।
फिर इसके बाद हमें कुछ ख़बर नहीं होती ॥

संगीत : रोशन • *गीत* : साहिर लुधियानवी • *गायन* : मुकेश व लता

पार्श्व-संगीत :
सा रे नि सा – सां रेंनि सां – सां रेंनि सां रें पं – – –
सां – नि प – ग रे सा

कहरवा ताल

× × × ×
पार्श्व-संगीत :
प प मं ग । मं मं ग सा । ग सां – – । – प मं ग
प प मं ग । मं मं ग सा । ● ● प प । – प प –
● ● नि नि । – नि नि – । प सां नि प । प मं गसा गमं
प –मं ध –मं । प ग पमं गसा । ग गग गग ग ॥ ग गमं प मं
तु म्हाऽ ऽ री
पमं धप – मं । ग मं ग – ॥ सां – नि प । – मं ग गमं
मऽ ऽऽ ऽ ऽ । स्त न ज़र ऽ ॥ **पार्श्व-संगीत :**

प –मं ध –मं||प ग पप गसा| ग – – –

तुम्हारी मस्त—

मं ग –|– – मं ध|ध नि सां निनि|प – – –
न ज़र ऽ|ऽ ऽ ग र|इ ध र नऽ|हीं ऽ ऽ ऽ

पार्श्व-संगीत : (ग नि धनि पध प)

मंग रे ग –|– – * *|नि ध नि धध|मं ध निध प
होऽ ऽ ती ऽ|ऽ ऽ * *|न शे ऽ मेंऽ|चू ऽ ऽऽ ऽ

मं प मंमं ग|– – मं ध|ध नि सां निनि|प – – –
र फ़ि ज़ाऽ ऽ|* * इ स|क़ द र नऽ|हीं ऽ ऽ ऽ

मंग रे ग –|प – – गसा|
होऽ ऽ ती ऽ|* * * **|तुम्हारी मस्त नज़र।

– – सां –|– नि सांरें निसां|ध नि प –|प नि – सां
* * आ ऽ|ऽ ऽ ऽऽ ऽऽ|ऽ ऽ ऽ ऽ|तु म्हीं ऽ को

रें – – रें|रें – रें –|– – नि –|निध ध सां नि
दे ऽ ऽ ख|ने ऽ की ऽ|* * दिल ऽ|मेंऽ आ ऽ र

धप – – –|धनि नि नि –|प नि रें प|प नि – सां
ज़ू ऽ ऽ ऽ|एंऽ ऽ हैं ऽ|* * * *|तु म्हीं ऽ को

गं रें – रें|रें – रें –|– – | नि –
दे ऽ ऽ ख|ने ऽ की ऽ|* * दिल में आरज़ूएँ— हैं ऽ

– – नि –|निध ध सां नि|धप – – मं|ध – पमं गमं
* * दिल ऽ|मेंऽ आ ऽ र|ज़ूऽ ऽ ऽ ऽ|एँ ऽ हैंऽ ऽऽ

प ग * *|ग गमं प मं|पमं धप – मं|ग मं ग –
ऽ ऽ * *|तु म्हाऽ ऽ रे|आऽ ऽऽ ऽ ऽ|गे ही ऊँ ऽ

ध पार्श्व-संगीत : ग

मं ध – –|ध नि सां नि|प – – –|मंग रे ग –
ची ऽ ऽ ऽ|न ज़ र न|हीं ऽ ऽ ऽ|होऽ ऽ ती ऽ

नि धनि पध प
– – * * | नि ध नि ध | में धनि,ध – प | में प में ग
ऽ ऽ * * | तु म्हा ऽ रे | ऽ ऽऽऽ ऽ आ | गे ही ऊँ ऽ

में ध – – | ध नि सां नि | प पध,– निध प | में प प –
चो ऽ ऽ ऽ | न ज़ र न | हीं ऽऽऽ ऽऽ ऽ | हो ऽ ती ऽ

ग प सा –
ऽ ऽ ऽ ऽ | तुम्हारी मस्त नज़र।

[– सा ग में | ध गमें ग सा | सा सांनि रेंसां निध | में ध – –
[* पार्श्व-संगीत :

प – में गं | – ग रें सां | ग गप –प नि सां सां ग में

प – – ग] | ग गमें ध प | प – ग प | रे रे गरे सा
] | ख़ फ़ाऽ ऽ न | हो ऽ ऽ ऽ | ना अ गरऽ ऽ

– – ग ग | म पध नि ध | प ध पध,प – | मेंग में प –
ऽ ऽ ब ढ़ | के थाऽ ऽ म | लूँ ऽ ऽऽऽ ऽ | दाऽ ऽ मन ऽ

– – ग पग
* * हा ऽय | ख़फ़ा न होना, अगर बढ़के थाम लूँ दामन—

ध
– – नि नि | नि ध सां नि | प – – में | ध – पमें ग
* * ब ढ़ | के था ऽ म | लूँ ऽ ऽ ऽ | दा ऽ मनऽ ऽ

में
ग – सारे सा | ग गमें प में | पमें धप – में | ग में ग –
ऽ ऽ * * | ये दिलऽ ऽ फ़ | रेऽ ऽऽ ऽ ऽ | ब ख़ ता ऽ

ध पार्श्व-संगीत : न
– – में ध | ध नि सां नि | प – – – | मेंग रे ग –
* * जा ऽ | न क र न | हीं ऽ ऽ ऽ | होऽ ऽ ती ऽ

नि धनि पध प
– – * * | नि ध नि ध | मं ध निध प | मं प पमं ग
ऽ ऽ * * | ये दिल ऽ फ़ | रे ऽ ऽऽ ऽ | ब ख़ ताऽ ऽ

ध
– – मं ध | ध नि सां नि | प – – – | मंग रे ग –
* * जा ऽ | न क र न | हीं ऽ ऽ ऽ | होऽ ऽ ती ऽ

{सा म ग प | ग गरे सानि़ धप़ | रे – – सा | ग रे म ग
{पार्श्व-संगीत :

सा
ग – प – | – सां गं रें | सां – निध पमं | रे मं प निध

ध
पनि धनि ध प | – नि सां नि | सां – नि प} | प नि – सां
| तु म्हा ऽ रे

रें – – – | रें रें रें रें | – – नि नि | नि ध सां नि
आ ऽ ऽ ऽ | ने त ल क | * * ह म | को हो ऽ श

ध
प प – – | धनि नि नि – | प नि रें प | प नि – सां
र ह ऽ ऽ | ताऽ ऽ है ऽ | * * * * | तु म्हा ऽ रे

रेंगं रें – – | रें रें रें रें | – –
आऽ ऽ ऽ ऽ | ने त ल क | * * हमको होश रहता है—

ध
– – नि – | नि ध सां नि | प प – मं | ध – पमं गमं
* * हम ऽ | को हो ऽ श | र ह ऽ ऽ | ता ऽ हैऽ ऽऽ

प ग * * | ग गमं प मं | प – – मं | ग मंमं ग –
ऽ ऽ * * | फिर इऽ स के | बा ऽ ऽ ऽ | द हऽ में ऽ

ध पार्श्व-संगीत : ग
– – मं ध | ध नि सां नि | प – – – | मंग रे ग –
* * कु छ | ख ब र न | हीं ऽ ऽ ऽ | होऽ ऽ ती ऽ

नि	धनि	पध	प												
–	–	*	*	नि	ध	नि	ध	मं	ध	निध	प	मं	प	मं	ग
ऽ	ऽ	*	*	फिर	इ	स	के	बा	ऽ	ऽऽ	ऽ	द	ह	में	ऽ

									प						
–	–	मं	ध	ध	नि	सां	नि	ध	ध	निध	प	मं	प	प	–
*	*	कु	छ	ख	ब	र	न	हीं	ऽ	ऽऽ	ऽ	हो	ऽ	तो	ऽ

ग	प	सा	–	
ऽ	ऽ	ऽ	ऽ	तुम्हारी मस्त नज़र गर इधर नहीं होती—

पार्श्व संगीत : ग गप प प | – प प – | मं –नि निं नि | – नि नि – |

प –सां सां सां | निसां धनि पध मं | ग – – – |

रहते थे कभी

[१२]

संगीत-लिपि : *देवकीनंदन धवन*

□ फ़िo : ममता

रहते थे कभी जिनके दिल में, हम जान से भी प्यारों की तरह !
बैठे हैं उन्हीं के कूचे में, हम आज गुनहगारों की तरह !
दावा था जिन्हें हमदर्दी का, खुद आके न पूछा हाल कभी।
महफ़िल में बुलाया है हमपे हँसने को सितमगारों की तरह !
बरसों के सुलगते तन-मन पर अश्कों के तो छींटे दे न सके।
तपते हुए दिल के ज़ख्मों पर बरसे भी तो अंगारों की तरह !
सौ रूप भरे जीने के लिए, बैठे हैं हज़ारों ज़हर पिए।
ठोकर न लगाना, हम खुद हैं गिरती हुई दीवारों की तरह !

संगीत : रोशन • गीत : मजरूह • गायन : लता मंगेशकर

कहरवा ताल

×				×				×				×			
		–ग	म	ध	प	प	पध	मप	मग,–	–ग	म	ध	प	प	प
		*र	ह	ते	ऽ	थे	कऽ	भीऽ	ऽऽऽ	ऽजि	न	के	ऽ	दि	ल
													सांसां		
प	–	धप	मग	–	गम	–ध	ध	ध	–	धनि॒	रें	–	नि॒नि॒	–ध	प
में	ऽ	हमऽ	ऽऽ	*	जाऽ	ऽन	से	भी	ऽ	प्याऽ	ऽ	ऽ	रोंऽ	ऽकी	त
प	–	–	नि	–नि	–	नि	सां	निसां	–नि	ध	प	ग	गप	–सां	नि॒
रह	ऽ	*	बै	ऽठे	ऽ	हैं	उ	न्हींऽ	ऽऽ	के	ऽ	ऽ	कूऽ	ऽचे	ऽ
नि॒सां	ध	–	धप	धप	गरे	–,गरे	सा	ग	ग	गम	प	–म	मप,म	–ग	रे
मेंऽ	ऽ	*	हमऽ	ऽऽ	आऽ	ऽजऽ	गु	न	ह	गाऽ	ऽ	ऽऽ	रोंऽऽ	ऽकी	त
												ग			
ग	–	गम	पनि	सां	नि॒प	–प	म	प	प	पम,म	–	म	पनि॒,प	–म	ग
रह	ऽ	हमऽ	ऽऽ	ऽ	आऽ	ऽज	गु	न	ह	गाऽऽ	ऽ	ऽ	रोंऽऽ	ऽकी	त
ग	–														
रह	ऽ	रहते थे कभी जिनके दिल में !													

पार्श्व-संगीत : गम पनि | सांगं गमं – गंसां | मं – गंरें सांनि | सांमं गं – रेंसां

नि -रें सांमं रेंसां । नि़ -ध - म । प ग -⎫ ग । प म म ग
⎭ दा । वा ऽ था जि

म - म नि । निध पध नि,पध प । प - - निरें । नि - -ध नि
न्हें ऽ ह म । दर्ऽ ऽऽ ऽदीऽ ऽ । का ऽ • ख़ुद । आ ऽ ऽके न

ध - प ध । प -म म प । म ग - सांनि । निरें,सां - -नि ध
पू ऽ छा ऽ । हा ऽऽ ल क । भी ऽ • ख़ुद । आऽऽ ऽ ऽके न

प म
प ग गम पनि़ । प पनि़,प मम ग । ग - -ग म । प - नि नि
पू ऽ छाऽ ऽऽ । ऽ हाऽऽ ऽल क । भी ऽ •म ह । फ़िल ऽ में बु

सां - सां - । - निप -नि - । सां - - नि । नि नि -नि सां
ला ऽ या ऽ । ऽ हैऽ ऽहम ऽ । पे ऽ • म । ह फ़िल ऽमें बु

निसां -नि ध प । ग गप -सां नि़ । नि़सां ध - धप । धप गरे -,गरे सा
लाऽ ऽऽ या ऽ । ऽ हैऽ ऽहम ऽ । पेऽ ऽ • हुँऽ । सऽ नेऽ ऽकोऽ सि

ग - गम प । -म मप,म -ग रे । ग - गम पनि । सां नि़प -प म
तम ऽ गाऽ ऽ । ऽऽ रोंऽऽ ऽकी त । रह ऽ हुँऽ सऽ । ऽ नेऽ ऽको सि

ग
प - पम,म - । म पनि़,प -म ग । ग -
तम ऽ गाऽऽ ऽ । ऽ रोंऽऽ ऽकी त । रह ऽ रहते थे कभी जिनके दिल में !

रें रें
⎧ सां सां । रें गं - सांगं । रेंगंसांरें - ध सां । रें मं - गंपं
⎩ **पार्श्व संगीत :**

सां सां
मंपंगंमं - ध सां । नि़ - - सां । ध प ग प । नि़ - सां ध

प -⎫
⎭

(दूसरा अंतरा पहले अंतरे के समान गाने के पश्चात् पहले अंतरे से पूर्व का पार्श्व-संगीत बजाया जाएगा तत्पश्चात् तीसरा अंतरा पहले अंतरे के समान गाया जाएगा।) □□□

अश्कों ने जो पाया है

(१३)

संगीत-लिपि : देवकीनन्दन धवन

□ फ़िल्म : चाँदी की दीवार

अश्कों ने जो पाया है, वो गीतों ने दिया है।
इसपर भी सुना है कि ज़माने को गिला है।।
जो तार से निकली है, वो धुन सबने सुनी है।
जो साज़ पे गुज़री है, वो किस दिल को पता है ?
हम फूल हैं, औरों के लिए लाए हैं ख़ुशबू।
अपने लिए ले-देके बस एक दाग़ मिला है।।

संगीत : एन० दत्ता • *गीत* : साहिर लुधियानवी • *गायन* : तलत महमूद

पार्श्व-संगीत :

प़ सा ग – – रेग मग रेसा नि़ ध़ – – – पनि़ सारे
गम प – नि – सां – प म ग – – – – प़ ध़ नि़ सा
नि़ ध़ – नि़ ध़ प़ – प़ – नि़ – सा – रे ग नि़ –
सा – प़ – – –

कहरवा ताल

×				०				×				०			
								ग							
प़	प़	नि़	–	सा	रे	ग	रे	रे	सा	सा	–	–	सा	नि़	सा
अ	श्	कों	ऽ	ने	जो	पा	ऽ	या	ऽ	है	ऽ	ऽ	वो	गी	ऽ
					म										
रेग	पम	म	–	–	ग	रे	सा	रेग	–	–	–	–	–	नि़	सा
तोंऽ	ऽऽ	ने	ऽ	ऽ	दि	या	ऽ	हैऽ	ऽ	ऽ	ऽ	•	*	इ	स
रे	रेमं	मं	–	–	मं	पमं	ग	मं	प	प	–	–	मं	पध	पप
प	रऽ	भी	ऽ	ऽ	सु	नाऽ	ऽ	है	ऽ	कि	ऽ	ऽ	ज़	माऽ	ऽऽ
				म		ग									
–	म	म	ग	ग	रे	रे	सा	रेग	–	–	रेसा	रेग,रे	–सा	नि़	–
ऽ □	ऽ	ने	ऽ	को	गि	ला	ऽ	हैऽ	ऽ	ऽ	ऽऽ	ऽऽऽ	ऽऽ	ऽ	ऽ

प़ प़ नि़ – | सा रे ग प | गप,ग रेसा सा – | – – – –
अ श् कों ऽ | ने जो पा ऽ | याऽऽ ऽऽ है ऽ | ऽ ऽ ऽ ऽ

[प – – मंध | प – – – / – सा नि॒ धसां | नि॒ – धप मग
(पार्श्व संगीत :

म – – गप | म – – – | – ध नि॒ ध | सां –नि सांनि धप

मं – – – | – रे मं ध | रें – – – | – सांनि सां निध

नि धप ध म | प ग मग रेसा | रे प – प़ | नि़ रे प –]

प – प – | पध प म ग | प – – – | प प प –
जो ऽ ता़ ऽ | रऽ से नि क | ली ऽ ऽ ऽ | है वो धुन ऽ

– – रे रे | ग प ध पध | नि॒ – ध नि॒ | (प)ध प – –
* * स ब | ने सु नी ऽऽ | है ऽ ऽ ऽ | ऽ ऽ ऽ ऽ

ध – ध – | ध ध ध धप | ध पध,प प म | म म म म
जो ऽ सा ऽ | ज़ पे गु ज़ऽ | री ऽऽऽ ऽ ऽ | है वो कि स

– – प ध | (ध)प म प म | ग – – रेसा | रेग,रे –सा नि़ –
* * दि ल | को प ता ऽ | है ऽ ऽ ऽऽ | ऽऽऽ ऽऽ ऽ ऽ

अश्कों ने जो पाया है, वो गीतों ने दिया है,
इसपर भी सुना है कि ज़माने को गिला है !

ग़ प़ नि़ – | सा रे ग प | गप,ग रेसा सा – | – – – –
अ श् कों ऽ | ने जो पा ऽ | याऽऽ ऽऽ है ऽ | ऽ ऽ ऽ ऽ

[प़ ग म ग | रे सा – – | प़ रे ग रे | सा नि़ – –
(पार्श्व संगीत :

मंध मंनि धनि नि | सां – निध पमं | पनि निध धनि निप | प – रे प

म –प ग म | रे –ग सा रे नि़ –सा ध़ नि़ | प़ – – –]

(दूसरा अंतरा पहले अंतरे के समान गाया जाएगा।) □□□

फिर वो भूली-सी याद

(१४)

संगीत-लिपि :
देवकीनन्दन धवन

फ़िo : बेगाना

फिर वो भूली-सी याद आई है !
ऐ ग़मे-दिल तेरी दुहाई है !
बात इतनी सी है कहानी में ।
हम भी मारे गए जवानी में ।।
आग सीने में ख़ुद लगाई है !
आँख में बूँद-भर जो पानी है ।
प्यार की इक यही निशानी है ।
रोते बीती है, जो बिताई है !

संगीत : सपन-जगमोहन • *गीत* : शैलेंद्र • *गायन* : मुहम्मद रफ़ी

दादरा ताल

× × ×

म प / ध – – – पधप धपम / ग – – – म प
पार्श्व संगीत :

ध – – – निरेंसां निधप | म – – ग – मग | रे – ग म ग रे

सा –] सा म मपमग रे | रे – साग रेग,रे नि –ध | नि धनि,सा सा – सा –
] फिर वो भू ऽ ऽ | ली ऽ सीऽ याऽऽ ऽ ऽद | आ ऽऽऽ ई ऽ है ऽ

– – | | [ध धप धप मग
ऽ ऽ फिर वो भूली-सी याद आई है ! | [ऐ ग़ऽ मेऽ ऽऽ

म,पम ग –म पध नि –ध | पप मग मम गरे गम,ग सा | – –]
दिलऽऽ ऽ ऽते रीऽ ऽ ऽदु | हाऽ ऽऽ ईऽ ऽऽ हैऽऽ ऽ | * *] दो बार

प प
सा म म म | रेरे – सा –
फिर वो भूली-सी याद आई है ! फिर वो भू ऽ | ऽली ऽ सी याद आई है ऽ

पार्श्व-संगीत : म – ध़नि़ सा – – । रे़सा रे़सा ध़नि़ रे़ –रे़ ग । म – धनि सा – –

रेंसां रेंसां धनि रें – मं । मं गमं सां रेंसां निरें सांनि । ध – ध ध निसां नि
बा त इऽ त

ध – ध ध – ध । नि – नि रेंसां सां – । निसां ध
नी ऽ सी है ऽ क । हा ऽ नी ऽऽ में ऽ । ऽऽ ऽ बात इतनो-सी है

कहानी— सां – । – – । रें रें रें सां । सां ध –ध धसां नि –नि
में ऽ । * * । हम भी मा ऽ । रे ऽ ऽग एऽ ऽ ऽज

ध धु धुनिधध म म – । – – दो बार
वा ऽ नोऽऽऽ ऽ में ऽ । * *

। ध धप धप मग । मप,म ग –म पध नि –ध
। आ गऽ सीऽ ऽऽ । नेऽऽ ऽ मेंऽ खुऽ द ऽल

पप मग मम गरे गम,ग सा । – –
गाऽ ऽऽ ईऽ ऽऽ हैऽऽ ऽ । * * फिर वो भूली-सी याद आई है !

पार्श्व-संगीत : मरें नि – – – – । गंमं ध – – – – । गंरें निगं रेंध रेंसां पसां निम

ग – – प – – । धु नि धु धु नि धु । नि धु म प – –

प नि प प नि प । नि प –ग म म ध । सां –

(दूसरा अंतरा पहले अंतरे के समान गाया जाएगा ।)

□□□

ये न थी हमारी क़िस्मत

[५५]

संगीत-लिपि :
देवकीनंदन धवन

□ फ़िo : मिर्ज़ा ग़ालिब

ये न थी हमारी क़िस्मत कि विसाले-यार होता।
अगर और जीते रहते, यही इंतज़ार होता।।
तेरे वादे पे जिए हम, तो ये जान झूठ जाना।
कि ख़ुशी से मर न जाते, अगर एतबार होता।।
ये कहाँ की दोस्ती है कि बने हैं दोस्त नासह।
कोई चारासाज़ होता, कोई ग़मगुसार होता।।

संगीत : शंकर-जयकिशन • *गीत* : ग़ालिब • *गायन* : उषा मंगेशकर

सारंगी :

रेग॒ – – – – – प नि॒ रें मंग॒ं,ग॒ं – | – मंग॒ंरेंग॒ं – नि॒ रें

मरें,मं – – पंमंमं – – रें मं पं नि॒ धं पंमं मंग॒ं,ग॒ं – मंपं,मं

ग॒ं रेंग॒ं मंपं – – – – – – – – – रें मं पं धं –

धं पं मं ग॒ं – ग॒ं रें नि॒ प ग॒ – – – – – – – मप –

– – | रे रे रेम ग॒ रेसा सारेसारे – सानि॒ नि॒ सा सा सा नि॒ध॒
| ये न थीऽ ऽ हृऽ माऽऽऽ ऽ रीऽ क़ि स् म त हाए

नि॒सा,नि॒ धप –
ऽऽऽ ऽऽ ऽ

कहरवा ताल

×	×	×	×
रे रे रेम ग॒,मग॒	रेसा सारेसारे – सानि॒	नि॒ सा सा सा	– – ग –
ये न थीऽ ऽऽऽ	हृऽ माऽऽऽ ऽ रीऽ	क़ि स् म त	ऽ ऽ • •

नि़

ग ग ग – | ग म ग म | रेम पम ग॒ – | रेसा रे सा नि॒
कि वि सा ऽ | ले या ऽ र | होऽ ऽऽ ता ऽ | ऽऽ ऽ ऽ ऽ

सा

रे रे रेम ग॒म,ग॒ | रेसा –सा रे सानि़ | नि़सा सा सा – | नि़ध़ नि़ धप़ –
अ गर औऽ ऽऽऽ | रऽ *जी ऽ तेऽ | रऽ ह ते ऽ | ऽऽ ऽ ऽ ऽ

सा

| नि़सा सा सा – | – – – – | ग ग ग –
अगर और जीते | रऽ ह ते ऽ | ऽ ऽ * * | य ही इं ऽ

नि़

ग म ग म | रेम पम ग॒ – | रेसा रे सा नि़ | रे रे रेम ग॒म,ग॒
त जा ऽ र | होऽ ऽऽ ता ऽ | ऽऽ ऽ ऽ ऽ | ये न थीऽ ऽऽऽ

रेसा सारेसारे–सानि़ | नि़ सा सा सा | नि़ध़ नि़सा,नि़ धप़ – | रे रे रेम ग॒म,ग॒
हऽ माऽऽऽ ऽ रीऽ | क्रि स् म त | हाए ऽऽऽ ऽऽ ऽ | ये न थीऽ ऽऽऽ

रेसा सारेसारे–सानि़ | नि़ सा सा सा | – { ग॒ रे ग॒ | प – – –मग॒
हऽ माऽऽऽ ऽ रीऽ | क्रि स् म त | ऽ { सारंगी :

म ग॒रे ग॒ रे | मम ग॒ – सा | रे सानि़ सा –रे | सानि़ – – रेसा

नि़ध़ ध़ – – | नि़ नि़ सा – | नि़ सा – नि़ | सा – ग॒ प

– मग॒ म ग॒रे } | सा सा सा रेसा,रे | रे रे मरे,म मप | मप प प –
| ते रे वा ऽऽऽ | दे पे ऽऽऽ जिऽ | एऽ ऽ हम ऽ

– – प म | म म म – | म मप पध धप | मग॒ – ग॒ –
ऽ ऽ * * | तो ये जा ऽ | न झूऽ ऽऽ ठऽ | जाऽ ऽ ना ऽ

नि़

सारे – सा नि़ | रे रे रेम ग॒ रेसा –,सारे रे सानि़ नि़सा सा
ऽऽ ऽ ऽ ऽ | कि खु शीऽ ऽ सेऽ *मऽ र नऽ जाऽ ऽ

सा सा

सा – ऩिध़ ऩिसा,ऩि धप़ – – – रे रे रेम ग़ रेसा रे रे
तेऽ ऽऽ ऽऽ ऽऽऽ ऽऽ ऽ * * कि खु शीऽ ऽ सेऽ म र

साऩि ऩिसा सा सा – – – ग ग ग – ग म ग म
नऽ जाऽ ऽ ते ऽ * * अ गर ए ऽ त बा ऽ र

ऩि
रेम पम ग़ – | रेसा रे सा ऩि |
होऽ ऽऽ ता ऽ | ऽऽ ऽ ऽ ऽ | ये न थी हमारी.........।

[ग़ रे ग | प – – मग़ | म ग़रे ग़ रे | मम ग़ – सा
सारंगी :

रे साऩि सा –रे | साऩि – – रेसा | ऩिध़ ध़ – – | ऩि ऩि सा –

ऩि सा – ऩि | सा – ग़ – | प –म ग़ रेसा ।]

(दूसरा अंतरा पहले अंतरे के समान गाया जाएगा ।) □□□

है बस कि हरइक उनके

(१६)

संगीत-लिपि :

देवकीनन्दन धवन

□ फ़िल्म : मिर्ज़ा ग़ालिब

है बस कि हरइक उनके इशारे में निशाँ और।
करते हैं मुहब्बत, तो गुज़रता है गुमाँ और॥
या रब, न वो समझे हैं, न समझेंगे मेरी बात।
दे और दिल उनको, जो न दे मुझको ज़ुबाँ और॥
तुम शहर में हो तो हमें क्या ग़म, जब उठेंगे।
ले आएँगे बाज़ार से जाकर दिलो-जाँ और॥
हैं और भी दुनिया में सखुनवर बहुत अच्छे।
कहते हैं कि ग़ालिब का है अंदाज़े-बयाँ और॥

संगीत : गुलाम मुहम्मद • *गीत* : ग़ालिब • *गायन* : मुहम्मद रफी

कहरवा ताल

× ० × ०

पार्श्व-संगीत : प़ सा सा सा | रे गरे सा सा | प़ सा सा सा | रे गरे सा सा

प पर्मं ग रे | ग मग रे सा | रे गरे सा नि़ | नि़ रे सा –

सा रे रे ग | रे ग सा रे | रे ग ग – | ग प प ध
है ऽ ब स | कि हर इ क | उ न के ऽ | इ ऽ शा ऽ

ध नि नि सांनि | – ध धनि ध | प ध प मं | ग रे सा –
रे ऽ में ऽऽ | ऽ नि शाँऽ ऽ | औ ऽ ऽ ऽ | ऽ ऽ ऽ ऽर

सा रे रे ग | रे ग सा रे | रे प ग – | ग प प ध
क र ते ऽ | हैं मु ह ऽ | ब्ब ऽ ऽ ऽत | तो गु ज़ र

ध नि नि सांनि | – ध धनि ध | प ध प मं | ग रे सा –
ता ऽ है ऽऽ | ऽ गु माँऽ ऽ | औ ऽ ऽ ऽ | ऽ ऽ ऽ ऽर

पार्श्व-संगीत : प मं ध प | – म ग रे | ग रे म ग | – रे सा नि़

ध़ – नि़ –| सा – ग रे | सा ग – मं | प ध नि रें

धसां – सां सां | सां सां प ध | सांनि सां – – | सां सां सां –
याऽ ऽ र ब | न वो सम ऽ | झेऽ ऽ ऽ ऽ | हैं न सम ऽ

– – निसां नि | ध प निध प | प – – – | सां ध सांनि सां
ऽ ऽ झेंऽ ऽ | गे मे रीऽ ऽ | बा ऽ ऽ ऽ | ऽ ऽ ऽऽ ऽ

– [प – प | ध नि सां –]
ऽत [पार्श्व-संगीत :] | या रब, न वो समझे हैं, न समझेंगे मेरी—

प – – – | ग रे सा – | सा रे रे ग | रे ग सा रे
बा ऽ ऽ ऽ | ऽ ऽ ऽ ऽत | दे ऽ औ ऽ | र दिल उ न

रे प ग – | ग रे सा – | सा रे रे ग | रे ग सा रे
को ऽ ऽ ऽ | जो न दे ऽ | मु झ को ऽऽ | ऽ ज़ु बाँ ऽ

प ध प मं | ग रे सा – | सा रे रे ग | रे ग सा रे
औ ऽ ऽ ऽ | ऽ ऽ ऽ ऽर | दे ऽ औ ऽ | र दिल उ न

रेग रेग – – |
कोऽ ऽऽ ऽ ऽ | जो न दे मुझको ज़ुबाँ और—

[सा प पमं ग | ग म मग रे | रे ग गरे सा | रे म ग –
पार्श्व-संगीत :]

• ग प ध | सां रें गं –] | गं गं गं गं | गं गं गं –
| तु म श ह | र में हो ऽ

सां रें गंमं गं | रें सां सां रें | नि सां – नि | ध प निध प
तो ऽ ऽऽ ऽ | ह में क्या ऽ | ग़ ऽम ऽ ऽ | जब उ ठें ऽ

प – – – | ध सां रें गं | – [प – प | ध सां रें ग]
गे ऽ ऽ ऽ | ऽ ऽ ऽ ऽ | ऽ [पार्श्व-संगीत :]

प गं |
तु म शहर में हो तो हमें क्या ग़म, जब उठें—

प – – – | ग रे सा – || सा रे रे ग | रे ग सा रे
गे ऽ ऽ ऽ | ऽ ऽ ऽ ऽ || ले ऽ आ ऽ | एँ गे बा ऽ

रे प ग – | ग प प ध | ध नि निसां नि | धनि ध प –
ज़ा ऽ ऽ ऽ | र से जा ऽ | क र दिऽ ऽ | लोऽ ऽ जाँ ऽ

प ध प मं | ग रे सा – ||
औ ऽ ऽ ऽ | ऽ ऽ ऽ ऽर || दो बार

सा प पमं ग | ग म मग रे | रे ग गरे सा | रे म ग –
पार्श्व-संगीत :

• पमं ग मं | प ध सां रें | गं – – – | – रेंसां नि रें

सां – – सांनि | ध निध प धप | ग मं प ध | प •ग ध प

ग म ग सा | ग रे नि़ रे | सा ग प ध | सां रें गं –

मं ग ग – | मं ध मं ध | ध नि सां – | सां सां सां –
हैं ऽ औ ऽ | र भी दु नि | या ऽ ऽ ऽ | में स ख़ुन् ऽ

– – नि नि | ध प मं ध | पमं प – मं | गमं पमं ग –
ऽ ऽ व र | ब हुत अ ऽ | च्छे ऽ ऽ ऽ | ऽऽ ऽऽ ऽ ऽ

– ध प ध | मं प ग – | मं ग ग – | मं ध मं ध
• • • • | • • • • | हैं ऽ औ ऽ | र भी दु नि

ध नि रेंसां – | सां सां सां – | – – नि नि | ध प मं ध
या ऽ ऽऽ ऽ | में स ख़ुन् ऽ | ऽ ऽ व र | ब हुत अ ऽ

पमं प – मं | ग रे सा – || सा रे रे ग | रे ग सा रे
च्छे ऽ ऽ ऽ | ऽ ऽ ऽ ऽ || क ह ते ऽ | हैं कि ग़ा ऽ

रे	ग	ग	–	ग	प	प	ध	ध	नि	नि	सांनि	–	ध	धनि	ध
लि	ब	का	ऽ	है	ऽ	अं	ऽ	दा	ऽ	ज़े	ऽऽ	ऽ	ब	यां	ऽ

प	ध	प	मं	ग	रे	सा	–	
औ	ऽ	ऽ	ऽ	ऽ	ऽ	ऽ	ऽर	दो बार

								प							
–	ग	प	ध	सां	रें	गं	–	ग	–	गं	–	गं	गं	गं	गं
*	*	*	*	*	*	*	*	हैं	ऽ	औ	ऽ	र	भी	दु	नि
सां	रें	गंमं	गं	रें	सां	सां	रें	नि	सां	–	नि	ध	प	निध	प
या	ऽ	ऽऽ	ऽ	में	स	खुन्	ऽ	वर	ऽ	ऽ	ऽ	ब	हुत	अऽ	ऽ

प	–	–	–	ग	रे	सा	–	(कहते हैं कि ग़ालिब का है अंदाज़े-बयां और)
च्छे	ऽ	ऽ	ऽ	ऽ	ऽ	ऽ	ऽ	दो बार

पार्श्व-संगीत :

सा प पमं ग | ग म मग रे | रे ग गरे सा | रे म ग –

* पमं ग मं | प ध सां रें | गं – – – | – रेंसां नि रें

सां – – सांनि | ध निध प धप | ग मं प ध | प *ग ध प

ग म ग सा | ग रे नि़ रे | सा ग प ध | सां रें गं –

सां –

तेरे कूचे में अरमानों [१७]

संगीत-लिपि : अज्ञात

तेरे कूचे में अरमानों की दुनिया लेके आया हूँ।
तुझी पर जान देने की तमन्ना लेके आया हूँ॥
मिला था दिल से जब दिल, याद कर ओ भूलनेवाले!
उसी बीते ज़माने का सहारा लेके आया हूँ॥
जिगर में दर्द, दिल में टीस और आँखों में दो आँसू।
ज़रा तो देख ले आकर, मैं क्या-क्या लेके आया हूँ॥
वो अफ़साना मुहब्बत का कभी जो तूने छेड़ा था।
वो ही अफ़साना होंठों पर, अधूरा लेके आया हूँ॥

फ़िल्म : दिल्लगी • गायक : मुहम्मद रफी

कहरवा ताल

×				×				×				×			
सा	–	रे	–	ग	–	–	–	•	ग	रे	सा	नि़	ध़	नि	रे
•	•	•	•	•	•	•	•	•	•	•	•	•	•	•	•
सा	–	–	सा	नि़सारे	गरे	सानि़	ध़नि़	–	सा	ग	ग	ग	सा	गमं	पमं
•	•	•	ते	रेऽऽ	ऽऽ	कूऽ	ऽऽ	ऽ	चे	ऽ	में	अ	र	माऽ	ऽऽ
मंध	प	–	प	मं	मंग	गमग	रेगरे	सारे	–गप	म	म	गमग	–रे	रेगरे	सारेसा
नोंऽ	ऽ	ऽ	की	दु	निऽ	याऽऽ	ऽऽऽ	ऽऽ	ऽलेऽ	ऽ	के	आऽऽ	ऽऽ	याऽऽ	ऽऽऽ
सा	–	–	सा	नि़सारे	गरे	सानि़	ध़नि़	–	सा	ग	ग	ग	सा	गमं	पमं
हूं	ऽ	ऽ	तु	झोऽऽ	ऽऽ	पर	ऽऽ	ऽ	जा	ऽ	न	दे	ऽ	नेऽ	ऽऽ
पध	प	–	प	मं	–ग	गमग	रेगरे़	सारे	–गप	म	म	गमग	–रे	रेगरे़	सारेसा
कीऽ	ऽ	ऽ	त	म	ऽऽ	न्नाऽऽ	ऽऽ	ऽऽ	ऽलेऽ	ऽ	के	आऽऽ	ऽऽ	याऽऽ	ऽऽऽ
सारे	सा	–	नि	सां	ध	प	ग	मं	प	ग	सा	रे	ग	मं	पं
हूँऽ	ऽ	ऽ	•	•	•	•	•	•	•	•	•	•	•	•	•
नि	–	–	प	प	नि	नि	–	–	सां	–	सां	सांनि	ध	नि	रें,
•	•	•	मि	ला	ऽ	था	ऽ	ऽ	दिल	ऽ	से	जऽ	ब	दि	ल

सांरें निसां – सांनि | धनि सांनि धनिध प | – प नि ध | पमं गमंग मं ध
याऽ ऽऽ ऽ दऽ | कर ऽऽ ओऽऽ ऽ | ऽ भू ऽ ल | नेऽ ऽऽऽ वा ऽ

पध मंप –सा सा | रेगरे सा रेगरे ग | – नि़ रे रे | गमंध प गरेसा रे
लेऽ ऽऽ ऽऽ अ | रेऽऽ ऽ ओऽऽ ऽ | ऽ भू ऽ ल | नेऽऽ ऽ वाऽऽ ऽ

सा – – ग | मं प ध सां | नि – – प | प नि नि –
ले ऽ ऽ * | * * * * | * * * मि | ला ऽ था ऽ

– निरें सांरें रेंगं | रें रेंसां सां – | – निसां नि निध | धनिध प पध प
ऽ दिल ऽऽ सेऽ | ज बऽ दिल ऽ | ऽ याऽ ऽ दऽ | करऽऽ ऽ ओऽ ऽ

– प नि ध | पमं गमंग म ध | पध मंप –सा सा | रेगरे सा रेगरे ग
ऽ भू ऽ ल | नेऽ ऽऽऽ वा ऽ | लेऽ ऽऽ ऽऽ अ | रेऽऽ ऽ ओऽऽ ऽ

– नि़ रे रे | गमंध प गरेसा रे | सा – –
ऽ भू ऽ ल | नेऽऽ ऽ वाऽऽ ऽ | ले ऽ ऽ उसी बीते ज़माने का सहारा

लेके आया हूँ, यह पंक्ति उसी प्रकार गाई जाएगी, जिस प्रकार 'तुझी पर जान...... आया हूँ'। इसके बाद 'तुझी पर......(पूर्ववत्)

* * * ग | मं प नि सां | गं रें सां नि | ध ग मं प
* * * * | * * * * | * * * * | * * * *

नि – –
* * * 'जिगर में दर्द, दिल में...' यह अंतरा ठीक उसी प्रकार गाया जाएगा, जिस प्रकार पहला अंतरा 'मिला था...' गाया गया है।

* * * प़ | नि़ सा ग रे | ग – मं ध | प ग मं प
* * * * | * * * * | * * * * | * * * *

नि – – प | प पनि नि – | – निसांनि सां सां | सांनि धनिध नि रें
* * * वो | अ फ़ऽ सा ऽ | ऽ नाऽऽ ऽ मु | हऽ ऽऽऽ ब्ब त

सांरें निसां – सांनि	धनि सांनि धनिध प	– प नि ध	पमं गमंग मं ध
काऽ ऽऽ ऽ कऽ	भोऽ ऽऽ जोऽऽ ऽ	ऽ तू ऽ ने	छेऽ ऽऽऽ ड़ा ऽ

पध मंप –सा सा	रेगरे सा रेगरे ग	– नि़ रे रे	गमंध पमंप गरेसा रे
थाऽ ऽऽ ऽऽ क	भोऽऽ ऽ जोऽऽ ऽ	ऽ ऽ तू ने	छेऽऽ ऽऽऽ ड़ाऽऽ ऽ

सा – – ग	मं प ध सां	नि – – प	प पनि नि –
था ऽ ऽ *	* * * *	* * * *	अ फ़ऽ सा ऽ

– निरें सांरें रेंगं	गंरें सां सां सां	– सांनि – निध	धनिध प पनि धनिसांनि
ऽ नाऽ ऽऽ मुऽ	हऽ ऽब्ब त	ऽ काऽ ऽ कऽ	भीऽऽ ऽ जोऽ ऽऽऽऽ

धनिधप –प नि ध	पमं गमंग मं ध	पध मंप –सा सा	रेगरे सा रेगरे ग
ऽऽऽऽ ऽतू ऽ ने	छेऽ ऽऽऽ ड़ा ऽ	थाऽ ऽऽ ऽऽ क	भीऽऽ ऽ जोऽऽ ऽ

– नि़ रे रे	गमंध प गरेसा रे	सा – –
ऽ तू ऽ ने	छेऽऽ ऽ ड़ाऽऽ ऽ	था ऽ ऽ

'वो ही अफ़साना होंठों पर अधूरा लेके आया हूँ' उसी प्रकार गाया जाएगा, जिस प्रकार 'तेरे कूचे में........।'

□□□

मुझको इस रात (१८)

संगीत-लिपि । देवकीनन्दन धवन

फ़ि० : दिल भी तेरा, हम भी तेरे

मुझको इस रात की तनहाई में आवाज़ न दो,
जिसकी आवाज़ रुला दे मुझे वो साज़ न दो।
आवाज़ न दो ॥
रौशनी हो न सकी, दिल भी जलाया मैंने।
तुझको भूला ही नहीं, लाख भुलाया मैंने ॥
मैं परेशाँ हूँ, मुझे और परेशाँ न करो।
आवाज़ न दो ॥
इस क़दर जल्द किया मुझसे किनारा तुमने।
कोई भटकेगा अकेला, ये न सोचा तुमने ॥
छुप गए हो तो मुझे याद भी आया न करो।
आवाज़ न दो ॥

संगीत : कल्याण जी-आनंद जी • गीत : शमीम जयपुरी • गायन : मुकेश

[ग –म – प –धु – नि – सां – रें – – नि ग प सां
पार्श्व-संगीत :

गं पं निपरें निसां– निरेंधु निप– सांनिधुप मगरेसा सांनिधुप

मगरेसा सा रे – सा रे – सा धु – पधु पधु सा ऩि सा

–ऩि – सा – ऩि – प – मप मप सा सा रे – सा रे –

सा धु – पधु पधु सा ऩि सा –ऩि – सा –ऩि – प – मप

गुम रेग सा * *]

दादरा ताल

×　　　　　　　　　　×　　　　　　　　　　×

　　　　　　　　　　ग　　　　　　　　　　ग

सा सा रे ग | रे सा सा सा – रेग | रे सा सा सा – साध

मुझ को इ स | रा ऽ त की * तन | हा ऽ ई में * आऽ

गपा०सं० : पम ग * 　ग

ध प म म म –प | म ग – – – साग | रे सा सा सा सा –

वा ऽ ऽज़ न दो ऽऽ | ऽ ऽ * * * आऽ | वा ऽ ज़ न दो ऽ

सा पा०सं० : गरे सा 　　पा० सं० : धप मग मसा

नि ध – – ध ग | रेग रे सा सा सा – | * * सा सा रे ग

ऽ ऽ * * आ ऽ | वाऽ ऽ ऽज़ न दो ऽ | * * जिस को आ ऽ

ग 　　ग नि 　　ध

रे सा सा –सा रे ग | रे सा –सा सा सा ध | ध प म म म –प

वा ऽ ज़ *रु ला ऽ | दे ऽ *मु झे वो ऽ | सा ऽ ऽज़ न दो ऽऽ

ग पा० सं० : पम ग * 　ग 　सा पा०सं० : गरे सा ग

म ग – – – साग | रे सा सा सा सा – | नि ध – – ग –ग

ऽ ऽ * * * वोऽ | सा ऽ ज़ न दो ऽ | ऽ ऽ * * आ ऽऽ

रेग रे सा सा सा – | म ध प म मग म | सांनि सां – – – निध

वाऽ ऽ ऽज़ न दो ऽ | पार्श्व-संगीत :

पार्श्व-संगीत : *, धनि सारे गम

प निध – – – – साध – – – – पम,ग | म – – – – –

पधनिसां

सां – – रें – – | म गं रें सां नि ध | सां * | प प ध नि

　　　　　　　　　　रो श नी ऽ

नि 　　नि

ध प प प ध नि | ध प प प ग साग | साग ध ध प प –

हो ऽ न स की ऽ | दिल ऽ भी ज ला ऽऽ | ऽया ऽ मैं ऽ ने ऽ

						नि						नि				म	
–	–	प	प	ध	नि	ध	प	प	प	ध	नि	ध	प	प	प	ग	नि
*	*	तुम	को	भू	ऽ	ला	ऽ	ही	न	हीं	ऽ	ला	ऽ	ख	भु	ला	ऽ
														म		म	
ग	ध	ध	प	प	–	–	–	प	–प	ध	सां	सां	प	प	प	प	नि
या	ऽ	मैं	ऽ	ने	ऽ	*	*	मैं	ऽप	रे	ऽ	शां	ऽ	हूँ	मु	झे	ऽ
नि																	
ध	प	म	ग	ग	–रे	सारे	रेसा	रेम	मप,म	ग	–रे	सारे,सा	ध	*	*	ध	ग
औ	ऽ	र	प	रे	ऽऽ	शांऽ	ऽऽ	नऽ	कऽऽ	रो	ऽऽ	ऽऽऽ	ऽ	*	*	आ	ऽ
रेग	रे	सा	सा	सा	–												
वाऽ	ऽ	ऽज़	न	दो	ऽ												

पहले अंतरे से पूर्व का पार्श्व-संगीत बजाने के पश्चात् दूसरा अंतरा भी पहले अंतरे के समान गाया जाएगा ।

ज्ञातव्य : जिन स्वरों के नीचे ⌣ यह चिह्न दिया है, वहाँ दो मात्राओं में तीन स्वर समझने चाहिए ।

□□□

अब क्या मिसाल दूँ
(१६)

संगीत-लिपि :
देवकीनन्दन धवन

अब क्या मिसाल दूँ मैं तुम्हारे शबाब की।
इंसान बन गई है किरन माहताब की।।

चेहरे में घुल गया है हसीं चाँदनी का नूर।
आँखों में है चमन की जवाँ रात का सरूर।।

गरदन है इक झुकी हुई डाली गुलाब की!

गेसू खुले तो शाम के दिल से धुआँ उठे।
छू ले क़दम तो झुकके न फिर आसमाँ उठे।।

सौ बार झिलमिलाए शमा आफ़ताब की!

दीवार दर का रंग ये आँचल ये पैरहन।
तसवीर हो तुम्हीं मेरे जन्नत के खाब की!

□ फ़िल्म : आरती

संगीत : रोशन • *गीत* : मजरूह • *गायक* : मुहम्मद रफ़ी

सा	–	–	–	ग	म	प	म	प	–	–	–	म	प	ध	–	–	ध	रें

पार्श्व संगीत :

			प															
सां	ध	म	म	प	ध	प	–	–	ध	प	–	–	ध	प	–	–	गरेसारे	

–	सा	–	ग	म	म	प	–	–	प	प	–	प
			अ	ब	क्या	ऽ	ऽ	•	मि	सा	ऽ	ल

कहरवा ताल

×				०				×				०			
								प							प
धप	प	म	–	प	ध	ध	–	ध	रें	सां	ध	धप	पध	ध	म
दूँऽ	ऽ	ऽ	ऽ	मैं	तु	म्हा	ऽ	ऽ	ऽ	रे	ऽ	शऽ	बाऽ	ऽ	ब

पार्श्व-संगीत : –ध निध नि, धनि धपमग

								नि							
मप	प	–	–	–	–	प	प	निध	ध	पध	निसां	सां	सां	सां	सां
कीऽ	ऽ	ऽ	ऽ	•	•	इ	न्	साऽ	ऽ	ऽऽ	ऽऽ	न	ब	न	ग

ध ध सां प सां

सां – नि प | ध नि॒ ध – | म – म प | प ध – नि॒

ई ऽ ऽ ऽ | है कि रन ऽ | ऽ ऽ मा ऽ | ह ता ऽ ब

म

प पार्श्व-संगीत : पम मध पध ग –

ध – – – | – – ग म | म प – – | प धप म मध

की ऽ ऽ ऽ | * * अ ब | क्या ऽ ऽ ऽ | मि ताऽ ऽ लऽ

पार्श्व-संगीत : गरें ग – रें सांनि

धनि॒ ध प – | – – – – | ध रें – गरें | गं – रें सांनि

दूँऽ ऽ ऽ ऽ | ऽ ऽ ऽ ऽ | * * * * | * * * *

सां प

ध सां – पं | मं गं रें सां | नि॒ – – नि॒ | ध – म प

* * * * | * * * * | * * * * | * * * *

नि॒ ध

नि॒ध ध पध निसां | निसांधनि –प सां सां | सां – नि ध | धनि धनि प प

* * * * | * * चे ह | रे ऽ ऽ ऽ | मेंऽ घुलऽ ऽ ग

धनि सां सां – | – सां सां नि | निसां रेंसां गरें – | सां निध प ध

याऽ ऽ है ऽ | * ह सीं ऽ | चाँऽ ऽऽ ऽऽ ऽ | द नीऽ ऽ का

नि ध प – | – – म ग | म ध ध – | – धनि,ध प प

नू ऽ ऽ ऽ | ऽ ऽर आँ ऽ | खों ऽ में ऽ | * हैऽऽ ऽ च

ध नि नि ध | – नि निसां,नि ध | नि रेंसां,रें – – | रें रेंगं ध नि

म न की ऽ | * ज वाँऽऽ ऽ | रा ऽऽऽ ऽ ऽ | त काऽ ऽ स

सां – – – | – – नि सां | सां रें रें – | – रें रें रें

रू ऽ ऽ ऽ | ऽ ऽर ग र | द न है ऽ | * इ क झु

ध

रेंगं रेंगं,रें सां सां | सां – निसां रेंसां | नि – ध – | – – धनि रेंनि

कीऽ ऽऽऽ ऽ हु | ई ऽ डाऽ ऽऽ | ली ऽ ऽ ऽ | * * डाऽ ऽऽ

प . सां प प

नि॒ध ध ध प | प पध ध नि॒ | ध ध पधनि॒ध म | – – ग॒ म

लीऽ ऽ ऽ ऽ | गु लाऽ ऽ ब | की ऽ ऽऽऽऽ ऽ | ऽ ऽ अ ब

म प – – | प प – प | धा प मप ध | ध ध ध –

क्या ऽ ऽ ऽ | मि सा ऽ ल | दूँऽ ऽ ऽऽ ऽ | मैं तु म्हा ऽ

प प

ध रें सां ध | धप पध ध म | मप प – – | – – ग म

ऽ ऽ रे ऽ | शऽ बाऽ ऽ ब | कीऽ ऽ ऽ ऽ | * * अ ब

पार्श्व-संगीत : ग म – ग

म प – – | प धप म मध | धनि॒ ध प – | – – म –ग

क्या ऽ ऽ ऽ | मि साऽ ऽ लऽ | दूँऽ ऽ ऽ ऽ | ऽ ऽ * *

रे ग – – | – – – – | – – म प | – ध प –

* * * * | * * * * | * * * * | * * * *

म ध – – | – – – – | – – सां नि | – प – –

* * * * | * * * * | * * * * | * * * *

ध

– सां – – | – – सां – | सां – नि ध | धनि धनि प प

* * * * | * * गे ऽ | सू ऽ ऽ ऽ | खुऽ लेऽ ऽ तो

धनि सां – सां | सां – सां सांनि | निसां रेंसां गंरें – | सां निध प ध

शाऽ ऽ ऽ म | के * दि लऽ | सेऽ ऽऽ ऽऽ ऽ | धु आँऽ उ ऽ

नि ध प – | – – म ग | म धा,ध – ध | ध – धनि,ध प

ठे ऽ ऽ ऽ | ऽ ऽ छू ऽ | ले ऽऽऽ ऽ क़ | दम ऽ तोऽऽ ऽ

सां

ध नि नि ध | – नि नि ध | नि रेंसां,रें – – | रें रेंगं ध नि

झु क के ऽ | * न फि र | आ ऽऽऽ ऽ ऽ | स माँऽ ऽ उ

सां
सां – – –| – – नि सां | सांरें रें – – | रें रें रें रें
ठे ऽ ऽ ऽ | ऽ ऽ सौ ऽ | बाऽ ऽ ऽ ऽ | र झि ल मि

ध
रेंगं रेंगंरें सां – | सां सां निसां रेंसां | नि – – – | – निध धनि रें
लाऽ ऽऽऽ ऽ ऽ | ए श माऽ ऽऽ | ऽ ऽ ऽ ऽ | * शऽ माऽ ऽ

प प पार्श्व संगीत : प मध पध ग –
निध ध ध प | प पध ध ऩि | ध – – – | * * ग म
आऽ ऽ ऽ ऽ | फ़ ताऽ ऽ ब | की ऽ ऽ ऽ | * * अ ब

म प – – | प धप म मध | धऩि ध प – | – – – –
क्या ऽ ऽ ऽ | मि साऽ ऽ लऽ | दूँऽ ऽ ऽ ऽ | ऽ ऽ ऽ ऽ

पहले अंतरे से पूर्व का पार्श्व-संगीत बजाने के पश्चात्—

ध
सां – | सां – नि ध | धनि धनि प प
दी ऽ | वा ऽ ऽ ऽ | रऽ दरऽ ऽ का

धनि सां – सां | सां – सां नि | निसां रेंसां गंरें – | सां निध प ध
रंऽ ऽ ऽ ग | ये * आँ ऽ | चलऽ ऽऽ ऽऽ ऽ | ये पैऽ ऽ र

नि ध प – | – – म ग | म धप,ध – – | ध धनि,ध प प
हन ऽ ऽ ऽ | ऽ ऽ घ र | का ऽऽऽ ऽ ऽ | मे रेऽऽ ऽ च

सां
धनि नि – नि | नि – नि ध | नि रेंसां,रें – – | रें रेंगं ध नि
राऽ ऽ ऽ ग़ | है * भू ऽ | का ऽऽऽ ऽ ऽ | सा येऽ ऽ ब

सां
सां – – – | – – नि सां | सांरें रें – – | रें रें – रें
दन ऽ ऽ ऽ | ऽ ऽ त स | वीऽ ऽ ऽ ऽ | र हो ऽ तु

रेंगं	रेंगं,रें	सां	सां	सां	–	निसां	रेंसां	नि	नि	नि	ध	–	–	धनि	रेंनि
म्हींऽऽऽऽ	ऽ	मे		रे	ऽ	जन्ऽ	ऽऽ	न	त	ऽ	ऽ	*	*	जन्	ऽऽ

नि   प पार्श्व-संगीत : पम मध पम स/ग –

ध	ध	ध	पधमप	–	ध	–	नि॒	ध	–	–	–	–	–	ग	म
न	त	के	ऽऽऽऽ	ऽ	खा	ऽ	ब	की	ऽ	ऽ	ऽ	ऽ	ऽ	अ	ब

क्या मिसाल दूँ मैं तुम्हारे शबाब की। इंसान बन गई है किरन माहताब की॥

ग	म	म	प	–	–	प	धप	म	मध
अ	ब	क्या	ऽ	ऽ	ऽ	मि	साऽ	ऽ	लऽ

धनि॒	ध	प	–	–	–	–	–
दूँऽ	ऽ	ऽ	ऽ	ऽ	ऽ	ऽ	ऽ

□□□

उनको ये शिकायत है

[२०]

संगीत-लिपि : देवकीनंदन धवन

□ फ़ि० : अदालत

उनको ये शिकायत है कि हम कुछ नहीं कहते ।
अपनी तो ये आदत है कि हम कुछ नहीं कहते ॥

कहने को बहुत-कुछ था, अगर कहने पे आते ।
दुनिया की इनायत है कि हम कुछ नहीं कहते ॥

कुछ कहने पे तूफ़ान उठा लेती है दुनिया ।
अब इसपे कयामत है कि हम कुछ नहीं कहते ॥

संगीत : मदनमोहन • *गीत* : राजेंद्र कृष्ण • *गायन* : लता मंगेशकर

ग
सा – – – म – – – – गपमग रेग,– – – – – –
• • • • आ ऽ ऽ ऽ ऽ ऽऽऽऽ ऽऽऽ ऽ ऽ ऽ ऽ •

सा ग म ऩि प म मग़,ग़ – – – रेम,ग़ – रेसा – – –
आ ऽ ऽ ऽ ऽ ऽ ऽऽऽ ऽ ऽ ऽ ऽऽऽ ऽ ऽऽ ऽ ऽ ऽ

सां सां
– – साग मध ऩिसां – – – ऩि सांरें – – ऩि – – ध
• • आऽ ऽऽ ऽऽ ऽ ऽ ऽ ऽ ऽऽ ऽ ऽ ऽ ऽ ऽ ऽ

ध प पार्श्व-संगीत : सा म ग
पम प म – – – – – – – म म गरे,ग – – ग • •
ऽऽ ऽ ऽ ऽ ऽ ऽ ऽ • • • उ न कोऽऽ ऽ ऽ ये • •

– म ग़ म रे पा.सं. रे ऩि सा –
• सा साग मऩि प,म ऩिप ग़ ग़ – रे ग़ सा – – • •
• शि काऽ ऽऽ ऽऽ ऽऽ य त ऽ है कि हम ऽ ऽ • •

रें
सां सां सां सांनि सां सांऩि
कु छ न हींऽ क हऽ

दादरा ताल

× | × सां सां | ×

नि – – – – – – | ध नि नि निध –नि निध | –ध – – पध,प म मप

ते ऽ ऽ ऽ ऽ ऽ | कु छ न हींऽ *कह ऽऽ | ऽते ऽ ऽ ऽऽऽ ऽ अप

म म सां

ग – ग ग –,गम निप,– | ग ग गरे रेसा सा – | –सां सां सां सां सांमं रेंनि

नी ऽ तो ये *आऽ ऽऽऽ | द त हैऽ किऽ हम ऽ | *कु छ न हीं कहऽ ऽऽ

–नि – – – – – – | नि नि नि निध –,धनि रेंसां,– | निध,ध – – पध,प म मप

ऽते ऽ ऽ ऽ * * | कु छ न हींऽ *कहऽ ऽऽऽ | ऽऽते ऽ ऽ ऽऽऽ ऽ उन

सितार : ध म

ग – ग ग म,निध सांनि | पम गरे म – – – | सां – – सां नि सां

को ऽ ये शि काऽऽ ऽऽ | यऽ तऽ है ऽ ऽ ऽ | * * * * * *

रें – – रें गं सां | नि प ग रे म ध | सां – रें सां –ध निध

* * * * * * | * * * * * * | * * * * *क हऽ

सां

सां – सां –सां रें रें | गं गं गं –रें गं – | –रें गंरें सांनि सां निसां रेंमं,गं

ने ऽ को *ब हु त | कु छ था ऽअ गर ऽ | *कह ऽऽ नेऽ पे आऽ ऽऽऽ

नि

रें – – –नि निसां रेंगं | गंरें सांरें,सां नि सांनि निसां रेंगं,रें | सां – रें सां रे ग

ते ऽ ऽ *अ गरऽ ऽऽ | कऽ हऽऽ ने पेऽ आऽ ऽऽऽ | ते ऽ ऽऽ ऽ * *

रे नि रे सा –ध निध | सां – सां –सां रें रें | मंगं गं गं –रें गं –

* * * * *क हऽ | ने ऽ को *ब हु त | कुऽ छ था ऽअ गर ऽ

| सां – – निधपम – मप | ग – ग –ग म निप

कहने पे आते, अगर कहने पे आ | ते ऽ ऽ ऽऽऽऽ ऽ दुनि | या ऽ को *इ ना ऽऽ

म म रें

ग ग गरे रेसा सा – | –सां सां सां सांसां,नि सां सांनि | नि – – – – – –

य त हैऽ किऽ हम ऽ | *कु छ न हींऽऽ क हऽ | ते ऽ ऽ ऽ * *

सां
ध नि नि निध –नि –,निसां | धध – – पध,प म मप | ग – ग ग म निप
कु छ न हींऽ *क ऽहुऽ | ऽते ऽ ऽ ऽऽऽ ऽ उन | को ऽ ये शि का ऽऽ

म पार्श्व-संगीत : मं रें सां
ग रे म – – – | नि – – – सां नि | ध – – – ध नि
य त है ऽ ऽ * | * * * * * * | * * * * * *

मं धं मं
सां गं मं धं – पं | गं मं रें सां ध निध | सां सां सां सां –,रेंसां रें
* * * * * * | * * * * कु छऽ | क ह ने पे *तूऽ ऽ

गं – गं रें गं – | –,रें रें सांनि,– नि सांनि निसां रेंमं,गं | रें – – –नि निसां रेंगं
फ़ा ऽ न उ ठा ऽ | *लेऽ ऽऽऽ ती हैऽ दुऽ निऽऽ | या ऽ ऽ *उ ठाऽ ऽऽ

नि
गंरें सांरें,सां, नि सांनि निसां रेंगंरें | सां – –रें सां ⎡रे ग | रे नि रे सा⎤
लेऽ ऽऽऽ ती हैऽ दुऽ नि ऽऽऽ | या ऽ ऽऽ ऽ ⎣सितार : ⎦ कुछ कहने

मं मं
गं गं गं रें गं – | | सां – – निधपम – मप
पे तू फ़ा ऽ न उ ठा ऽ | लेती है दुनिया, उठा लेती है दुनि | या ऽ ऽ ऽऽऽऽ ऽ अब

म म रें
ग – ग –ग म निप | ग ग गरे रेसा सा – | सां सां सां सांसां,नि सां सांनि
इस ऽ पे *क़ या ऽऽ | म त हैऽ किऽ हम ऽ | *कु छ न हींऽऽ क हऽऽ

सां
नि – – – – – | ध नि नि निध –,नि –,निसां | धध – – पध,प म मप
ते ऽ ऽ ऽ * * | कु छ न हींऽ *क ऽहऽ | ऽते ऽ ऽ ऽऽऽ ऽ उन

म म सां
ग – ग ग म निप | ग ग गरे रेसा सा – | –सां सां सां सां सांमं रेंनि
को ऽ ये शि का ऽऽ | य त हैऽ किऽ हम ऽ | *कु छ न हीं कहऽ ऽऽ

–नि – – – – – | नि नि नि निध –,धनि रेंसां,– | निध,ध – – पध,प म मप
ऽते ऽ ऽ ऽ * * | कु छ न हींऽ *कह ऽऽऽ | ऽऽते ऽ ऽ ऽऽऽ ऽ अप

म म

ग – ग ग म नि़प | ग़ ग़ ग़रे रेसा सा – | –सां सां सां सां पसां निरें,सां

नी ऽ तो ये आ ऽऽ | द त हैऽ किऽ हम ऽ | •कु छ न हीं कहऽ ऽऽऽ

नि़नि़ – – – – – |

ऽते ऽ ऽ ऽ • • |

सां सां नि

नि़ नि़ नि़ नि़ ध नि़ नि़ ध ध – – ध प म – – – म

कु छ न हीं ऽ कह ऽ ऽ ते ऽ ऽ ऽ ऽ ऽ ऽ • • उ

म

पधप ग – – ग – म मनि़ धसां,नि़ प पम ग़रे – म –

नऽऽ ऽ को ऽ ये • शि काऽ ऽऽऽ ऽ यऽ तऽ ऽ है ऽ

– – – – – –

ऽ ऽ ऽ ऽ ऽ ऽ □□□

यूँ हसरतों के दाग़ (२१)

संगीत-लिपि : मुकेश गर्ग

यूँ हसरतों के दाग़ मुहब्बत में धो लिए !
ख़ुद दिल से दिल की बात कही और रो लिए !
घर से चले थे हम तो ख़ुशी की तलाश में,
ग़म राह में खड़े थे, वो ही साथ हो लिए !
होंठों को सी चुके तो ज़माने ने ये कहा,
ये चुप-सी क्यूँ लगी है, अजी, कुछ तो बोलिए !

फ़ि० : अदालत

संगीत : मदनमोहन • *गीत* : राजेन्द्रकृष्ण • *गायन* : लता मंगेशकर

दादरा ताल

×			०			×			०		
सां	–	–	–	रेंसां	निरें	सां	–	–	–	रेंसां	निरें
पार्श्व-संगीत :											
सां	नि	प	ग	प	सां	नि	–	–	–	पनि	सांगं
रें	–	–	–	पनि	सांगं	रें	–	–	–	नि	रें
मं	रें	नि	प	नि	रें	सां	–	नि	सां	–नि	(ध)नि
										•यूँ	ऽ
सां	सां	सां	सां	–	नि	रेंसां,–	–	सां	–सां	सां	–नि
ह	स	र	तों	ऽ	के	दाऽऽ	ऽ	ग़	•मु	ह	ऽऽ
नि	निरें,नि	ध	प	पसां,–	धसां,ध	धम	–	–	–	ग	म
ब्ब	तऽऽ	में	धो	ऽऽऽ	लिऽऽ	एऽ	ऽ	ऽ	ऽ	ख़ु	द
(ग)रे	ध	ध	(प)ध	–	निसां,नि	(नि)प	–	धनि	नि	नि	–
दिल	ऽ	से	दिल	ऽ	कीऽऽ	बा	ऽ	तऽ	क	ही	ऽ

रें ध ध
– पनि नि | सांगं रेंगं सां | सां –नि नि | प नि – नि
• ओऽ र | रोऽ ऽऽ लि | ए ऽऽ ऽ | ऽ यूँ ऽ

[ध निसां गंमं
[पार्श्व-संगीत :
सां सां सां | सांरें,सां नि रेंसां,– | सांरें सां – | – – –
ह स र | तोंऽऽ ऽ केऽऽ | दाऽ ऽ ऽ | ऽ ऽ ऽग

मंधं – – | – धंनिं धं | धुं धुं – | – रें रें

गं मं – | – गंपं मं | गं – – | – ग सां

ध सां ध | म प सां | नि – – | – सां नि

प नि रें | मं रें नि | सां – – | – –सां गं
•घ र

गं – –ग | गं – मं | मंगं रेंगं,– रें | –,गरें सांनि धनि
से ऽ •च | ले ऽ थे | हमऽ ऽऽऽ तो | •,खुऽ शीऽ ऽऽ

सारंगी : नि सां मं
पं गं रें
निरें नि रें | रेंगं मं रें | गं – – | – सां •
कोऽ ऽ त | लाऽ ऽ श | में ऽ ऽ | ऽ ऽ •

रें – सां | –
• • • | • •सां गं | गं – –गं | गं – मं
• • • | • •घ र | से ऽ •च | ले ऽ थे

मंगं रेंगं,– रेंरें | –,गरें सांनि प | – पसां –सां | सां रेंगं,– रें
हमऽ ऽऽऽ ऽतो | ऽखुऽ शीऽ ऽ | ऽ कोऽ त | ला ऽऽऽ श

										म	सां
गुं	–	–	रेंसां	–सां	सां	रेंमं,–	गुंरें,सां	सां	सांरें	गुंरें	नि
में	ऽ	ऽ	ऽऽ	*खु	शी	ऽऽऽ	कीऽऽ	त	लाऽ	ऽऽ	श
		ध									
सां	–नि	नि	प	–नि	–	सां	–	सां	सां	–	नि
में	ऽऽ	ऽ	ऽ	*ग़म	ऽ	रा	ऽ	ह	में	ऽ	ख
रें	सां	सां	सां	सां	–नि	–	निरेंनि	ध	ध	पसां,–	धसां,ध
ड़े	ऽ	थे	वो	ही	ऽऽ	*	साऽऽऽ	थ	हो	ऽऽऽ	लिऽऽ
धम	–	–	–								
एऽ	ऽ	ऽ	ऽ								

ऽ खुद दिल से दिल की बात कही और रो लिए ! यूं हसरतों के दाग़ !

(पहले अंतरे से पूर्व का पार्श्व-संगीत बजाने के पश्चात् दूसरा अंतरा लगभग पहले अंतरे के समान ही गाया जाएगा ।)

□ □ □

मेरी ज़िंदगी के चराग़ को

(२२)

संगीत-लिपि :

देवकीनन्दन धवन

मेरी ज़िंदगी के चराग़ को तेरी बेरुख़ी ने बुझा दिया !
तेरे रास्ते की मैं ख़ाक हूँ, मुझे आज तूने बता दिया !
तुझे पाके भी तेरी जुस्तजू, तुझे मिलके भी तेरी आरज़ू।
तेरे पास लाके नसीब ने मुझे कितनी दूर हटा दिया !
तू वो फूल जिसमें वफ़ा नहीं, मैं वो दर्द जिसकी दवा नहीं।
तुझे देखकर जो ये लब हँसे, तेरी आरज़ू ने रुला दिया !

□ फ़िल्म : ताज

संगीत : लक्ष्मीकांत-प्यारेलाल • गीत : राजा मेहँदीअली ख़ाँ • गायन : लता मंगेशकर

पार्श्व-संगीत :

नि़ प़म़ प़ – – – – – सा प़म़ प़ – – –
म़ प़ – नि़ प़ * * प़ नि़ – नि़ सा * * म़ प़ – नि़

– नि़ प़म़ प़ – – – –
प़ * * प़ नि़ – नि़ सा

सा सा
सानि़ रेसा नि़ नि़ –नि़ नि़ग॒
मेऽ रीऽ ज़ि ऽ ऽद गीऽ

रे
रेम,ग॒ सा –सा रेसा,नि़ –,–सा रेसा सा – सा सा रेग – –रे
ऽऽऽ के *च राऽऽ ऽऽऽ ऽग़ को ऽ ते री बेऽ ऽ ऽरु

गरे सा सा –सा मग॒,ग॒ मप,– ग॒ग॒ सारे,सा नि़ सानि़ रेसा
ख़ीऽ ऽ ने *बु झाऽऽ ऽऽऽ ऽदि याऽऽ ऽ मेऽ रीऽ

रूपक ताल

× २ ३ × २ ३

सा सा रे
नि़ नि़ –नि़ | नि़ग॒ रेम,ध॒ सा –सा | रेसा, –,–सा रेसा | सा – | सा सा
ज़ि ऽ ऽद | गीऽ ऽऽऽ | के ऽच | राऽऽ ऽऽऽ ऽग़ | को ऽ | ते री

रेग – –रे | गरे सा | सा –सा | सारे गम –ग | म रे | –,रेग॒ सारे,–
बे ऽ ऽरु | ख़ी ऽ | ने *बु | झाऽ ऽऽ ऽदि | या ऽ | *तेऽ रेऽऽ

प – –प | प – | प –प | धुप पम गुरे | रे – | –म म
रा ऽ ऽस् | ते ऽ | की *मैं | खाऽ ऽऽ कऽ | हूँ ऽ | *मु झे

म – –म | मग रेग,– | रेसा,––सा | मगु,गु मप,– गुगु | सारे,सा नि़ | सानि़ रेसा
आ ऽ ऽज | तूऽ ऽऽऽ | नेऽऽ ऽब | ताऽऽ ऽऽऽ ऽदि | याऽऽ ऽ | मेऽ रोऽ

सा सा रे
नि़ नि़ –नि़ | नि़गु रेम,गु | सा –सा | रेसा,नि़ –,–सा रेसा | सा – | – –
जि ऽ ऽद | गीऽ ऽऽऽ | के *च | राऽऽ ऽऽऽ ऽग़ | को ऽ | ऽ ऽ

[रेगु मप़ धुप़ | धुप़ म़ | – – | म़प़ धुप़ धुनि़ | सारे गुरे | सानि़धनि़ –

– – – | – सानि़धनि़ | – – | – – – | सानि़धनि़ – | – –

सागु रेगु सा रे प – –
सा – – | – – | – * | मधु –प म | प – | – –

सागु –रे सा | सा –] | –प प | प – –प | प – | –प प
] | *तु झे | पा ऽ ऽके | भी ऽ | *ते री

म
धुप,प मपधुप मगु,गु | सारे,सा नि़ | –नि झा | रे म –म | म – | –म म
जुऽऽ ऽऽऽऽ ऽऽस्त | जूऽऽ ऽ | *तु झे | मिल ऽ ऽके | भी ऽ | *ते री

ग ग
म म पधु,धु | धु – | नि़धुपधु – | प – – | – – | –म म
आ ऽ ऽऽर | जू ऽ | ऽऽऽऽ ऽ | ऽ ऽ ऽ | ऽ ऽ | *तु झे

मगु रेसा –म | मगुरेसा – | मम म | मगुगु,रे गु,रेमगु रेगुरेसा | सा – | सानि़ रेसा
मिल ऽऽ ऽके | भोऽऽऽ ऽ | ऽते री | आऽऽऽ ऽऽऽऽ ऽऽरऽ | जू ऽ | तेऽ रेऽ

सा सा रे
नि़ नि़ –नि़ | नि़गु रेम,गु | सा –सा | रेसा,नि़ –,–सा रेसा | सा – | सा सा
पा ऽ ऽस | लाऽ ऽऽऽ | के *न | सीऽऽ ऽऽऽ ऽब | ने ऽ | मु झे

रेग ग –रे | गरे सा | सा –सा | रेग म –ग | म रे | ,रेग॒ सारे,–
किऽ त ऽनी | दूऽ ऽ | र *ह | टाऽ ऽ ऽदि | या ऽ | *तेऽ रेऽऽ

रास्ते की मैं खाक हूँ, मुझे आज तूने बता दिया। मेरी ज़िंदगी के चराग़—

प मं प ध॒ प मं प
| सा – | – – || [प – – | मं – | – –

ध॒ प मं | प ध॒ | प ध॒ | प मं प | मं प | ध॒ प

म – – | ग – | – – | ग॒ – – | रे – | रे॒ सा

ध॒ प ध॒ प मं प ध॒
नि़ – – | सा नि़ | ध़ ध़ | सा – – | ग॒ ग॒रे | सा नि़

रेसा,सा – नि़सा,नि़ | ध़नि़,ध़ प]

(दूसरा अंतरा पहले अंतरे के समान गाया जाएगा।)

□□□

न किसी की आँख

[२३]

संगीत-लिपि ।

देवकीनंदन धवन

न किसी की आँख का नूर हूँ, न किसी के दिल का क़रार हूँ ।
जो किसी के काम न आ सके, मैं वो एक मुश्ते-ग़ुबार हूँ ।।
न तो मैं किसी का हबीब हूँ, न तो मैं किसी का रक़ीब हूँ ।
जो बिगड़ गया वो नसीब हूँ, जो उजड़ गया वो दयार हूँ ।।
मेरा रंग-रूप बिगड़ गया, मेरा यार मुझसे बिछड़ गया ।
जो चमन खिज़ाँ से उजड़ गया, मैं उसी की फ़स्ले-बहार हूँ ।।
तें फ़ातेहा कोई आए क्यों, कोई चार फूल चढ़ाए क्यों ।
कोई आके शम्मा जलाए क्यों, मैं वो बेकसी का मज़ार हूँ ।।

□ फ़िं० : लाल क़िला

संगीत : एस० एन० त्रिपाठी • *गीत* : बहादुरशाह ज़फ़र • *गायन* : मुहम्मद रफ़ी

सा – – – [सा रे ग – – रे ग – – गरे रेसा सारे,रे –
* * * * [न कि सी ऽ ऽ की आँ ऽ ऽ खऽ काऽ नूऽऽ ऽ

–रे रे – – –]
ऽर हूँ ऽ ऽ ऽ] दो बार

रे ग गप,प – प धसां,ध – सांध धप प मंप मंप मंध पग –
न कि सीऽऽ ऽ के दिलऽऽ ऽ ऽऽ काऽ क़ राऽ ऽऽ ऽऽ ऽऽ ऽ

–ग ग – – – ग – – रेसा – | सा सा सारे ग – रे ग
ऽर हूँ ऽ ऽ ऽ * * * ** * | जो कि सीऽ ऽ ऽ के का

– – गरे रेसा सारे,रे – –रे रे – – – – – रे ग गप,प
ऽ ऽ मऽ नऽ आऽऽ ऽ ऽस के ऽ ऽ ऽ * * मैं वो एऽऽ

– प धसां,ध – सांध धप प मंप मंमं धप,ग – – –ग ग –
ऽ क मुऽऽ ऽ ऽऽ श्तेऽ गु बाऽ ऽऽ ऽऽऽ ऽ ऽ ऽर हूँ ऽ

म
ग़ सा | सा सा सारे ग़ – रे ग़ – ग़रे रेसा सारे,रे – –रे रे
ऽ ऽ | न कि सीऽ ऽ ऽ की आँ ऽ खऽ काऽ नूऽऽ ऽ ऽर हूँ

– – – | ग़ – – – प – – – ध – सां – – – – – |
ऽ ऽ ऽ | * * * * * * * * * * * * * * * |

मं सां सां
प प प – – प प ध ध ध ध पध निसां –नि सां – –
न तो मैं ऽ ऽ कि सी ऽ ऽ का ह बीऽ ऽऽ ऽब हूँ ऽ ऽ

गं
– – – – – सां सां धसां रेंगं,रें रेंसां सांध धनि,ध प प प
ऽ ऽ ऽ * * न तो मैंऽ ऽऽऽ ऽऽ किऽ सीऽऽ ऽ का र

प म
मंप मंमं मं धप ग़ – – – – – – – – | सा सा ग़ ग़ –रे
क़ीऽ ऽऽ ऽ बऽ हूँ ऽ ऽ ऽ ऽ ऽ हूँ * | जो बि ग ड़ ऽग

ग़
ग़ – ग़रे रेसा सारे,रे – –रे रे – – – रे ग़ प प –प
याऽ ऽ वोऽ नऽ सीऽऽ ऽ ऽब हूँ ऽ * * जो उ ज ड़ ऽग

म
सांध,ध – सांध धप प मंप मंप मंध पग़ – –ग़ ग़ – ग़ सा
याऽऽ ऽ ऽऽ वोऽ द याऽ ऽऽ ऽऽ ऽऽ ऽ ऽर हूँ ऽ ऽ ऽ

– – | सा सा सारे ग़ – रे ग़ – ग़रे रेसा सारे,रे – –रे रे
* * | न कि सीऽ ऽ ऽ की आँ ऽ खऽ काऽ नूऽऽ ऽ ऽर हूँ

– – – | ग – – – प – – – ध – सां – – – गं – |
ऽ ऽ ऽ | * * * * * * * * * * * * * * * |

मं
प प प – प प सांधसांध ध ध ध पध निसां –नि सां – –
मे रा रं ऽ ग रू ऽऽऽऽ प बि गड़ ऽऽ ऽऽ ऽग या ऽ ऽ

गं सां ध
– – – – – सां सां धसां रेंगं,रें रेंसां सांध ध प प प मंप
ऽ ऽ ऽ * * मे रा याऽ ऽऽऽ ऽऽ रऽ मु झ से बि छड़

ग
मंप मंमं धप,ग॒ – – – – – – – – | सा सा सारे ग॒ – रे
SS SS गऽया ऽ ऽ ऽ ऽ ऽ ऽ * * | जो च मनऽ ऽ ऽ ख़

ग॒ – ग॒रे रेसा सारे,रे – –रे रे – – – – – रे ग॒ ग॒प,प
ज़ाँ ऽ सेऽ उऽ जड़ऽ ऽ ऽग या ऽ ऽ ऽ * * मैं उ सीऽऽ

सां
–प प प ध सांध धप प मंप मंमं धप ग॒ – –ग॒ ग॒ – – – |
ऽकी फ़ स ऽ ऽऽ लेऽ ब हाऽ ऽऽ ऽऽ ऽ ऽ ऽर हूँ ऽ ऽ ऽ |

न किसी की आँख का नूर हूँ ।

ग॒ – – – प – – – ध – सां – – – गं॒ – – – प
* * * * * * * * * * * * * * * * * * तैं

प – प प सांधसांध धध पध निसां – सा सां – – – – –
फ़ा ऽ ते हा ऽऽऽऽ कोई आऽ ऽऽ ऽ ए क्यों ऽ ऽ ऽ ऽ ऽ

गं॒
– – सां सां धसां रेंगं॒,रें रेंसां सांध धसां,ध प प प मंप मंप
* * को ई चाऽ ऽऽऽ ऽऽ रऽ फ़ूऽऽ ऽ ल च ढ़ाऽ ऽऽ

ध म
मंमं प ग॒ – – – – – – – – सा सा सारे ग॒ – ग॒ ग॒ –
ऽऽ ए क्यों ऽ ऽ ऽ * * * * को ई आऽ ऽ ऽ के शम् ऽ

ग॒रे रेसा सारे,रे – –रे रे – – – रे ग॒ ग॒प,प – प पसां
माऽ जऽ लाऽऽ ऽ ऽए क्यों ऽ * * मैं वो बेऽऽ ऽ क सीऽ

सां रे
ध ध सांध धप प मंप मंप मंमंधप ग॒ –ग॒ ग॒ – सा – – |
ऽ ऽ ऽऽ काऽ म ज़ाऽ ऽऽ ऽऽऽऽ ऽ ऽर हूँ ऽ ऽ * * |

न किसी की आँख का नूर हूँ ।

प़ ध़ सा ग॒ – – – ध़ सा ग॒ प ध –
* * * * * * * * * * * * * □□□

लगता नहीं है दिल मेरा

(२४)

संगीत-लिपि ।
मुकेश गर्ग

फ़ि० : लाल क़िला

लगता नहीं है दिल मेरा, उजड़े दयार में !
किसकी बनी है आलमे-नापाएदार में !

कह दो इन हसरतों से, कहीं और जा बसें,
इतनी जगह कहाँ है, दिले-दाग़दार में !

उम्रे-दराज़ माँगके लाए थे चार दिन,
दो आरज़ू में कट गए, दो इंतज़ार में !

इतना है बदनसीब 'ज़फ़र', दफ़्न के लिए,
दो गज़ ज़मीन भी न मिली कूए-यार में !

संगीत : एस० एन० त्रिपाठी • *गीत* : बहादुरशाह ज़फ़र • *गायन* : मुहम्मद रफ़ी

सा – – – – – – – | सासा रे – –रे गरेगरे सारेसा,नि़सा साग
ॐ ऽ ऽ ऽ ऽ * * | लग ता ऽ ऽन हींऽऽऽ ऽऽऽऽऽऽ हैऽ

गुनगुनाना है :

ग रे
रेग ग –ग ग – – – – गम मग रेग –रे नि़रे गम,प –
दिल,ऽ ऽ ऽमे रा ऽ * * उज ड़ेऽ ऽऽ ऽद याऽ ऽऽऽ ऽ

प
रे – गरे सानि़ रेसानि़,सा – रेसानि़,ध़ – – – ध़नि़ सारे – –रे
ऽ ऽ ऽर मेंऽ ऽऽऽऽ ऽ ऽऽऽऽ ऽ * * किस कीऽ ऽ ऽब

ग ग
गरे,रे रे सा साग रेगरे साग रेग –ग ग – – – गम मग रेग
नीऽऽ ऽ ऽ हैऽ आऽऽ ऽऽ ऽऽ ऽल मे ऽ * * नाऽ पाऽ ऽऽ

प
रेनि़ निरेगमं प रे गरे सानि़ रेसानि़,सा – – – – – – मग ग
एऽ दाऽऽऽ ऽ ऽ ऽर मेंऽ ऽऽऽऽ ऽ ऽ * * * कह दो

– – गग गग म,गम प प – – – – – –मं प प –मं पमं
ऽ * इन हस रतोंऽ ऽ से ऽ ऽ * * *क हीं ओ ऽर जाऽ

रे ग
ग रे गम,ग गम ग –,मग रेसा – – सासा रे – –रे गरे,रे
ऽ ऽ ऽऽब सेंऽ ऽ ऽऽऽ ऽऽ ऽ * इत नी ऽ ऽज गहऽऽ

ग ग रे
रेसा –,साग रेग ग ग – – ग गम मग रेग रे निरे गमं,प –
ऽऽ ऽकऽ हाँऽ ऽ है ऽ * दि लेऽ दाऽ ऽऽ ग़ दाऽ ऽऽऽ ऽ

प ग
– रे गरे सानि़ रेसानि़,सा रेसानि़,ध – – धनि़ सारे –रे गरे,रे
ऽ ऽ ऽर मेंऽ ऽऽऽऽ ऽऽऽऽ * * इत नीऽ ऽज गहऽऽ

ग ग रे रे
रेसा –,साग रेग ग ग – – गम मग रेग रेनि़ गमं पमं रे गरे
ऽऽ ऽकऽ हाँऽ ऽ है ऽ * दिले दाऽ ऽऽ ग़ऽ दाऽ ऽऽ ऽ ऽर

सानि़ रेसानि़,सा – – – – – – पप प – –,मंग गग –ग
मेंऽ ऽऽऽऽ ऽ ऽ * * * * उम् रे ऽ ऽऽऽ दरा ऽज

प
गमं,प मंप – – – – – मं मंमं पमं ग रे निरेगम म गम
माँऽऽ गके ऽ ऽ ऽ * * ला एथे चाऽ ऽ ऽ ऽऽऽऽ र दिनऽ

रेंग –,मग रेसा – – – सा रे – रे गरेगरे सारेसा,निसा सा़रे
ऽऽ ऽऽऽ ऽऽ ऽ * * दो आ ऽ र जूऽऽऽ ऽऽऽऽऽ मेंऽ

रेंग ग –ग ग – – गम मगरे ग रेनि़ निरेगमं प – –
कऽ ट ऽग ए ऽ * दोंऽ इंऽऽ ऽ तऽ जाऽऽऽ ऽ ऽ ऽ

प

रे – गरे सानि़ रेसानि़,सा –नि़ ध़ – ध़नि़ सारे – रे गरेगरे

ऽ ऽ ऽर मेंऽ ऽऽऽऽ ऽऽ ऽ • दोऽ आऽ ऽ र ज़ूऽऽऽ

रे

सारे,सा सारे रे गरेसारे गग ग – – – गम मगरे ग नि़रे

ऽऽऽ मेंऽ क टऽऽऽ ऽग ए ऽ • • दोऽ इंऽऽ ऽ तऽ

प

गमं प – – – रे गरे सानि़रेसा – – – – – मंप पमं ग

ज़ाऽऽ ऽ ऽ ऽ ऽ ऽर मेंऽऽऽ ऽ ऽ • • • इत नाऽ ऽ

ध

ग मंमं ध,मंध निसां,– सांनि सां – – – – – निध,नि धप,–

है बद नसोऽ ऽऽऽ बज़ फ़र ऽ ऽ ऽ ऽ ऽ ऽऽऽ ऽऽऽ

– – – – मंमंमंनि धनि -ध पमं धपधप मं पमंग मं,पमं

ऽ ऽ • • दफ़्नकेऽ ऽऽ ऽलि एऽ ऽऽऽऽ ऽ ऽऽऽ ऽऽऽ

मं

गरे,गमंग – – – – – पप प – मं पप मं धपमंग मंप,– पमं

ऽऽऽऽऽ ऽ ऽ ऽ • • इत ना ऽ है ब्रद न सीऽऽ ऽऽऽ बज़

प – – – – मंमंमं -मं पमं गमं,ग रेग,रे नि़ रेग पमपम ग

फ़र ऽ ऽ • • दफ़्नके ऽलि एऽ ऽऽऽ ऽऽऽ ऽ ऽऽ ऽऽऽऽ ऽ

ग रे

–,मग रेसा – – सा रे रे रेग,रे गरे,रे सा साग रेग ग –ग

ऽऽऽ ऽऽ ऽ • दो गज़ ज़ मीऽऽ ऽऽऽ ऽ नऽ भीऽ ऽ ऽन

नि प

–ग गप,– – – मग रेग रेनि़ रेग मंप,– – रे – गरे सानि़

ऽमि लीऽ• • • कूऽ ऽऽ एऽ याऽ ऽऽऽ ऽ ऽ ऽ ऽर मेंऽ

ग

रेसा नि़,सानि़ ध़ – –,ध़नि़ सारे,– रे रेग,रे रे सासा रेग,– –

ऽऽ ऽऽऽ ऽ • •दोऽ गऽऽज़ ज़ मीऽऽ ऽ ऽन भीऽऽ ऽ

नि़ प

ग ग ग — — मग रेग रेनि़ रेगमं प रे — गरे सानि़ रेसानि़,सा
न मि ली ऽ ॰ कूऽ ऽऽ एऽ याऽऽ ऽ ऽ ऽ ऽर मेंऽ ऽऽऽऽ

ग

रेसानि़,ध़ — — ध़नि़ सारे — रे गरे,रे सारेसा,नि़सा सारे रेग प
ऽऽऽऽ ॰ ॰ लग ताऽ ऽ न हींऽऽ ऽऽऽऽऽ हैऽ दिलऽ ऽ

नि़

ग गग — — — गम मग रेग रेनि़ — नि़रे रेगमं प — —
ऽ मेरा ऽ ॰ ॰ उज ड़ेऽ ऽऽ ऽऽ ॰ दऽ याऽऽ ऽ ऽ ऽ

प

रे — गरे सानि़ रेसानि़,सा — — — — — —
ऽ ऽ ऽर मेंऽ ऽऽऽऽ ऽ ऽ ऽ ऽ ऽ ऽ

□□□

दिल जलता है तो
(२५)

संगीत-लिपि : *मुकेश गर्ग*

□ फ़िल्म : पहली नजर

दिल जलता है तो जलने दे, आँसू न बहा, फ़रियाद न कर !
तू परदानशीं का आशिक़ है, यूँ नामे-वफ़ा बरबाद न कर !!
मासूम नज़र के तीर चला, बिस्मिल को बिस्मिल और बना !
अब शर्मो-हया के पर्दे में, यूँ छुप-छुपके बेदाद न कर !
हम आस लगाए बैठे हैं, तुम वादा करके भूल गए।
या सूरत आके दिखा जाओ, या कह दो हमको याद न कर !

संगीत : अनिल विश्वास • *गीत* : आह सीतापुरी

सा – – सा – – – ऩि – ऩिसा साग॒ सा ऩि ध़ – – –
• • • दिल ऽ ऽ • • जल,ऽ ऽऽ ता है ऽ ऽ ऽ •

– ध़ ऩि ऩि रे रे सा सा – – – – – – सा ऩि
• तो ऽ जल ऽ ने ऽ दे ऽ ऽ • • • आँ ऽ

कहरवा ताल

×				°				×				°			
सा	रे	रे	रे	रे	–	–रे	रे	रेग॒	सा	रेप	ग॒मपम	ग॒ (म)	–म	रे	सा
सू	ऽ	न	ब	हा	ऽ	•फ़	रि	याऽ	ऽ	दऽ	नऽऽऽ	कर	ऽऽ	दिल	ऽ
–	ऩिसा	साग॒	सा	ध़ (ऩि)	–	–ध़	–ऩि	ऩि	रे	रे	सा	सा	–		
•	जलऽ	ऽऽ	ता	है	ऽ	•तो	ऽऽ	जल	ऽ	ने	ऽ	दे	ऽ आँसू न बहा,		

	सा	–
फ़रियाद न कर ! दिल जलता है तो जलने दे !	तू	ऽ

रे रेम म म | प – पधु मप | पनि धु नि निसां | सां – –सां नि
प रऽ दा न | शीं ऽ काऽ ऽऽ | आऽ ऽ शि क़ऽ | है ऽ *यूँ ऽ

नि
सां गुं रें सां | धु निप प प | मप पम पनि प | म
ग –म रे सा
ना ऽ मे व | फ़ा ऽऽ ब र | बाऽ ऽऽ दऽ न | कर ऽऽ तू ऽ

म
– | ग – –रे सा
* परदानशीं का आशिक़ है, यूँ नामे-वफ़ा बरबाद न— | कर ऽ *दिल ऽ

नि
–निसा सागु सा | धु – –धु –नि | नि रे रे सा | सा– { ग –
ऽ जलऽ ऽऽ ता | है ऽ *तो ऽऽ | जल ऽ ने ऽ | दे ऽ { पार्श्व-संगीत :

– – म प | ग –] साग – | ग – ग ग | ग ग ग रे
] माऽ ऽ | सू ऽ म न | ज़ र के ऽ

– रे मम –ग | म – – – | – गुगुरे सारेग म | – – म ग
* ती ऽर ऽच | ला ऽ ऽ ऽ | ऽ ऽऽऽ ऽऽऽ ऽ | ऽ ऽ बि स्

म मप प म– | प ध निरें सां | निसांनिध नि प धु | प –नि पनिधु पम
मिल ऽऽ को ऽ* | बि स् मिलऽ ऽ | ओऽऽऽ ऽ र ब | ना ऽऽ माऽऽ ऽऽ

ग – ग ग | ग ग ग रे– | – रे मम ग | म – म ग
सू ऽ म न | ज़ र के ऽ* | * ती ऽर च | ला ऽ बि स्

नि
म मप प – | प ध निरें सां | धसां नि प धु | प – सा सा
मिल ऽऽ को ऽ | बि स् मिलऽ ऽ | ओऽ ऽ र ब | ना ऽ अ ब

– रेम म म | प – पधु मप | पनि धु नि निसां | सां – सां नि
* शर् मो ह | या ऽ केऽ ऽऽ | पर्ऽ ऽ दे ऽऽ | में ऽ यूँ ऽ

रें नि
सां सांगं रें सां | ध प प –म | मप –म पनि प | ग – रे सा
छु पऽ छु प | के ऽ बे ऽऽ | दाऽ ऽऽ दऽ न | कर ऽ अ ब

– रेम म म | प – पध म | पनि ध नि निसां | सां – सांरें नि
• शर् मो ह | या ऽ केऽ ऽ | पर्ऽ ऽ दे ऽऽ | में ऽ यूँऽ ऽ

नि नि म
सां सांगं रें सां | ध प प –म | मप –म पनि प | ग –
छु पऽ छु प | के ऽ बे ऽऽ | दाऽ ऽऽ दऽ न | कर ऽ दिल जलता

| सा – – – | सां – – – / – – नि ध
है तो जलने— | दे ऽ ऽ ऽ | पार्श्व-संगीत :

सां – – – | – –) सां सांनि | सां रें रें रें | रें – सांरें गं
ह मऽ | आ ऽ स ल | गा ऽ एऽ ऽ

सां सांरें, सां निध धनि | नि सां – – | निसां, नि ध – – | – – पध मप
ऽ बेंऽऽऽ ऽऽ ठेऽ | हैं ऽ ऽ ऽ | ऽऽऽ ऽ ऽ ऽ | ऽ ऽ तुऽ मऽ

(सा – रे –म
पनि ध ध – | – धध धनि म | म –रे रे रेसा | सा – – –
वाऽ ऽ दा ऽ | • कर केऽ ऽ | भू ऽऽ ल गऽ | ए ऽ ऽ ऽ

म – ध रें सां –)
• • • • | • • सां सांनि | सां रें रें रें | रें – सांरें गं
• • • • | • • ह मऽ | आ ऽ स ल | गा ऽ एऽ ऽ

सां सांरें, सां निध धनि | निसां प प पम | पनि ध ध – | ध ध धनि म
ऽ बेंऽऽ ऽऽ ठेऽ | हैंऽ ऽ तु मऽ | वाऽ ऽ दा ऽ | क र केऽ ऽ

म –रे रे रेसा | सा – सा – | – रेम म म | म प पध मप
भू ऽऽ ल गऽ | ए ऽ या ऽ | • सूऽ र त | आ ऽ केऽ दिऽ

नि̇

पनि̱ ध̱ नि̱ नि̱सां | सां – सां नि̱ | सां सांग̱ं रें सां | ध̱ ध̱प प –
खाऽ ऽ जा ऽऽ | वो ऽ या ऽ | क हुऽ दो ऽ | ह मऽ को ऽ

मप –म पनि̱ प | ग̱ –म रे सा | – रेम म म | – मप पध̱ मप
याऽ ऽऽ दऽ न | कर ऽऽ या ऽ | ऽ सूऽ र त | • आऽ केऽ दिऽ

नि

पनि̱ ध̱ नि̱ नि̱सां | सां – सां नि̱ | सां सांग̱ं रें सां | ध̱ ध̱प प –
खाऽ ऽ जा ऽऽ | वो ऽ या ऽ | क हुऽ दो ऽ | ह मऽ को ऽ

म

मप –म पनि̱ प | ग̱ – रे सा | – रे म म | प – प म
याऽ ऽऽ दऽ न | कर ऽ दि ल | • जल ऽ ता | है ऽ दिल ऽ

– पनि̱ ध̱ नि̱ | सां – सां नि̱सां | रें रें सां रें | रेंमं ग̱ं – –
• जलऽ ऽ ता | है ऽ दिल ऽऽ | • जल ऽ ता | हैऽ ऽ ऽ ऽ

पार्श्व-संगीत : ध̱ नि̱ सां – – – – – – –

– – – – | • • • • | • • • • |
ऽ ऽ ऽ ऽ | • • • • | • • • • |

□□□

इम्तिहान तो लो

(२६)

संगीत-लिपि ।
मुकेश गर्ग

तुम एक बार मुहब्बत का इम्तिहान तो लो !
मेरे जुनूं, मेरी वहशत का इम्तिहान तो लो !
सलामे-शौक़ पे रंजिश-भरा पयाम न दो।
मेरे खुलूस को हिरसो-हवस का नाम न दो ॥
मेरी वफ़ा की हक़ीक़त का इम्तिहान तो लो !
न तख्तो-ताज, न लालो-गुहर की हसरत है।
तुम्हारे प्यार, तुम्हारी नज़र की हसरत है ॥
तुम अपने हुस्न की अज़मत का इम्तिहान तो लो !
मैं अपनी जान भी दे दूँ तो एतबार नहीं।
कि तुमसे बढ़के मुझे ज़िंदगी से प्यार नहीं ॥
यूँ ही सही, मेरी चाहत का इम्तिहान तो लो !

फ़ि० : बाबर

संगीत : रोशन • *गीत* : साहिर लुधियानवी • *गायन* : मुहम्मद रफ़ी

पार्श्व-संगीत : प़ – नि़ – सा – –,प़ नि़सा रे सारे गग (मम) रेग सा, प,

पसांनिसां –, धपग (नि) रेनि़सा ग (सा) – | प़नि़ सानि़ सा – सासा सारेगरे
| तुमए ऽक बा ऽ ऽरमु हऽऽऽ

सानि़ सारे रे,रेग सारे
ऽऽ ब्बत का,इम् ऽति

कहरवा ताल

×	×	×	×
मग गग (मम) रेसासारे रेगरे	(*,गुरें सांनिधप) सा – प़नि़ सानि़	सा – सासा सारेगरे	सानि़ सारे रे,रे सारे (गग)
हाऽ ऽऽ नऽतोऽ लोऽऽ	ऽ * मेरे ऽजु	नूं ऽ मेरी वऽहऽ	ऽऽ शत का इम् ऽति

म म *,गुंरें सांनिधुप
मग गग रेसासारे रेगरे | सा – प़नि़ सानि़ | सा – सासा सारेमरे
हाऽ ऽऽ नऽतोऽ लोऽऽ | ऽ * तुमए ऽक | बा ऽ रमु हऽऽऽ

म म
सानि़ सारे रे,रेग सारे | रेमग गग रेसासारे रेगरेम | सा { सां–नि प–मं ग–रे
ऽऽ ब्बत काइम् ऽति | हाऽऽ ऽऽ नऽतोऽ लोऽऽऽ | ऽ { सारंगी :

नि म म पग मं
सा,प –धु –प गसा | नि़ धु पंगंसां नि,प नि़सा | गग रेग,प मंमं धप
सितार : अन्य वाद्य : सारंगी :

मं
प–मं ग } मंप,प –मं | पमंगमं पमं प – | मध,प प,पम मम –,मग
} सऽला मेऽ | शौऽऽऽ ऽक़ पे * | रंऽऽ जिशऽ भरा ऽपऽ

सा मनि
ग मपगम प,पम मगमग | रेग,– – पप मम | मग –,गरे रेसा –
या ऽऽऽऽ मनऽ दोऽऽऽ | ऽऽऽ * मेरे ऽख़ु | लूऽ ऽसऽ कोऽ ऽ

सा म धु पगुंरे सांनिधुप
नि़सा,सा सारेमग रेसा नि़नि़ | सा रेगसारे ग,गरे रेगसारे | – * प़नि़ सानि़
हिऽर सोऽऽऽ हव सका | ना ऽऽऽऽ मनऽ दोऽऽऽ | ऽ * मेरी ऽव

ग ग म म
रेसा – सासा सारेगरे | सानि़ सारे रेरे सारे | मग गग रेसासारे रेगरे
फ़ाऽ ऽ कीह क़ीऽऽऽ | ऽऽ क़त काइम् ऽति | हाऽ ऽऽ नऽतोऽ लोऽऽ

*गुंरें सांनिधुप
सा –
ऽ ऽ तुम एक बार मुहब्बत का इम्तिहान तो लो !

(पहले अंतरे से पूर्व का पार्श्व-संगीत बजाने के पश्चात् दूसरा अंतरा लगभग पहले अंतरे के समान ही गाया जाएगा ।) तत्पश्चात् पुनः पहले अंतरे से पूर्व का पार्श्व-संगीत बजाया जाने के पश्चात् तीसरा अंतरा भी लगभग पहले अंतरे के समान गाया जाएगा । □□□

जानेवाले से मुलाक़ात

[२७]

संगीत-लिपि : मुकेश गर्ग

□ फि० : अमर

जानेवाले से मुलाक़ात न होने पाई।
दिल की दिल ही में रही, बात न होने पाई !
चाँदनी खिल न सकी, चाँद ने मुँह मोड़ लिया।
जिसका अरमान था, वो रात न होने पाई !
दिल में तूफ़ान उठे, फिर भी ज़ुबाँ खुल न सकी।
बदलियाँ छा गईं, बरसात न होने पाई !

संगीत : नौशाद • *गीत* : शकील बदायूँनी • *गायन* : लता मंगेशकर

पार्श्व-संगीत : सां – – –रें नि – प – रे – ग –प रे रेरे(गग) सा – –

दादरा ताल

×			०			×			०		
सा	ग	ग	सा,	सा	रे(ग)	ग	–	सा ग,रे	रेग,सा	सा	–
								जाऽऽ	नेऽऽ	वा	ऽ
रे	–	रे	–,रेग	गप	रेग	ग	प	पध	धनि॒ध	प,पध	पग
ले	ऽ	से	*मुऽ	लाऽ	ऽऽ	क़ा	ऽ	तऽ	नऽऽ	ऽहोऽ	ऽऽ
गरे	गम,ग	रेसा	सारे	रेग	–	(रे)गमं	प	ग–प	रे–ग	सा	–
नेऽ	ऽऽऽ	ऽऽ	पाऽ	ईऽ	ऽ	होऽ	ऽ	जाऽऽ	नेऽऽ	वा	ऽ
रे	–	रे	–,रेग	गप	रेग	ग	प	पध	धनि॒ध	प,पध	पग
ले	ऽ	से	*मुऽ	लाऽ	ऽऽ	क़ा	ऽ	तऽ	नऽऽ	ऽहोऽ	ऽऽ
गरे	गम,ग	रेसा	सारे	रेग	–	प–नि	धसां	–नि	धप	ध,नि॒ध	पग
नेऽ	ऽऽऽ	ऽऽ	पाऽ	ईऽ	ऽ	*	*	*	*	*	*
प	–	ग	ग	गप	गप	पध	–	धप	पनिध	धनिध	प
*	*	दिल	की	दिऽ	लऽ	हीऽ	ऽ	मेंऽ	रऽऽ	हीऽऽ	ऽ
पध,प	ग	गरे	गध	पप	–ग	गरे	गम,ग	रेसा	–,सारे	रेप,ग	–
बाऽऽ	ऽ	तऽ	नऽ	ऽहो	ऽऽ	नेऽ	ऽऽऽ	ऽऽ	*पाऽ	ईऽऽ	ऽ

रे　　　　प
गमं　　प　ग–प | रे–ग　सा　– | रे　–　रे | –,रेग　गप　रेग
होऽ　　ऽ　जाऽऽ | नेऽऽ　वा　ऽ | ले　ऽ　से | *मुऽ　लाऽ　ऽऽ

ग　प　पध | धनि,ध　प,धप　पग | गरे　गम,प　रेसा | सारे　रेग　–
क़ा　ऽ　तऽ | नऽऽ　ऽहोऽ　ऽऽ | नेऽ　ऽऽऽ　ऽऽ | पाऽ　ईऽ　ऽ

ग　मं　धनि | सां　–　– | नि　रें　गंरें | सां　प　धनि
पार्श्व-संगीत :

नि　–　धप | ध　ग　मं | प,　ग,　मंग | मंग　ग　–

　　　　　　　　　　प　मं　ग　सा　रे
पग　–रे　–सा | सा　–　रेग | ग,　नि　ध | प　ग　मं

ग　–
प　–　ग | ग　प　ध | पध　निसां　सां | सां　सां　–
　　चाँ | द　नी　ऽ | खिलऽ　ऽऽ　न | स　की　ऽ

　　　　　सां　　　　　　　　　सां
निध　निध　नि | सां　रें　–नि | निसांनि　धप　ध | नि　प　मंप
चाँऽ　ऽऽ　द | ने　मुँह　ऽऽ | मोऽऽ　ऽऽ　ड़ | लि　या　ऽऽ

गमं,–　ग　निध | धप　पमं　मंप | गमं　ग
ऽऽऽ　ऽ　* | *　*　* | *　* चाँदनी खिल न सकी, चाँद

　　सां　　　　　　　　ध
　　नि　प　– | मंप　–ग　ग | मं　ध　निसां,नि
ने मुँह मोड़— | लि　या　ऽ | *　*　* | *　*　*

　　　　　　प
निध,प　–　ग | ग　गप　गप | पध　–　धप | पनि　ध,धनि　धप,–
*　*　जिस | का　अऽ　रऽ | माऽ　ऽ　नऽ | थाऽ　ऽवोऽ　ऽऽऽ

पध,प　ग　गरे | गध　पप　–ग | गरे　गम,ग　रेसा | सारे　रेप　ग
बाऽऽ　ऽ　तऽ | नऽ　ऽहो　ऽऽ | नेऽ　ऽऽऽ　ऽऽ | पाऽ　ईऽ　ऽ
रे
गमं　प
होऽ　ऽ जानेवाले से मुलाक़ात न होने पाई ! **(पहले अंतरे से पूर्व का पार्श्व-संगीत बजाया जाने के पश्चात् दूसरा अंतरा भी पहले अंतरे के समान गाया जाएगा।)** □□□

न मिलता ग़म

(२८)

संगीत-लिपि : मुकेश गर्ग

फ़ि० : अमर

तमन्ना लुट गई फिर भी तेरे दम से मुहब्बत है !
मुबारक ग़ैर को खुशियाँ मुझे ग़म से मुहब्बत है !

न मिलता ग़म तो बरबादी के अफ़साने कहाँ जाते !
अगर दुनिया चमन होती तो वीराने कहाँ जाते !

चलो, अच्छा हुआ अपनों में कोई ग़ैर तो निकला,
अगर होते सभी अपने, तो बेगाने कहाँ जाते !

दुआएँ दो, मुहब्बत हमने मिटकर तुमको सिखला दी,
न जलती शम्मा महफ़िल में, तो परवाने कहाँ जाते !

संगीत : नौशाद • गीत : शकील बदायूँनी • गायन : लता मंगेशकर

म – – – ग – – प – – नि – – सां – – – – – – – –
पार्श्व-संगीत :

मध	निसां	–सां	सां	–	सां	–	सां	सां	नि	सां	–	–	–	–	–
ओऽ	ऽऽ	ऽत	म	ऽ	न्ना	ऽ	लु	ट	ग	ई	ऽ	ऽ	ऽ	*	*

नि	सां	निसां	रें	–	–	–	सां	निध	पम	पम	–	–	–	–	म
फि	र	भीऽ	ऽ	ऽ	ऽ	ऽ	ते	रेऽ	ऽऽ	ऽऽ	ऽ	ऽ	ऽ	*	द

म	मध	–	–,निध	–	म	–	म	मध	निसां	सां	नि	सां	–	–
म	सेऽ	ऽ	ऽऽऽ	ऽ	ऽ	*	मु	हऽ	ऽऽ	ब्ब	त	है	ऽ	ऽ

												ध				
निध	–	(ध)	–	–	–	–	ध	ध	–	ध	प	धनिध	पम	म	म	–
ऽऽ	ऽ	ऽ	ऽ	ऽ	ऽ	*	मु	बा	ऽ	र	क	ग़ैऽऽ	ऽऽ	र	को	ऽ

प
म म म – – मग रेग मग रे – – – रे रे ग प – ग
खु शि याँ ऽ ऽ मुऽ झेऽ ऽऽ ऽ ऽ ऽ ऽ ग़ म से ऽ ऽ ऽ

सां
– ग गप धनि सां – प – ध –प म ग म – – –
ऽ मु हऽ ऽऽ ऽ ऽ ऽ ऽ ऽ ऽऽ ब्ब त है ऽ ऽ ऽ

म प ध सां – नि ध प धनि,सां – धप,म – – | ध प
पार्श्व-संगीत : | न मि

ध
धनि॒,ध म –
लऽऽ ता ऽ

कहरवा ताल

× ० × ०
म म
रे रे मरे रेसा | सा सारे रेप मप | मप,ध – – धप | पध निसां,नि धप धनि॒धप
ऽ ग़म ऽऽ तोऽ | ब रऽ बाऽ ऽऽ | दीऽऽ ऽ ऽ के | अऽ फ़ऽऽ साऽ ऽऽऽऽ

म मप – पम | मप धनि॒,ध धप,म – | म – पध
ऽ नेऽ ऽ कऽ | हाँऽ ऽऽऽ जाऽऽ ऽ | ते ऽ * न मिलता ग़म तो बरबादी

नि
| धप,म – | म – – ध | ध ध ध॒ ध
के अफ़साने कहाँ— जाऽऽ | ते ऽ * अ | ग र दु नि

नि म प
ध म रे रेम | सा सारे रेप मप | ध – – धप | पध निसां,नि धप धनि॒धप
ऽ या ऽ चऽ | म नऽ होऽ ऽऽ | ती ऽ ऽ तोऽ | वोऽ ऽऽऽ राऽ ऽऽऽऽ

म मप – पम | मप धनि॒,ध धप,म – | म – म धनि | सां – – निध
ऽ नेऽ ऽ कऽ | हाँऽ ऽऽऽ जाऽऽ ऽ | ते ऽ पार्श्व-संगीत :

सां – प –ध | नि॒ – – ध | नि – ध प | धप म, ध नि

सां -नि ध } -सां | सां – सां – | – नि सां नि | ध – नि नि
} *च | लो ऽ अ ऽ | ऽ च्छा ऽ हु | आ ऽ अ प

म ध प
सां – – नि | निध नि,सांनि धप धनि॒,ध | ग मप प पम | मप धनि॒,ध प म
नों ऽ ऽ में | कोऽ ऽऽऽ ईऽ ऽऽऽ | ऽ ग़ैऽ ऽ रऽ | तोऽ ऽऽऽ नि क

ध प
म सां – नि | निध,- निसां नि धप,- धनि॒,ध | म –म प पम | मप धनि॒,ध प म
ला ऽ ऽ जो | कोऽऽ ऽऽऽ ईऽऽ ऽऽऽ | ऽ *ग़ै ऽ रऽ | तोऽ ऽऽऽ नि क

ध
म – धसां निरें | सां –नि धप मप | पध – – ध | प धनि॒,ध धप,म –
ला ऽ * * | * * * * | * * * अ | ग रऽऽ होऽऽ ऽ

म म
रे रे मरे रेसा | सा –रे रेम मप | पध,– – –धप | पध निसां,नि धप पनि॒ ध
ऽ ते ऽऽ सऽ | भी ऽऽ अऽ पऽ | नेऽऽ ऽ ऽ तोऽ | बेऽ ऽऽऽ गाऽ ऽऽऽ

ध
ग मप – पम | मप धनि॒,ध प म | म नि॒ – नि॒सां | धनि॒ धप पधप म
ऽ नेऽ ऽ कऽ | हाँऽ ऽऽऽ जा ऽ | ते ऽ ऽ तोऽ | बेऽ ऽऽ गाऽऽ ऽ

– मप – पम | मप धनि॒,ध पम – | म – { ध सांरें | म – – गंसां
ऽ नेऽ ऽ कऽ | हाँऽ ऽऽऽ जाऽ ऽ | ते ऽ { **पार्श्व-संगीत :**

रें – ध सां | गं – – रेंसां | नि – सां धप | म –, सां नि

ग ग
ध धप म } म | म – म म | म –प – प | प – पध मप
} दु | आ ऽ एँ ऽ | ऽ ऽदो ऽ मु | ह ऽ ब्बऽ ऽऽ

मप प ध ध | ध ध ध – | – ध –नि॒ धप,– | प ध ध रें
ऽत ह म ने | मि ट कर ऽ | * तु ऽम कोऽऽ | सि ख ला ऽ

सां – – नि | धनि॒ धप पध पम | – म प प | प – पध मप
दी ऽ ऽ दु | आऽ ऽऽ एँऽ ऽऽ | ऽ दो ऽ मु | ह ऽ ब्बऽ ऽऽ

म प ध ध | ध ध ध – | – ध नि̠ धप,– | प ध ध रें
ऽत ह म ने | मि ट क र | ऽ तु म कोऽऽ | सि ख ला ऽ

नि
सां – – नि | धनि सांनि धप धनि,ध | पम,– – म प पम | मप धनि̠,ध प म
दो ऽ ऽ मु | हऽ ऽऽ ब्बऽ ऽऽऽ | ऽऽत ऽतुम ऽ कोऽ | सिऽ खऽऽ ला ऽ

ध प
म मप पसां सांनि | धनि̠ धप पध पम | मध पनि̠ ध ध | प धनि̠,ध म –
दी * * * | * * * * | * * * न | ज लऽऽ तो ऽ

म म रे म
रे रे मरे रेसा,– | सा सारे रेप मप | पध,– – – धप | पध निसां,नि धप धनि̠धप
ऽ शम् ऽऽ माऽऽ | म हऽ फ़िऽ लऽ | मेंऽऽ ऽ ऽ तोऽ | पऽ रऽऽ बाऽ ऽऽऽऽ

ध
म मप,– – पम | मप धनि̠ध, प म | म – पध,–
ऽ नेऽऽ ऽ कऽ | हाँऽ ऽऽऽ जा ऽ | ते ऽ ऽऽऽ न मिलता ग़म, तो बरबादी के अफ़साने कहाँ जाते !

□□□

तस्वीर बनाता हूँ
(२९)

संगीत-लिपि :
मुकेश गर्ग

□ फ़िल्म : बारादरी

तस्वीर बनाता हूँ, तस्वीर नहीं बनती !
इक ख़्वाब-सा देखा है, ताबीर नहीं बनती !

बेदर्द मुहब्बत का इतना-सा है अफ़साना ।
नज़रों से मिलीं नज़रें, मैं हो गया दीवाना ॥
अब दिल के बहलने की तदबीर नहीं बनती !

दम-भर के लिए मेरी दुनिया में चले आओ ।
तरसी हुई आँखों को फिर शक्ल दिखा जाओ ॥
मुझसे तो मेरी बिगड़ी तक़दीर नहीं बनती !

संगीत : नौशाद • *गीत* : खुमार बाराबंकवी • *गायन* : तलत महमूद

कहरवा ताल

× ° × °
सा –सा सा सा | ऩि सा ध़ –, | सा –रे म –प | ध –ऩि सां ऩिध
पार्श्व-संगीत :

(ध प म) (सां) (सां)
म ध – – | –, प म रे | सां नि नि – | नि ग प ध

(ध नि)
धप म – – | – सा] सा सा | ध – – – | प ध प म
त स् | वी ऽ ऽ ऽ | र ब ना ऽ

(म)
प – – –म | म धप – – | रे –प प – | मं प ध निध,–
ता ऽ ऽ ऽऽ | हूँ ऽऽ ऽ * | त ऽस् वी ऽ | र त हीं ऽऽऽ

(ध) (म)
प म म –ग | रेग मग रे सा | रे म म म | प म धप म
बन ऽ ती ऽऽ | ऽऽ ऽऽ त स् | वी ऽ र न | हीं ऽ बनऽ ऽ

सा
म – रे नि़ | सा –
तो ऽ * * | * * तस्वीर बनाता हूँ, तस्वीर नहीं बनती ! तस्वीर नहीं—

ध
| धप म | म – प ध | नि सांरें रेंगं गंसां
| बनऽ ऽ | ती ऽ * * | * * * *

म सां सां – | सां सां सांनि ध | धनि – – ध | धप धनि धप –
इ क ख्वा ऽ | ब सा देऽ ऽ | खाऽ ऽ ऽ ऽ | हैऽ ऽऽ ऽऽ ऽ

–ग प प – | मं प ध निध,– | धप म म –ग | रेग मग रे सा
*ता ऽ बी ऽ | र न हीं ऽऽऽऽ | बनऽ ऽ ती ऽऽ | ऽऽ ऽऽ त स्

म ध सा
रे म म म | प मध प म | म – रे नि़ | सा
वी ऽ र न | हीं ऽऽ बन ऽ | ती ऽ * * | * * तस्वीर बनाता
| धप म
हूँ, तस्वीर नहीं बनती ! तस्वीर नहीं— | बनऽ ऽ

म – [सा –रे | म –प ध –नि | सां –नि ध – | –, ग प ध
तो ऽ [पार्श्व-संगीत :

नि –ध प –, | प ध नि सां | रें –, सांरें निसां | धनि प प म |

म ध ध – | ध ध धनिध्र प | धसां निसां निसां निध,– | ध – – प
बे ऽ दर् ऽ | द मु हऽऽ ऽ | ब्बऽ ऽऽ ऽऽ ऽऽत | का ऽ ऽ ऽ

–ग प प – | मं प ध निध,– | धप म म – | प ध नि सां
*इ त ना ऽ | सा है अ फ़ऽऽ | साऽ ऽ ना ऽ | ऽ ऽ ऽ ऽ

नि
सां ध ध – | ध –ध ध प | धसां निसां निसां निध,– | ध – प –
बे ऽ दर् ऽ | द *मु ह ऽ | ब्बऽ ऽऽ ऽऽ ऽऽत | का ऽ ऽ *

–ग –प प – | मं प ध निध,– | धप म म – | प – ध –

*इ ऽत ना ऽ | सा है अ फ़ऽऽ | साऽ ऽ ना ऽ | ऽ ऽ ऽ ऽ

सां सां नि

–म –ध ध – | ध ध निध प | ध सांनि नि नि | ध – प –

*न ऽज़ रों ऽ | से मि लोंऽ ऽ | न ज़ऽ ऽ ऽ | रें ऽ ऽ *

ध

–ग प प – | मं प ध निध,– | धप म म – | प ध नि सां

*मैं ऽ हो ऽ | ग या दी ऽऽऽ | वाऽ ऽ ना ऽ | * * * *

म सां सां – | सां सां सां नि | धनि,– – – –ध | धप धनि ध प

अ ब दिल ऽ | के ब हल ऽ | नेऽऽ ऽ ऽ ऽऽ | कीऽ ऽऽ ऽ ऽ

–ग पप प – | मं प ध निध,– | धप म म ग | रेग मग रे सा

*त ऽद बी ऽ | र न हीं ऽऽऽ | बनऽ ऽ तो ऽ | ऽऽ ऽऽ त द

म ध सा

रे म म म | प मध प म | म – रे नि | सा –

बी ऽ र न | हीं ऽऽ बन ऽ | ती ऽ * * | * * तस्वीर बनाता

हूँ, तस्वीर नहीं बनती ! तस्वीर नहीं बनतो !

(पहले अंतरे से पूर्व का पार्श्व-संगीत बजाया जाने के पश्चात्—)

सां सां नि

म ध ध – | ध ध निध प | ध सांनि नि नि | ध – प –

दम ऽ भर ऽ | के लि एऽ ऽ | मे ऽऽ ऽ ऽ | री ऽ ऽ *

ध

–ग प प – | मं प ध निध,– | प म मसां – | – – – ध

*दु नि या ऽ | में च ले ऽऽऽ | आ ऽ ओऽ ऽ | ऽ ऽ ऽ ऽ

सां सां नि

ध – ध – | ध ध निध प | ध सांनि नि निध,– | ध – प –

दम ऽ भर ऽ | के लि एऽ ऽ | मे ऽऽ ऽ ऽऽऽ | शो ऽ ऽ *

ध

–ग प प – | मं प ध निध,– | प म म – | प ध नि सां

*दु नि या ऽ | में च ले ऽऽऽ | आ ऽ ओ ऽ | ऽ ऽ ऽ ऽ

ध सां सां नि
सां साध ध – | ध ध – धप | -ध सानि नि निध | ध – प –
त रऽ सी ऽ | हु ई * आँऽ | ऽखों ऽऽ ऽ ऽऽ | को ऽ ऽ ऽ

ध
–ग प प प | मं प ध निध,– | प म म – | प ध नि सा
*फि र श क् | ल दि खा ऽऽऽ | जा ऽ ओ ऽ | * * * *

प सां सां – | सां सां सांनि ध | धनि नि – –ध | धप धनि ध प
मु झ से ऽ | तो मे रीऽ ऽ | बिऽ ग ऽ ऽऽ | ड़ीऽ ऽऽ ऽ ऽ

ग प प – | मं प ध सां | धप म म –ग | रेग मग रे सा
त क़ दी ऽ | र न हीं ऽ | बनऽ ऽ ती ऽऽ | ऽऽ ऽऽ त क़

म ध सा
रे म म म | प मध प म | म – रे नि़ | सा –
दी ऽ र न | हीं ऽऽ बन ऽ | ती ऽ * * | * * तस्वीर
बनाता हूं……!

□□□

कभी ख़ुद पे, कभी हालात पे

[३०]

संगीत-लिपि :
सुकेश गर्ग

□ फ़ि० : हम दोनों

कभी खुद पे कभी हालात पे रोना आया !
बात निकली तो हरइक बात पे रोना आया !

हम तो समझे थे कि हम भूल गए हैं उनको ।
क्या हुआ आज, ये किस बात पे रोना आया !

किसलिए जीते हैं हम, किसके लिए जीते हैं ?
बारहा ऐसे सवालात पे रोना आया !

संगीत : जयदेव • गीत : साहिर लुधियानवी • गायक : मुहम्मद रफ़ी

(ग) रे – – – नि़ ध़ सा – – म – – – ध नि गं रें
क भी ऽ ऽ ऽ ख़ु द पे ऽ ऽ * * * * * * * *

रे
म – – – गं रें – – – – – – ग रे नि़ ध़
* * * * * * * * * * * क भी ख़ु द

दादरा ताल

× ० × ०

प़
सा – -सा | रेसा,- ध़नि़ ध़ | नि़ -रे रे | रे -रे -ग
पे ऽ *क | भीऽऽ हाऽ ऽ | ला ऽऽ त | पे *रो ऽऽ

सा
सारे गरे,सा रे–म | गप,म ग रे–ध | रे सा ग | रे नि़ ध़
नाऽ ऽऽऽ आऽऽ | ऽऽऽ या ऽऽऽ | ऽ ऽ क | भो ख़ु द

रे
सा – म | ध सां मं | गं – -ग | ग ग ग
पे ऽ * | * * * | * * *क | भी ख़ु द

म – –ग | म पध सांनि,ध | प,म ग रे | –रे रे –ग
पे ऽ *क | भो हाऽ ऽऽऽ | ऽला ऽ ऽत | ऽपे रो ऽऽ

सा सा
रे सा रे–म | गप,म ग रे–ग | रेसा – साग | –रे नि़ ध़
ना ऽ आऽऽ | ऽऽऽ या ऽऽऽ | ऽऽ * बाऽ | ऽत नि क

सा – सा | –,रेसा नि़ ध़ | नि़ –रे – | रे – रेग
ली ऽ तो | *हऽ रि क | बा ऽऽ त | पे * रोऽ

सा
सारे गरे,सा रे–म | गप,म ग रे–ग | रे सा साग | –रे नि़ ध़
नाऽ ऽऽऽ आऽऽ | ऽऽऽ या ऽऽऽ | ऽ ऽ बाऽ | ऽत नि क

सा – सा | –,रेसा नि़ ध़ | नि़ रे रे | रे –रे –ग
ली ऽ तो | *हऽ रि क | बा ऽ त | पे ऽरो ऽऽ

सा
रे – – | –
ना ऽ ऽ | ऽ
म निध सां | – गंरें मं, | म गं रें | नि ध म
पार्श्व-संगीत :

गरे म ग | रे नि़ ध़ | सा – ग | रे म –,

(नि़ –) मनि नि
म – | प | प ग रे | म – म | म –म पध
हम | तो सम ऽ | झे ऽ थे | कि *हम ऽऽ

ध
ध – ध | ध धनि धनि | प ध प –,धसां | नि (ध) –
भू ऽ ल | ग एऽ ऽऽ | हैं ऽ ऽ *उऽ | न को ऽ

नि॒ नि॒ प (सां – नि॒ सां ध म रेग॒रे
प म प | –प ग॒ रे | म – म | – – •
ऽ ऽ हम | ऽतो सम ऽ | झे ऽ थे | ऽ ऽ •

म –) नि॒ नि॒
• • प | –प ग॒ रे | म – म | –म मप ध
• • हम | ऽतो सम ऽ | झे ऽ थे | •कि हमऽ ऽ

सा
धनि॒रें सांग॒रें सांनि॒ | –ध म ग॒रे | रे – –रे | मप,म ग॒ रेग॒
भूऽऽ ऽऽऽ ऽल | ऽग ए ऽऽ | हैं ऽ •उ | नऽऽ को ऽऽ

सा ध़
रेसा – धग॒ | –रे नि़ ध़ | सा – सा | –,रेसा –नि़ –ध़
ऽऽ • क्याऽ | ऽहु आ ऽ | आ ऽ ज | •येऽ ऽकि ऽस

नि़ रे रे | रे – रेग॒ | सारे ग॒रे,सा रे-म | गप,म ग॒ रे-ग॒
बा ऽ त | पे ऽ रोऽ | नाऽ ऽऽऽ आऽऽ | ऽऽऽ या ऽऽऽ

सा रे
रे सा साग॒ | –रे नि़ ध़ | धग॒ –रे सासा | – सा नि़ ध़
ऽ ऽ क्याऽ | ऽहु आ ऽ | आऽ ऽऽ ऽज | • ये कि स

नि़ रे रे | रे – रे–ग॒ | सारे ग॒रे,सा रेम | गप,म ग॒ रे–ग॒
बा ऽ त | पे • रोऽऽ | नाऽ ऽऽऽ आऽ | ऽऽऽ या ऽऽऽ

सा सा
रेसा – ग॒ | रे नि़ ध़ | सा – –सा | रेसा,– नि़ ध़
ऽऽ • क | भो खु द | पे ऽ •क | भीऽऽ हा ऽ

सा
नि़ रे रे | रे –रे –ग॒ || रे – | –
ला ऽ त | पे ऽरो ऽऽ || ना ऽ ऽ | ऽ
म नि॒ध सां | – ग॒रें मं,
पार्श्व-संगीत :

मं ग़ रें | नि ध म | गुरे म ग | रे नि़ ध़

(नि –) नि म रे
सा – ग | रे म –, | म – निप,– | प ग
किऽ,स | लि ए ऽ

ग (ध – – नि सांरें गंम
म – म | म म – | – – – | – * *
जी ऽ ते | हैं हम ऽ | ऽ ऽ ऽ | ऽ * *

गं रें, नि ध म गुरे म – नि
* * * | * * * | * * निप,– | –प ग रे
* * * | * * * | * * किऽ,स | ऽलि ए ऽ

म – म | म –म पध,– | ध निगं रेंसां | निध म गुरे
जी ऽ ते | हैं *हम ऽऽऽ | कि सऽ ऽऽ | केलि ए ऽऽ

सा सा सा
– रे सारे | मप,म ग रेग | रे सा साग | –रे नि़ ध़
* जी तेऽ | ऽऽऽ हैं ऽऽ | ऽ ऽ बाऽ | ऽर हा ऽ

सा – सा | –,रेसा नि़ ध़ | नि़ रे रे | रे – रे-म
ऐ ऽ से | *सऽ वा ऽ | ला ऽ त | पे ऽ रोऽऽ

सा
मपध धसां,धनि धप,– | (म)–ग रे –ग | रे सा साग | –रे नि़ ध़
नाऽऽ ऽऽऽऽ ऽऽऽ | आऽऽ या ऽऽ | ऽ ऽ बाऽ | ऽर हा ऽ

ध़ सा सा
सा – सा | –,रेसा नि़ ध़ | नि़ –रे रे | रे – रे-ग
ऐ ऽ से | *सऽ वा ऽ | ला ऽऽ त | पे ऽ रोऽऽ

सा
सारे गरे,सा रे–म | गप,म ग रे–ग | रे सा
नाऽ ऽऽऽ आऽऽ | ऽऽऽ या ऽऽऽ | ऽ ऽ कभी ख़ुद पे ! कभी ख़ुद पे, कभी हालात पे रोना आया ! बात निकली तो हरइक बात पे रोना आया ! कभी ख़ुद पे !

□ □ □

तुम्हें देखा है

[३१]

संगीत-लिपि : *मुकेश गर्ग*

□ फ़ि० : कंगन का पालना

तुम्हें देखा है मैंने गुलसिताँ में !
कि जन्नत ढूंढ़ ली है इस जहाँ में !

सुकूँ इनसे, इन्हीं से बेक़रारी,
ख़ुदा के नाम से, ज़ुल्फ़ें तुम्हारी—
ख़ुदाई कर रही हैं दो जहाँ में !

तुम्हीं हो मेहरबाँ, तुम ही सितमगर,
बदल सकता है इस दिल का मुक़द्दर—
तुम्हारी एक 'ना' में, एक 'हाँ' में !

क़यामत है, दुहाई है ख़ुदाया,
किसी क़ातिल को दिल में है बसाया।
कि रख ली आग अपने आशियाँ में !

संगीत : राहुलदेव बर्मन • *गीत :* आनंद बख़्शी • *गायन :* मुहम्मद रफ़ी

ग	ग	–	(म)	ग	प	–	प	प	–	प	–	–	–	–	–	–	–	●	●
तु	म्हें	ऽ	दे	ऽ	खा	ऽ	है	मैं	ऽ	ने	ऽ	ऽ	ऽ	ऽ	ऽ	ऽ	ऽ	●	●

बहुत धीमी आवाज में :

प	प (म)	धसां,–	–	–	–	–	–	ध,धप	प	मम	म (ग)	प	धपमग	रे	–
गुल	ऽ	ऽऽऽ	ऽ	ऽ	ऽ	ऽ	ऽ	ऽसिऽ	ताँ	ऽमें	ऽ	ऽ	ऽऽऽऽ	ऽ	ऽ

–	–	●	●	●	ग	ग	(म)	ग
ऽ	ऽ	●	●	●	तु	म्हें	दे	ऽ

दादरा ताल

×			०			×			०		
प	–	प	प	पम	–	मप	ध	–प (ध)	पम	म	म (ग)
खा	ऽ	है	में	नेऽ	ऽ	गुल	ऽ	ऽसि	ताँऽ	में	ऽ
पधपम	ग	–ग	ग	–म (प)	–ग	प	–	प	प	ग (प)	–
ऽऽऽऽ	ऽ	*तु	म्हें	ऽदे	ऽऽ	खा	ऽ	है	मैं	ने	*

ध ग
मप ध -प | पम म म | पधपम ग -नि | नि -नि -सां
गुलऽ ऽ ऽसि | ताँऽ में ऽ | ऽऽऽऽ ऽ *कि | जन् ऽन ऽत

नि॒ नि ग
पसां निरें,सां नि॒नि॒ | ध धप - | पध ध प | पम म म
ढूंऽ ऽऽऽ ऽढ़ | ली हैऽ ऽ | इऽ स ज | हाँऽ में ऽ

प
पधपम ग -ग | ग -प ग | प - प | - - -
ऽऽऽऽ ऽ *तु | म्हें ऽदे ऽ | खा ऽ है | ऽ ऽ ऽ

सां ग म
प सां - | - नि॒ प | म - - | मप ग म
पार्श्व-संगीत :

नि
नि॒ प -सां | नि सांरें रेंसां | सां, मंगं गसां | सांनि॒ नि॒प -नि

सां- | सां | नि॒सां नि॒प प | प - - | - गम नि॒प
सु | कूँऽ इन ऽ | से ऽ ऽ | ऽ ऽऽ ऽऽ

ग ग धध
म म - | म - गम | नि॒पनि॒प मप,- - | सांनि॒सांनि॒ धनि॒,- नि॒नि॒
ऽ ऽ ऽ | ऽ * आऽ | ऽऽऽऽ ऽऽऽ ऽ | ऽऽऽऽ ऽऽऽ ऽऽ

ध प
रेंसांरेंसां निसां,- -सां | नि॒सां नि॒प प | प - पध | पध -म -ध
ऽऽऽऽ ऽऽऽ *सु | कूँऽ इऽ न | से ऽ इऽ | न्हींऽ ऽसे ऽऽ

ध
प ध -,धसां | नि॒ सांप प | - - -सां | नि॒ सां नि॒ -प
बे ऽ ऽक़ऽ | रा ऽऽ री | ऽ ऽ *खु | दा ऽ के ऽऽ

ध
प - पध | पध - मम | सांनि॒सांनि॒ ध -,धसां | नि॒ सांप प
ना ऽ मऽ | सेऽ ऽ ज़ुल् | फ़ेंऽऽऽ ऽ ऽतुऽ | म्हा ऽऽ री

म
प -ग -ग | ग (म) ग | प - -प | प पम -
ऽ ऽऽ *खु | दा ई ऽ | कर ऽ ऽर | ही हैंऽ *

ग
मप ध –,धप | पम म म | पधपम ग –नि | नि –नि –सां
दोऽ ऽ ऽजऽ | हाँऽ में ऽ | ऽऽऽऽ ऽ *कि | जन् ऽन ऽत

नि नि म
पसां निरें,सां नि़नि़ | ध धप – | पध ध धप | पम म म
ढूँऽ ऽऽऽ ऽढ़ | लो हैऽ ऽ | इऽ स जऽ | हाँऽ में ऽ

प प
पधपम गमगरे सा | गग –म –ग | नि़ –प प | – – –
ऽऽऽऽ ऽऽऽऽ ऽ | तुम्हें ऽदे ऽऽ | खा ऽऽ है | ऽ ऽ ऽ

पम गम पम | रे(सा) –नि़ (सा) | पप पप पम | ग मग –ग,
पार्श्व-संगीत :

सां,नि़सां धनि़ सां,नि़सां धनि़ पध गप | सां,नि़सां धसां – | –, साग गप

सां रें
पम –ध प | नि़ध –रें सांरें | नि़सा प़ –सां | नि़ सां नि़ –प
*तु | म्हीं ऽ हो ऽऽ

ध प प
प प पध | पध –म –म | ध – ध | धनि़ नि़ ध
मे ह रऽ | बाँऽ ऽतु ऽम | ही ऽ सि | तम,ऽ गर ऽ

प प
प – सां | नि़सां,रें –नि़ –प | प – पध | ध ध म –
ऽ * ब | दलऽऽ ऽस ऽक | ता ऽ हैऽ | इ स दिल

ध नि म
पध – सां | नि़सांनि़ नि़प – | प मग,– –ग | ग –(म)
काऽ ऽ मु | क़ऽऽ द्दर,ऽ ऽ | ऽ ऽऽऽ *तु | म्हा ऽरी

प ध म
प – प | प –ग – | –,मप ध प | पम म म
ए ऽ क | ना ऽमें ऽ | *एऽ ऽ क | हाँऽ में ऽ
पधपम ग
ऽऽऽऽ ऽ कि जन्नत ढूँढ़ ली है इस जहाँ में ! तुम्हें देखा—

प | – – – | प़ नि –, | म नि रें
है | ऽ ऽ ऽ | पार्श्व-संगीत :

नि – – | –, नि़नि़ रेरे | ग – –, | नि रें मं,पंमं

गं – –, | ग म गम,ग | रे – –, | मं – पंमं

रेंसां नि – | –, नि़ – | सा –, म | प निसां,नि प

सां रें
सां – –सां | नि सां नि पप | प – – | – म म
*क | या ऽ म तऽ | है ऽ ऽ | ऽ ऽ ऽ

ध
नि प –,निसां | निसां निनि पप | प – –ध | पध –प म
ऽ ऽ *क़ऽ | याऽ ऽम ऽत | है ऽ *गु | हाऽ ऽई ऽ

ध
प ध –सां | निसां निनि प | पसां निसां –सां | निसां निनि –प
है ऽ *खु | दाऽ ऽया ऽ | ऽऽ ऽऽ ऽकि | सीऽ ऽक़ा ऽ,ऽ

ध प
प – –,पध | पध –म – | ध – –सां | नि सां प प
तिल ऽ *कोऽ | दिल,ऽ ऽमें ऽ | है ऽ *ब | सा ऽ ऽ या

मप,– मग,– –ग | ग ग (म) –ग | प – प | पप पम –
ऽऽऽ ऽऽऽ *कि | र ख ली ऽऽ | आ ऽ ग | अप नेऽ *

ग ग
–,मप ध –,धप | पम म म | पधपम ग
*आऽ ऽ ऽशिऽ | याँऽ में ऽ | ऽऽऽऽ ऽ कि जन्नत ढूँढ़ लो है इस जहाँ में ! तुम्हें देखा है मैंने……!

□□□

हम हैं मता ए-कूचा-ओ-बाज़ार

(३२)

संगीत-लिपि : मुकेश गर्ग

फ़ि० : दस्तक

हम हैं मता-ए-कूचा-ओ-बाज़ार की तरह !
उठती है हर निगाह खरीदार की तरह !

वो तो कहीं हैं और, मगर दिल के आस-पास ।
गिरती है कोई शै निगाहे-यार की तरह !

मजरूह लिख रहे हैं वो अहले-वफ़ा का नाम ।
हम भी खड़े हुए हैं गुनहगार की तरह !

संगीत : मदनमोहन • *गीत* : मजरूह • *गायन* : लता मंगेशकर

ध प म
धप म प–म ग म–ग रे ग–रे सा ग म – | सारे म – –म
सितार : | हम हैं ऽ ●म

ग
पधु,प म ग–प पधु,प म म म नि़ नि़
ताऽऽ ऽ एऽऽ कूऽऽ ऽ चा ओ ऽ बा

दादरा ताल

× ० × ०
ग – –ग | गरेगरे सारेमग –,रेसा | सा – रेग,रे | सानि़,– – सारे
जा ऽ ऽर | कीऽऽऽ ऽऽऽऽ ऽतऽ | रह ऽ ऽऽऽ | ऽऽऽ ● हम

म – –,मप | पधु,प म ग–प | पधु,प म म | म नि़ नि़
हैं ऽ ●मऽ | ताऽऽ ऽ एऽऽ | कूऽऽ ऽ चा | ओ ऽ बा

(मप धुम गुरे गुसा)
ग – –ग | गरेगरे सारेमग –,रेसा | सा – – | – ● सासा
जा ऽ ऽर | कीऽऽऽ ऽऽऽऽ ऽतऽ | रह ऽ ऽ | ऽ ● उठ

प – प | – पप प | निध धनि,ध पम,– | – मम –

ती ऽ है | * हर नि | गाऽ ऽऽऽ हऽऽ | * खरी ऽ

ग

म–प निध,प गग | गम पधपध मम | म – पप,ग | रे–ग सा सारे

दाऽऽ ऽऽऽ ऽर | कीऽ ऽऽऽऽ ऽत | रह ऽ ऽऽऽ | ऽऽऽ ऽ हम

म – –म | पध,प म ग–प | पध,प म म | म नि नि

हैं ऽ *म | ताऽऽ ऽ एऽऽ | कूऽऽ ऽ चा | ओ ऽ बा

ग – –ग | पध,मप ग,रेग –,रेसा | सा – – | – [मध निनि

जा ऽ रऽ | कीऽऽऽ ऽऽऽ ऽतऽ | रह ऽ ऽ | ऽ सितार :

नि

सां निध –म | धम गसा सानि | धसानिसा निध –नि | सा सारे रेसा,नि

नि

सा म धपध | म मप मग | म पधसांनि ध | – –प नि

नि नि ग म

निरें,– सांध –प | ध मरे –सा | ग –म – धप नि,म] मप

वोऽ

नि – –नि | नि – निप | पनि सांरें,सां निध,ध | ध धप म

तो ऽ *क | हीं ऽ हैंऽ | औऽ ऽऽऽ ऽऽर | म गरऽ ऽ

रे नि (*,धसां –ध

–म – म | मप प निसां,नि | ध – पध | पम,– – –

*दिल ऽ के | आऽ ऽ सऽऽ | पा ऽ ऽऽ | ऽऽऽ ऽ ऽस

ग ग म

म –,मध –म | रेसा –ग –ग | म –ध पनि | नि भ)

* * * | * * * | * * * | * *

* * * | * * * | * * * | * * वो तो कहीं

नि
| धु — — | पम —,पध —
हैं और, मगर दिल के आस— | पा ऽ ऽ | ऽऽ ऽऽऽ ऽस

धप म मसा | —,सारे गम ग | म — सारे | ऩिसारेसा ऩि सारे
दिलऽ ऽ केऽ | •आऽ ऽऽ स | पा ऽ ऽऽ | ऽऽऽऽ ऽस गिर

म — म | —,पधुप मग ग—प | पधु,प म —म | म म ऩि
ती ऽ है | •कोऽ ऽऽ ईऽऽ | शंऽऽ ऽ •नि | गा हे ऽ

(सारे गुसा रेगु सा,रे गुसा)
गु — —गु | गुरेगुरे सारेमगु —,रेसा | सा — — | — • सारे
या ऽ ऽर | कीऽऽऽ ऽऽऽऽ ऽतऽ | रह ऽ ऽ | ऽ • हम

—,रेसा | सा — — | — { मप धुनि
हैं मता-ए-कूचा-ओ बाज़ार की— ऽतऽ | रह ऽ ऽ | ऽ { :सितार :

सां
नि—सां सांसां सांसां | सांसां सांसां सांसां | रेंसां नि,धु पम | पम,ग — म,पनि

प प प नि ग
पनि—नि पनि,नि निनि | निनि नि,नि निनि | नि रेंसां धु | पधु,म —रे गुग

गम म —म | पमपम गु,रे गु | प धुनि पधु | मपपधु पम,गु रेगु

धुपधुप मपनि,नि म | म — } मप | नि — नि | — निनि निप
मज | रू ऽ ह | • लिख रऽ

पनि सांरेंसां निध | धप म –म | मम – म | धपधप मप,– निसां,नि

हेऽ ऽऽऽ हैंऽ | वोऽ ऽ ●अ | हले ऽ व | फ़ाऽऽऽ ऽऽऽ काऽऽ

ध – प | म –,पध ध | धप म –सा | सारे गम ग

ना ऽ ऽ | ऽम ऽअऽ ह | लेऽ ऽ ●व | फ़ाऽ ऽऽ का

म – सारे | निसारेसा नि सारे | म – –,मप | पध,प मग ग

ना ऽ ऽऽ | ऽऽऽऽ ऽम हमऽ | भो ऽ ●खऽ | ड़ेऽऽ ऽऽ हु

पध,प म म | – निनि नि | ग – –ग | गरेगरे सारेमग –,रेसा

एऽऽ ऽ हैं | ● गुन ह | गा ऽ ऽर | कीऽऽऽ ऽऽऽऽ ऽतऽ

(सारे गसा रेग सारे गसा)

सा – – | ● ●

रह ऽ ऽ | ● ● उठती | है हर निगाह खरीदार की तरह ! हम हैं मता-ए-कूचा-ओ-बाज़ार की तरह !

□□□

वक्त करता जो वफ़ा

(३३)

संगीत-लिपि :
देवकीनंदन धवन

□ फ़िल्म : दिल ने पुकारा

वक़्त करता जो वफ़ा, आप हमारे होते;
हम भी औरों की तरह आपको प्यारे होते !
अपनी तक़दीर में पहले ही से कुछ तो ग़म हैं।
और कुछ आपकी फ़ितरत में वफ़ा भी कम है॥
वरना, जीती हुई बाज़ी तो न हारे होते !
दम घुटा जाता है सीने में, फिर भी ज़िंदा हैं।
तुमसे क्या, हम तो ज़िंदगी से भी शर्मिन्दा हैं॥
मर ही जाते न जो यादों के सहारे होते !

संगीत : कल्याणजी-आनंदजी • *गीत* : इंदीवर • *गायन* : मुकेश

पार्श्व-संगीत :
नि़ सा –सा सा – – नि़ सा –सा सा – – पम रे॒प मरे॒ पम
रे॒प मरे॒ सा – – – – – – * * | सा रे॒सा नि़ध़ नि़ध़
वक़् तऽ कऽ रऽ

दादरा ताल

×						×						×					
												नि़					नि़
						सा	–	सा	–सा	सा	–रे॒	सा	नि़	साग॒	रे॒सा	ध़	नि़
						ता	ऽ	जो	*व	फ़ा	ऽऽ	ऽ	ऽ	वऽ	क़्तऽ	क	र
												ग					
सा	–	सा	सा	सा	–	सारे॒	गम	म	म	म	–प	म	रे॒	नि़	रे॒	रे॒	–ग
ता	ऽ	जो	व	फ़ा	ऽ	आऽ	ऽऽ	प	ह	मा	ऽऽ	रे	ऽ	ऽ	हो	ते	ऽऽ

रे नि़ नि़
सा – साग,रे सा ध़ नि़ | सा – सा –सा सा रे | सा नि़ रे रे नि़ ध़नि़
ऽ • हमऽऽ भी औ ऽ | रों ऽ की •त रह ऽ | ऽ ऽ हम भी औ ऽऽ

ग ग सा
सा – सा सा सा – | सारे गम म म – मप | म रे नि़ रे रे –
रों ऽ की त रह ऽ | आऽ ऽऽ प को ऽ प्याऽ | रे ऽ ऽ हो ते ऽ

ग ग
सा – रे रेसा ध़ नि़ | सा – सा सा सा – | सा म –म मम म –म
ऽ ऽ व क़्तऽ क र | ता ऽ जो व फ़ा ऽ | पार्श्व-संगीत :

रें – – नि – –
मप धप धप मम म –म | मप धप धप म प ध | नि – – – – –

– – – – – – | निसां रेंसां रेंसां नि – – | म – – रे – –
नि रें •रें रें – – | गंमं गंमं गंरें – – – | सां नि –ध प म गरे

सा –
म – | गप म गरे सा | सारे गम म म – मम | मप ध ध ध – धनि
| अप नी ऽत क़ | दीऽ ऽऽ र में • पह | लेऽ ऽही से • कुछ

प ध रे म
ध नि नि नि नि – | ग म प म –सा साप | म – म म – रेग
तो ऽ ग़ म हैं ऽ | ऽ ऽ अप नी ऽत क़ऽ | दी ऽ र में • पह

प ध
म ध ध ध – धनि | ध नि नि नि नि – | – – ध नि नि निसां,रें
ले ऽ ही से • कुछ | तो ऽ ग़ म हैं ऽ | ऽ •औ र कु छऽऽ

म म
रें सां सांनि नि – निनि | नि निसां,सां –नि ध म – | रे रेप म रे सा –रे
आ ऽ पऽ की ऽ फ़ित | र तऽऽ ऽमें व फ़ा ऽ | भी ऽऽ क म है ऽऽ

नि॒ नि॒
सा नि॒ -रे॒ सा ध॒ नि॒ | सा - सा सा - सा | सारे॒ गम म म पध धनि॒
ऽ ऽ ॰वर ना ज़ी ऽ | ती ऽ हु ई ॰ बा | ज़ीऽ ऽऽ तो न हाऽ ऽऽ

प म ग ग॒
ध म -,गम गप,म रे॒ - | सा - रे॒ रे॒सा ध॒ नि॒ | सा -
रे ऽ ॰होऽ ऽऽऽ ते ऽ | ऽ ऽ वक़् तऽ क र | ता ऽ जो वफ़ा, आप

सा सा - | सारे॒ साग॒ रेरे॒सा ॰ सानि॒
हमारे होते। वक़्त करता जो— व फ़ा ऽ | पार्श्व-संगीत।

ध॒ - - प म ग॒
नि॒ ग॒ ॰ग॒ ग॒ - ग॒ | नि॒ ग॒ ॰ग॒ ग॒म प म | रे॒ म ध॒ नि॒ नि॒ नि॒ध॒

रे॒ - - सा - - | सा ग म नि॒ ध प | म -
पं मंधं॒ पंमं गंरें॒ सांनि॒ धप | धम ग मग रे॒ ग - | म -

(दूसरा अंतरा पहले अंतरे के समान गाया जाएगा।)

□□□

मिलती है ज़िंदगी में

[३४]

संगीत-लिपि : देवकीनन्दन धवन

□ फ़ि० : आँखें

मिलती है ज़िंदगी में मुहब्बत कभी-कभी।
होती है दिलबरों की इनायत कभी-कभी ॥
शरमाके मुँह न फेर नज़र के सवाल पर।
लाती है ऐसे मोड़ पे क़िस्मत कभी-कभी ॥
तनहा न कट सकेंगे जवानी के रास्ते।
पेश आएगी किसी की ज़रूरत कभी-कभी ॥
फिर खो न जाएँ हम कहीं, दुनिया की भीड़ में।
मिलती है पास आने की मोहलत कभी-कभी ॥

संगीत : रवि • *गीत* : साहिर लुधियानवी • *गायन* : लता मंगेशकर

कहरवा ताल

× ० × ०
सा – सा – | सा – सा – | रे ग॒ ग॒ ग॒ | रे – – –
पार्श्व-संगीत :
सा – सा – | सा – रे ग॒ | सा रे ध़ रे | सा – – –

प ध – रें | सांरें सारें ध सां | प ध – रें | सांरें सांरें ध –
बाँसुरी :

सां – प प | ध – ग॒ – | पध प ग॒म रेग॒ | सा – – –
पार्श्व-संगीत :

प़ ग॒ ग॒ रे | रे रे सा सा | सा – सा नि़सा,नि़ | ध़नि़,ध़ ध़प़ प़ –
मिल ऽ ती ऽ | है ज़िं ऽ द | गी ऽ में ऽऽऽ | ऽऽऽ मुऽ ह ऽ

ध़ सा – – | ध़ ध़ ग॒ ग॒ | रे – – –ग॒ | रे – सा –
ब्ब त * * | क भी ऽ क | भी ऽ ऽ ऽऽ | ऽ ऽ ऽ ऽ

मिलती है ज़िंदगी में मुहब्बत कभी-कभी।

प – प – | प प – पम | मध पध – –म | म म मप म
मिल ऽ ती ऽ | है ज़ि ऽ दऽ | गोऽ ऽऽ ऽ ऽऽ | में मु हऽ ऽ

ग॒ – सा – | सा सा ग॒ ग॒ | रे(ग॒) – – –ग॒ | रे(सा) – सा –
ब्ब ऽ ऽ ऽत | क भी ऽ क | भी ऽ ऽ ऽऽ | ऽ ऽ ऽ ऽ

प ग॒ ग॒ रे | रे रे सा सा | सा – सा निसा,नि | धनि,ध धप प –
हो ऽ ती ऽ | है दिल ऽ ब | रों ऽ की ऽऽऽ | ऽऽऽ ऽइ ना ऽ

ध सा – – | ध ध ग॒ ग॒ | रे(ग॒) – – –ग॒ | रे(सा) – सा –
य त * * | क भी ऽ क | भी ऽ ऽ ऽऽ | ऽ ऽ ऽ ऽ

होती है दिलबरों की इनायत— | ध धग॒ – ग॒
| क भीऽ * क

रे(ग॒) – – – | – – – – | सां(म) – ध सां | ध(–) – प ध
भी ऽ ऽ ऽ | ऽ ऽ * * | पार्श्व-संगीत :

ग॒ – – – | – – – – | म – – – | ग॒ – – –
प ग॒ रे ग॒ | प – – – | ध – प ध | प – ग प

ब – – – | सां – – –
ग॒ सा ध ग॒ | सा – – – | गुंरें गुंरें गुं रें | सां ध प –

गुंरें गुंरें गुंरें सांरें | गुंपं मंधं पं – | ग॒ प प मं | ग॒ रे – ग॒
| श र मा ऽ | के मुँह ऽ न

प – – प | – प मं प | प धप ध – | ध धनि॒ पध प
फे ऽ ऽ र | * न ज़ र | के ऽऽ ऽ ऽ | स वाऽ ऽऽ ल

प – – – | मंध पमं ग॒ रे | –ग॒ प प मं | ग॒ रे – ग॒
पर ऽ ऽ ऽ | ऽऽ ऽऽ ऽ ऽ | ●श र मा ऽ | के मुंह ऽ न

प – – प | – प ध प | म – – रे | रे रे म पम
फे ऽ ऽ र | ● न ज़ र | के ऽ ऽ ऽ | स वा ऽ लऽ

म
ग॒ – – – | रेसा – – – | प़ ग॒ ग॒ रे | रे रे सा सा
पर ऽ ऽ ऽ | ऽऽ ऽ ● ● | ला ऽ ती ऽ | है ऐ ऽ से

सा – – नि़ | ध़नि़ ध़ प़ – | – प़प़ ध़ सा | सा ध़ ग॒ ग॒
मो ऽ ऽ ड़ | पेऽ ऽ ऽ ऽ | ● क़िस् म त | क भी ऽ क

ग॒ सा
रे – – –ग॒ | रे – सा – |
भी ऽ ऽ ऽऽ | ऽ ऽ ऽ ऽ | मिलती है ज़िंदगी में मुहब्बत—

ग॒
| ध़ धग॒ – ग॒ | रे – – – | – – – –
| क भी ● क | भी ऽ ऽ ऽ | ऽ ऽ ● ●

रे – – सा | रे सा ध़ सा | रे – – – | – – ध़ सा
पार्श्व-संगीत :

ग॒ – – रे | ग॒ सा ध़ सा | ग॒ – – – | ग॒प धनि सार ग॒मं

पं – – धं | सां रें ग॒ं सां | रें सां – – | – – धं नि॒ंधं

पं – – धं | सां रें ग॒ं सां | रें सां – – | – – – –

ग॒ं रेंसां रें सांध | सां धप ध पग॒ | प ग॒रे ग॒रे साध़ | सा ग॒ प –

ग॒ प प मं | ग॒ रे रे ग॒ | प – प – | – प मं प
त न हा ऽ | न क ट स | कें ऽ गे ऽ | ● ज वा ऽ

प धप ध – | ध धनि॒ पध प | प – – – | मंध पमं ग॒ रे
नी ऽऽ ऽ ऽ | के राऽ ऽऽ स् | ते ऽ ऽ ऽ | ऽऽ ऽऽ ऽ ऽ

–ग॒ प प मं | ग॒ रे रे ग॒ | प – ध – | – प ध प
•त न हा ऽ | न क ट स | कें ऽ गे ऽ | • ज़ वा ऽ

म – – रे | रे रे म पम | म ग॒ – – – | रेसा – – –
नी ऽ ऽ ऽ | के रा ऽ स्ऽ | ते ऽ ऽ ऽ | ऽऽ ऽ • •

प़ ग॒ ग॒ रे | रे रे सा सा | सा – सा नि़सा, नि़ | ध़नि़, ध़ ध़प प़ –
पे ऽश आ ऽ | ए गी ऽ कि | सी ऽ को ऽऽऽ | ऽऽऽ ज़ऽ रू ऽ

ध़ सा – – | सा ध़ ध़ ग॒ ग॒ | ग॒ रे – – –ग॒ | सा रे – सा –
र त • • | क भी ऽ क | भी ऽ ऽ ऽऽ | ऽ ऽ ऽ ऽ

मिलतो है ज़िंदगी में मुहब्बत— | ध़ ध़ग॒ – ग॒
| क भीऽ • क

ग॒ रे – – – | – – – – || {प – – – | – – ध रें
भी ऽ ऽ ऽ | ऽ ऽ • • || {पार्श्व-संगीत :

सां – – – | – – पं गं॒ | रें – – – | – – सां गं॒

रें – – – | – – – – | गं॒ रेंसां रें सां | रें सां ध –

रें सांध सां ध | सां ध प – | सां धप ध प | ध प ग॒ –

प ग॒ रे ग॒ | सा – प़ – | ध़ सा – ध़ | सा रे – ग॒

प मंध प मंध | प – – – } ||

(तीसरा अंतरा पहले अंतरे के समान गाए जाने के पश्चात्—)

प	–	प	–	प	प	–	पम	मध	पध	–	म	म	म	मप	म
हो	ऽ	ती	ऽ	है	दिल	ऽ	बऽ	रोंऽ	ऽऽ	ऽ	ऽ	की	इ	नाऽ	ऽ

								ग़				सा			
ग़	–	सा	–	सा	सा	ग़	ग़	रे	–	–	–ग़	रे	–	–	–
य	ऽ	ऽ	ऽत	क	भी	ऽ	क	भी	ऽ	ऽ	ऽऽ	ऽ	ऽ	*	*

प़	ग़	ग़	रे	रे	रे	सा	सा	सा – सा		नि़सा,नि़		ध़नि़ध़	ध़प़	प़	–
मिल	ऽ	तो	ऽ	है	जिं	ऽ	द	गी ऽ में		ऽऽऽ		ऽऽऽ	मुऽ	ह	ऽ

ध़	सा	
ब्ब	त	

									ग़							
*	*	*	*	ध़	ध़	ग़	–	ग़	रे	–	–	–	–	–		
*	*	*	*	क	भी	ऽ	*	क	भी	ऽ	ऽ	ऽ	ऽ	ऽ		

□□□

मैं तो इक ख़्वाब हूँ
(३५)

संगीतलिपि : *देवकीनंदन धवन*

□ फ़िल्म : हिमालय की गोद में

मैं तो इक ख़्वाब हूँ, इस ख़्वाब से तू प्यार न कर !
प्यार हो जाए, तो फिर प्यार का इज़हार न कर !
ये हवाएँ कभी चुपचाप चली जाएँगी।
लौटके फिर कभी गुलशन में नहीं आएँगी॥
अपने हाथों में हवाओं को गिरफ़्तार न कर !
शाख़ से टूट के गुंचे भी कहीं खिलते हैं !
रात और दिन भी ज़माने में कहीं मिलते हैं !!
भूल जा, जाने दे, तक़दीर से तकरार न कर !

संगीत : कल्याणजी-आनन्दजी • *गीत* : क़मर जलालाबादी • *गायन* : मुकेश

[ग़ - ध़ - प़ ध़ - - - - सां - नि - ध - प -
[पार्श्व-संगीत :

ध - - - - - ग - ध - प ध - - - - मग गुग
मग मग गुग मग मग गुग मग मग गुग मप धुप मप धुप धुप
मप धुप पम गम पम पम गम पम ग - सां - - - नि प
ध - - - प म प - - - मप म ग -]

दादरा ताल

× ध़ सा ग गु | ग - -गु ग - ग | गम प प प - पनि
मैं तो इ क | ख़्वा ऽ ऽब हूँ • इस | ख़्वा ऽ ब से • तूऽ

मप मप -,मग ग ग - | सा -
प्याऽऽ ऽऽ ऽरऽ न कर ऽ | ऽ ऽ मैं तो इक ख़्वाब हूँ, इस ख़्वाव से तू प्यार—

गप गग – | सा – ध़ सा ग गु | ग – ग ग – ग
नऽ करऽ ऽ | ऽ ऽ प्या र हो ऽ | जा ऽ ए तो * फिर

गमप प प – पनि | मप मनि –,पम ग ग – | सा – ध़ सा ग गु
प्याऽ ऽ र का * इज़ | हाऽ ऽऽ ऽरऽ न कर ऽ | ऽ ऽ मैं तो इ क

ग – – –गु ग – | गम गगु म गम गगु ग। गम गगु गम प – –नि
ख़्वा ऽ ऽ ऽब हूँ ऽ | पार्श्व-संगीत :

निध धप पम मप मध,प –म। गम,ग गु – – सा गु। गम गगु ग गम गगु ग

गम गगु गम प – –। निध धप प मप मपधुप म। ग सा गु ग सां –नि

प – पसां,नि प ग म | प – प प – पप | पध नि नि नि नि निसां
येऽऽ ह वा ऽ | एँ ऽ क भी * चुप | चाऽ ऽ प च ली ऽऽ

निसां –नि धप मध धध प | – – पसां,नि प ग म | प – प प – प
जाऽ ऽऽ एँऽ ऽऽ गीऽ ऽ | ऽ ऽ लौऽऽ ट के ऽ | फिरऽ क भी * गुल

पध नि नि नि नि निसां | निसां –नि धप मध धप – | गग सा ध़ सा ग गु
शनऽ ऽ में न हीं ऽऽ | आऽ ऽऽ एँऽ ऽऽ गोऽ ऽ | ऽऽ ऽ अप ने हा ऽ

ग – ग –ग ग – | गम प प –प प नि | मप मप मग ग ग ग
थों ऽ में *ह वा ऽ | ओंऽ ऽ को *गि र फ़् | ताऽ ऽऽ रऽ न कर ऽ

सा – ध़ सा ग गु | ग – ग –प गगु सागु | ग प पग – प नि
ऽ ऽ अप ने हा ऽ | थों ऽ में *ह वाऽ ऽऽ | ओं ऽ कोऽ *गि र फ़्

मप मनि –,पम ग ग – | सा – ध़ सा ग गु | ग – –गु ग – –
ताऽ ऽऽ ऽरऽ न कर ऽ | ऽ ऽ मैं तो इ क | ख़्वा ऽ ऽब हूँ ऽ ऽ

(इस स्थान पर बजाया गया पार्श्व-संगीत पाश्चात्य ढंग का होने के कारण नहीं दिया जा रहा है। दूसरा अंतरा पहले अंतरे के समान गाया जाएगा।) □□□

अकारादि क्रम से गीतों की सूची

अब क्या मिसाल दूँ मैं तुम्हारे शबाब को • (आरती) • ६१
अश्क़ों ने जो पाया है, वह गीतों ने दिया है • (चाँदी की दीवार) • ४४
आपकी नज़रों ने समझा प्यार के क़ाबिल मुझे • (अनपढ़) • ७
उनको ये शिकायत है कि हम कुछ नहीं कहते • (अदालत) • ६६
कभी ख़ुद पे, कभी हालात पे रोना आया • (हम दोनों) • ९९
छू लेने दो नाज़ुक होठों को, कुछ और नहीं है, जाम है ये • (काजल) • १६
जानेवाले से मुलाक़ात न होने पाई • (अमर) • ८९
जुर्म-उल्फ़त पे हमें लोग सज़ा देते हैं • (ताजमहल) • ३३
तस्वीर बनाता हूँ, तस्वीर नहीं बनती • (बारादरी) • ९५
तुम एक बार मुहब्बत का इम्तिहान तो लो • (बाबर) • ८७
तुम्हारी ज़ुल्फ़ के साए में शाम कर लूँगा • (नौनिहाल) • १२
तुम्हारी मस्त नज़र गर इधर नहीं होती • (दिल ही तो है) • ३७
तुम्हें देखा है मैंने गुलसिताँ में • (चन्दन का पलना) • १०३
तेरे कूचे में अरमानों की दुनियाँ लेके आया हूँ • (दिल्लगी) • ५५
दिल जलता है तो जलने दे • (पहली नज़र) • ८३
न किसी की आँख का नूर हूँ • (लाल क़िला) • ७६
न मिलता ग़म तो बरबादी के अफ़साने कहाँ जाते • (अमर) • ९१
नसीब में जिसके जो लिखा था, वो तेरी महफ़िल में • (दो बदन) • २३
फिर वही शाम, वही ग़म, वही तनहाई है • (जहाँआरा) • १८
फिर वो भूली-सी याद आई है • (बेगाना) • ४६
भरी दुनिया में आख़िर दिल को समझाने कहाँ जाएँ • (दो बदन) • २६
मिलती है ज़िन्दगी में मुहब्बत कभी-कभी • (आँखें) • ११४
मुझको इस रात की तनहाई में • (दिल भी तेरा हम भी तेरे) • ५८
मेरी ज़िन्दगी के चराग़ को तेरी बेरुख़ी ने बुझा दिया • (जाल) • ७३
मैं तो इक ख़्वाब हूँ • (हिमालय की गोद में) • ११९
मैंने ले लिया है शायद तेरा नाम बेख़ुदी में • (फिर बहार आई) • २९
यूँ हसरतों के दाग़ मुहब्बत में धो लिए • (अदालत) • ७०
ये न थी हमारी क़िस्मत कि विसाले-यार होता • (मैं नशे में हूँ) • ४८
रहते थे कभी जिनके दिल में हम जान से भी प्यारों की तरह • (ममता) • ४२
लगता नहीं है दिल मेरा, उजड़े दयार में • (लाल क़िला) • ७९
वक़्त करता जो वफ़ा, आप हमारे होते • (दिल ने पुकारा) • १११
हम हैं मता-ए-कूचा-ओ बाज़ार की तरह • (दस्तक) • १०७
हाले-दिल यूँ उन्हें सुनाया गया • (जहाँआरा) • २०
है इसी में प्यार की आबरू, वो जफ़ा करें, मैं वफ़ा करूँ • (अनपढ़) • १०
है बस कि हर एक उनके इशारे में निशा और • (मिर्ज़ा ग़ालिब) • ५१

□□□

संगीतलिपि चिह्न-परिचय

प	जिन स्वरों के ऊपर-नीचे कोई चिह्न नहीं है, वे मध्य (बीच की) सप्तक के शुद्ध स्वर हैं।
ध॒	जिन स्वरों के नीचे पड़ी रेखा या लकीर है, वे कोमल स्वर हैं; किन्तु कोमल मध्यम पर कोई चिह्न नहीं होता, क्योंकि कोमल मध्यम को शुद्ध मध्यम भी कहते हैं।
मं॑	मध्यम के ऊपर खड़ी रेखा हो तो वह तीव्रमध्यम कहलाता है।
प़/ध़.	नीचे एक बिंदी वाले स्वर मंद्र-सप्तक के तथा दो बिंदी वाले स्वर अतिमंद्र-सप्तक के हैं।
सं/पं̈	ऊपर एक बिंदी वाले स्वर तार-सप्तक के तथा दो बिंदी वाले स्वर अतितार-सप्तक के हैं
प—	जिस स्वर के आगे जितनी रेखाएँ (—) हैं, उसे उतनी ही मात्राओं तक और बजाइए।
गाऽ	जिस अक्षर के आगे जितने अवग्रह (ऽ) के चिह्न हैं, उसे उतनी ही मात्राओं तक और गाइए।
मधप	इस प्रकार जितने भी स्वर मिले हुए (सटे हुए) हों, उन-सबको एक मात्रा में बजाइए।
‿	जिन स्वरों के नीचे इस प्रकार का कोष्ठक (ब्रैकिट) हो तो उन स्वरों को एक मात्रा-काल में बजाया जाएगा।
× ० २	'×' सम का, '०' खाली का तथा २, ३ या ४ आदि तालियों के चिह्न होते हैं।
,	'सरे, स' इस प्रकार एक ही मात्रा के (सभी आपस में सटे हुए) स्वरों के बीच में लगा हुआ कौमा एक मात्रा को आधी-आधी मात्रा के दो खंडों में विभाजित करता है।
•	जहाँ ऐसे फूल दिए हों, वहाँ उतनी ही मात्रा तक चुप रहना चाहिए।
⌒	यह चिह्न स्वरों के ऊपर मींड देने के लिए होता है।
ग प	इस प्रकार किसी स्वर के ऊपर कोई स्वर हो, तो ऊपर वाले स्वर को ज़रा-सा छूते हुए नीचे के स्वर को बजाइए। ऊपर वाला स्वर 'कण-स्वर' कहलाता है।
(म)	इस प्रकार कोई स्वर कोष्ठक में बंद हो, तो उसके आगे का स्वर, वह स्वर, उससे पहले का स्वर तथा फिर वही स्वर लेकर एक मात्रा में ही बजाइए; जैसे (म)=पमगम।
∿∿∿	यह चिह्न स्वरों के ऊपर 'ज़मज़मा' (कम्पन) देने के लिए होता है; अर्थात् जिन स्वरों के ऊपर यह चिह्न है, उन स्वरों को मधुर व संतुलित ढंग से हिलाते हुए प्रयोग में लाइए।

संगीत कार्यालय के प्रकाशन

[मँहगाई के अनुसार समय-समय पर मूल्यों में वृद्धि होती रहती है।]

■ कंठ-संगीत (Vocal Music)

बालसंगीत शिक्षा (3 भागों में)–कक्षा 6,7 व 8 के लिए; मूल्य क्रमश: 20/-, 25/- व 30/-

संगीत किशोर—कक्षा 9 व 10 के लिए 30/-

गांधर्व संगीत प्रवेशिका— 50/-

क्रमिक पुस्तक मालिका (भाग 1 से 6 तक, पाठ्यक्रमानुसार)—मूल्य क्रमश: 25/-,175/-, 250/-, 275/-, 175/-, 225/-

Kramik Pustak, Part-I (English) 50/-

स्वरमालिका–भातखंडे जी द्वारा संकलित 62 रागों में 123 सरगमें 75/-

क्रमिक तान आलाप—भाग I 15/-, II 50/-, III 150/-, IV 150/-

राग विशारद, भाग 1-(एम.ए. तक)200/-

राग विशारद भाग-२ (एम.ए. तक क्रि. प्रेस में)

अप्रकाशित राग (भाग 1)–73 बंदिशें 50/-

मधुर चीज़ें—111 मधुर राग-बंदिशें 50/-

सूर संगीत–सूरदास के स्वरबद्ध पद (प्रेस में)

वंदना संगीत–50 स्वरबद्ध प्रार्थनाएं 40/-

ठुमरी गायकी–45 स्वरबद्ध ठुमरियाँ 50/-

मारवा ठाठ अंक—88 राग-रचनाएं 150/-

अप्रचलित राग ताल अंक शोधपूर्ण सामग्री 150/-

प्रार्थना संगीत—विभिन्न धर्मों की मूल प्रार्थनाएं स्वरलिपि सहित 65/-

भक्ति संगीत अंक–102 स्वरबद्ध पद 150/-

मीरा संगीत अंक—11 महत्त्वपूर्ण लेख व मीराबाई के 138 स्वरबद्ध पद 150/-

ग़ज़ल अंक—स्वरलिपि-सहित ग़ज़लें 150/-

शामे-ग़ज़ल- 50 स्वरबद्ध ग़ज़लें 200/-

भजन-संध्या—45 स्वरबद्ध भजन 200/-

लोक संगीत अंक—लेख व स्वरलिपि 150/-

फ़िल्मी ग़ज़ल अंक (भाग1 व 2)— फ़िल्मों की स्वरबद्ध 35 ग़ज़लें प्रत्येक 150/-

फ़िल्मी शास्त्रीय गीत अंक (भाग 1)— फ़िल्मों के 52 स्वरबद्ध शास्त्रीय गीत 200/-

फ़िल्मी शास्त्रीय गीत अंक-II ५० स्वरबद्ध शास्त्रीय गीत-प्रेस में

फ़िल्मी प्रेम गीत अंक (भाग 1)— फ़िल्मों के 40 स्वरबद्ध प्रेम भरे गीत 150/-

फ़िल्मी उल्लास गीत अंक— फ़िल्मों के 35 स्वरबद्ध उल्लासपूर्ण गीत 150/-

फ़िल्मी युगल गान अंक (भाग 1)— फ़िल्मों के 35 स्वरबद्ध युगल-गीत 150/-

फ़िल्मी भजन अंक (भाग 1)— फ़िल्मों के 35 स्वरबद्ध भक्ति-गीत 150/-

फ़िल्मी सांस्कृतिक गीत अंक (भाग 1)— फ़िल्मों के 35 स्वरबद्ध गीत 150/-

फ़िल्मी विविध गीत अंक (भाग 1)— फ़िल्मों के 35 स्वरबद्ध लोकप्रिय गीत 150/-

फ़िल्मी विविध गीत अंक (भाग 2 व 3)— फ़िल्मों के 35 स्वरबद्ध लोकप्रिय गीत 150/-

फ़िल्मी विविध गीत अंक (भाग 4)— फ़िल्मों के 35 स्वरबद्ध लोकप्रिय गीत 150/-

फ़िल्मी विविध गीत अंक (भाग 5)— फ़िल्मों के 35 स्वरबद्ध लोकप्रिय गीत 150/-

फ़िल्मी विविध गीत अंक (भाग 6)— फ़िल्मों के 35 स्वरबद्ध लोकप्रिय गीत 150/-

फ़िल्मी विविध गीत अंक (भाग 7)— फ़िल्मों के 35 स्वरबद्ध लोकप्रिय गीत 150/-

फ़िल्मी विविध गीत अंक (भाग 8 व 9)— फ़िल्मों के 35 स्वरबद्ध लोकप्रिय गीत 150/-

फ़िल्मी विरह गीत अंक (भाग 1)— फ़िल्मों के 35 स्वरबद्ध दर्द भरे गीत 150/-

संगीत 'विनय पत्रिका'–संत तुलसीदास के 70 स्वरबद्ध पद 150/-

■ शास्त्र व इतिहास (Theory & History)

हाईस्कूल संगीत शास्त्र–पूरा कोर्स 50/-

संगीत शास्त्र— कक्षा 12 तक 50/-

भारतीय संगीत का इतिहास— 50/-

संगीत विशारद–एम०ए० तक का कोर्स 200/-

राग कोष—1438 रागों का विवरण 75/-

भातखंडे संगीत शास्त्र (भाग 3)— 200/-

संगीत-पद्धतियों का तुलनात्मक अध्ययन- प्राचीन 10 संगीत ग्रन्थों का सार 60/-

संगीत निबंधावली—26 निबंध 50/-

निबंध संगीत—76 शोधपूर्ण निबंध 250/-

संगीत चिंतामणि—आचार्य बृहस्पति के उच्चस्तरीय 31 विस्तृत शोध-निबंध 250/-

संगीत मकरंद: (नारद-कृत) —संस्कृत 40/-

राष्ट्रीय संगीत—लेख व स्वरलिपि 150/-
महिला संगीत अंक—लेख व स्वर० 150/-
मुहम्मद रफ़ी अंक–जीवनी व स्वरांकन 150/-
संगीत:सूफ़ी इनायतखाँ–वैज्ञानिक लेख 125/-
संगीत संस्मरण अंक–रोचक किस्से 150/-
'संगीत' रजत जयंती अंक—20 निबंध तथा 2000 संगीत-ग्रंथों की सूची 150/-
विश्व संगीत अंक—35 निबंध 150/-
संगीत परीक्षा अंक–परीक्षोपयोगी 150/-
संगीत शिक्षा अंक–संगीत शिक्षा 150/-
संगीत संस्था अंक—संगीत संस्थाओं एवं कलाकारों के पते व परिचय 150/-
संगीत शोध अंक–रिसर्च की दिशाएं 150/-
संगीत कथा अंक—सांगीतिक कथाएं 150/-
संगीत शोध लेख अंक—शोधपूर्ण लेख 150/-
काका हाथरसी स्मृति अंक— 150/-
गुरमति संगीत अंक-पंजाबी संगीत 150/-
आवाज़ सुरीली कैसे करें—स्वर की मधुरता के लिए उपाय व औषधियां 85/-
पाश्चात्य संगीत-शिक्षा—विदेशी स्टाफ़ नोटेशन की विधिवत् सचित्र शिक्षा 75/-
A Guide to Indian Music In Eng. 85/-
ब्रज के देवालयों में संगीत परम्परा-60/-

■ वाद्य संगीत (Instrumental Music)

वाद्यवादन अंक-विभिन्न वाद्यों की शिक्षा 150/-
जलतरंग अंक—जलतरंग शिक्षा 150/-
सं० ताल परिचय–1 (हाईस्कूल तक) 25/-
सं० ताल परिचय–2 (चतुर्थ वर्ष तक) 30/-
तबला अंक—शोधपूर्ण सचित्र लेख 150/-
ताल अंक—सचित्र तबला-शिक्षा 150/-
ताल प्रकाश-एम०ए० तक पूरा कोर्स 125/-
ताल मार्तण्ड - एम० म्यूज० तक 75/-
तबले पर दिल्ली और पूरब—एम० म्यूज० तक का शास्त्र व क्रियात्मक 85/-
कायदा और पेशकार—क्रियात्मक 35/-
अप्रचलित कायदे और गतें—तबले पर उच्चस्तरीय क्रियात्मक सामग्री 40/-
मृदग अंक-शोधनिबंध व सचित्र शिक्षा 150/-
सितार शिक्षा-सचित्र शिक्षा व गत-तोड़े 150/-
सितार मालिका—वर्ष 1 से 8 तक 125/-
बेला विज्ञान–सचित्र वॉयलिन-शिक्षा 200/-
बैंजो मास्टर—सचित्र शिक्षा व धुनें 50/-
गिटार मास्टर—सचित्र शिक्षा व धुनें 50/-
म्यूज़िक मास्टर–हारमोनियम, तबला और बांसुरी शिक्षा की सरल पुस्तक 50/-
बांसुरी शिक्षा—थ्योरी व प्रेक्टीकल 200/-

■ नृत्य (Dance)

अभिनय दर्पण और गीतगोविन्द—नृत्य-शास्त्र एवं अष्टपदी 125/-
नृत्य भारती—प्रारंभिक नृत्य शिक्षा 75/-
कथक नृत्य—प्रथम से अष्टम वर्ष तक नृत्य का पूरा कोर्स 300/-

■ 'संगीत' मासिक पत्र

वार्षिक शुल्क (भारत के लिए)— 190/-
विदेशों के लिए)–UK 35/- या US $ 65/-
आजीवन सदस्यता शुल्क (भारत) 1500/-
(विदेशों के लिए)–UK£ 150/- या US $ 300/
साधारण अंक (भारत के लिए) — 16/-
(विदेशों के लिए)—UK £ 3/- या US $ 5/-

'संगीत' मासिकपत्र की महत्त्वपूर्ण फ़ाइलें
1979, 82, 84, 90, 93, 94 से 97
उपलब्ध हैं—मूल्य, प्रति फ़ाइल रु० 250/-

● ऑडियो कैसेट्स

क्रमिक पुस्तक मालिका, भाग I
(हिंदी या अंग्रेज़ी में दो कैसेट्स का सेट मिनी बुक सहित) 80/-

● भातखंडे व पलुस्कर के रंगीन चित्र

साइज़ 11"×18" (प्रति चित्र) 20/-
साइज़ 18"×22" (प्रति चित्र) 30/-

उपर्युक्त सभी सामग्री पर पैकिंग व डाक-व्यय आदि मूल्य के अलावा लगेगा।

प्रकाशक : संगीत कार्यालय, हाथरस 204 101 (उ. प्र.)
फ़ोन: (05722) 33701, 31111, 30123

HINDI BOOKS ON INDIAN MUSIC

VOCAL MUSIC

Title	Rs.
Baal Sangeet Shikshaa Vol. I 20/-, II 25/-, III 30/-	
Sangeet Kishore	30/-
Gandharv Sangeet Praveshika, Part I	50/-
Kramik Pustak Maalikaa Vol. I 25/-, II 175/-, III 250/-, IV 275/-, V 175/-, VI 225/-	
Bhatkhande Kramik Pustak Vol I (In English)	50/-
Swar Maalikaa	75/-
Kramik Taan Aalaap, I 15/-, II 50/-, III 150/-, IV 150/-	
Raag Vishaarad (Part I and Each)	200/-
Aprakaashit Raag (Part I)	50/-
Madhur Cheezen	50/-
Soor Sangeet	(Press)
Vandanaa Sangeet	40/-
Thumree Gaayakee	50/-
Maarwaa Thaat Ank	150/-
Aprachalit Raag Taal Ank	150/-
Praarthanaa Sangeet	65/-
Bhakti Sangeet Ank	150/-
Meeraa Sangeet Ank	150/-
Ghazal Ank	150/-
Shaame-Ghazal	200/-
Bhajan-Sandhya	200/-
Lok Sangeet Ank	150/-
Filmee Ghazal Ank(Part I and II) Each	150/-
Filmee Shaastreeya Geet Ank	200/-
Filmee Prem Geet Ank	150/-
Filmee Ullaas Geet Ank	150/-
Filmee Yugal Gaan Ank	150/-
Filmee Bhajan Ank	150/-
Filmee Saanskritik Geet Ank	150/-
Filmee Vividh Geet Ank Vol. I to X each	150/-
Filmee Virah Geet Ank	150/-
Sangeet Vinay Patrika	150/-

THEORY AND HISTORY

High School Sangeet Shastra	50/-
Sangeet Shaastra	50/-
Bhaaratiya Sangeet-ka-Itihaas	50/-
Sangeet Vishaarad	200/-
Raag Kosh	75/-
Bhatkhande Sangeet-Shaastra, Part III	200/-
Sangeet Paddhatiyon-Ka-Tulanaatmak Adhyayan	60/-
Sangeet Nibandhaavalee	50/-
Nibandh Sangeet	250/-
Sangeet Chintaamani	250/-
Sangeet Makarand	40/-
Rashtreeya Sangeet	150/-
Mahilaa Sangeet Ank	150/-
Mohammad Rafee Ank	150/-
Sangeet : Soofee Inayat Khan	125/-
Sangeet Sansmaran Ank	150/-
'Sangeet' Rajat Jayantee Ank	150/-
Vishwa Sangeet Ank	150/-
Sangeet Pareekshaa Ank	150/-
Sangeet Shikshaa Ank	150/-
Sangeet Sansthaa Ank	150/-
Sangeet Shodh Ank	150/-
Sangeet Kathaa Ank	150/-
Sangeet Shodh Lekh Ank	150/-
Kaka Hathrasi Smriti Ank	150/-
Gurmati Sangeet Ank	150/-
Aawaaz Sureelee Kaise Karen	85/-
Paashchaatya Sangeet Shikshaa	75/-
A Guide to Indian Music (In English)	85/-
Braj-ke-Devaalayon mein Sangeet Paramparaa	60/-

INSTRUMENTAL MUSIC

Vaadya Vaadan Ank	150/-
Jalatarang Ank	150/-
Sangeet Taal Parichaya-I	25/-
Sangeet Taal Parichaya-II	30/-
Tabla Ank	150/-
Taal Ank	150/-
Taal Prakaash	125/-
Taal Maartand	75/-
Table Par Delhi aur Poorab	85/-
Kaayadaa Aur Peshkaar	35/-
Aprachalit Kaayde Aur Gaten	40/-
Mridang Ank	150/-
Sitaar Shikshaa	150/-
Sitaar Maalikaa	125/-
Belaa Vigyaan (Violin guide)	200/-
Benjo Master	50/-
Guitar Master	50/-
Music Master (Harmonium guide)	50/-
Baansuree Shikshaa	200/-

LITERATURE ON DANCE

Abhinaya Darpan-Aur-Geet Govind	125/-
Nritya Bhaaratee	75/-
Kathak Nritya	300/-

JOURNAL ON MUSIC

'SANGEET' monthly magazine on Music & Dance. Yearly subscription for 1999 190/-

Foreign : Air Mail : UK £ 35·00, US $ 65·00

Sea Mail : UK £ 25·00, US $ 30·00

Life Membership Rs. 1500/-, £ 150/- or US $ 300/-

■ AUDIO CASSETTES

Kramik Pustak, Vol. 1 (Basic Music-lessons with 30 compositions) Twin set Hindi/English with mini Book 80/-

■ COLOUR PICTURES

Bhatkhande or Paluskar

Size 11"×18" each 20/-

Size 18"×22" each 30/-

[Prices are Subject to increase from time to time.]

SANGEET KARYALAYA, HATHRAS-204 101 (India)

Phones : (05722) 33701, 31111, 30123

संगीत कार्यालय द्वारा निर्मित

ऑडियो कैसेट्स

क्रमिक पुस्तक मालिका, भाग 1 के

ऑडियो कैसेट्स का जोड़ा बिक्री के लिए तैयार है।

इनके द्वारा स्वरलिपि समझने की कठिनाई से छुटकारा मिल गया है। कैसेट्स चलाइए और पं० विष्णुनारायण भातखण्डे द्वारा लिखित हिन्दुस्तानी संगीत पद्धति 'क्रमिक पुस्तक मालिका' भाग-1 में दिए हुए स्वराभ्यास के पाठ सीखिए। इसके साथ ही कल्याण, बिलावल, खमाज, भैरव, पूर्वी, मारवा, काफ़ी, आसावरी, भैरवी और तोड़ी, इन दस ठाठों के जन्य रागों में छपी हुई तीस मधुर बंदिशों को सुनकर बिना किसी सहायता के अपने आप गाइए, परीक्षा में प्रथम आइए।

मिनी बुक सहित हिन्दी या अँग्रेज़ी के दोनों कैसेट्स, मूल्य 80/-

पैकिंग तथा डाकव्यय इत्यादि मूल्य से पृथक् हैं।

भातखंडे व पलुस्कर के रंगीन चित्र

भारतीय संगीत के महान् उद्धारक पं० विष्णुनारायण भातखंडे तथा पं० विष्णुदिगम्बर पलुस्कर के रंगीन चित्र ऑफ़सैट पद्धति से छपकर तैयार हैं। संगीत की संस्थाएँ, शिक्षक एवं संगीत-प्रेमी लेमीनेशन किए हुए इन आकर्षक चित्रों को लगाकर अपने संगीत-कक्ष को सुसज्जित कर सकते हैं।

आकार 11"×18", प्रति चित्र मूल्य 20/-

आकार 18"×22", प्रति चित्र मूल्य 30/-

पोस्टेज तथा पैकिंग व्यय अलग लगेगा। कैसेट्स तथा चित्रों के लिए पूरा धन अग्रिम आना आवश्यक है, ताकि डाक-व्यय की वी० पी० द्वारा माल भेजा जा सके।

पता : संगीत कार्यालय, हाथरस-204 101 (उ० प्र०)

फ़ोन : (05722) 33701, 31111, 30123

फ़िल्मी ग़ज़ल अंक
भाग-२

प्रकाशन संख्या 228
I.S.B.N. 81-85057-67-2

संपादक
डॉ० लक्ष्मीनारायण गर्ग
एम०ए०, पी-एच०डी०, एम० म्यूज़०, संगीत शिरोमणि
प्रधान सम्पादक 'संगीत' मासिक-पत्र

●

प्रथम संस्करण
फ़रवरी, 1997

प्रकाशक
संगीत कार्यालय
हाथरस-204 101 (उ० प्र०)

अ • नु • क्र • म

१. दिल जलता है तो जलने दो • १
फ़िल्म : पहिली नज़र • गायन : मुश्ताक
२. नुक्ताचीं है ग़मे दिल • ५
फ़िल्म : मिर्ज़ा ग़ालिब • संगीत : गुलाम मुहम्मद • गायन : सुरैया
३. हम बेख़ुदी में • ९
फ़िल्म : काला पानी • संगीत : एस० डी० बर्मन • गायन : मोहम्मद रफ़ी
४. जो हम पै गुज़रती है • १३
फ़िल्म : पन्ना • संगीत : अमीर अली • गायन : राजकुमारी
५. बदनाम ना हो जाये • १६
फ़िल्म : शहीद • संगीत : गुलाम हैदर • गायन : सुरेन्द्र कौर
६. तेरी महफ़िल में दिल थामे • १८
फ़िल्म : शीशा • गायन : मोहम्मद रफ़ी
७. ये हवा ये रात चाँदनी • २१
फ़िल्म : संगदिल • गायन : तलत महमूद
८. तीर खाते जायेंगे • २४
फ़िल्म : दीवाना • संगीत : अज्ञात • गायन : लता
९. शामे ग़म की क़सम • २८
फ़िल्म : फुटपाथ • संगीत : ख़य्याम • गायन : तलत महमूद
१०. यहाँ बदला वफ़ा • ३२
फ़िल्म : जुगनू • गायन : नूरजहाँ और रफ़ी
११. जिगर के दाग़ नये • ४०
फ़िल्म : हमराही • गायन : बिनीता बोस
१२. है कहीं पर शादमानी ४४
फ़िल्म : आंधियाँ • गायन : लता
१३. दम भर जो उधर • ४९
फ़िल्म : आवारा • संगीत : अज्ञात • गायन : लता व मुकेश
१४. दुआ कर ग़मे दिल • ५४
फ़िल्म : अनारकली • संगीत : अज्ञात गायन : लता मंगेशकर
१५. दिले नादां तुझे हुआ • ५८
फ़िल्म : अपना देश • गायन : पुष्पा हंसा
१६. देख लिया मैंने • ६१
फ़िल्म : दीदार • संगीत : अज्ञात • गायन : लता व रफ़ी
१७. सीने में सुलगते हैं अरमां • ६४
फ़िल्म : तराना • संगीत : अज्ञात • गायन : लता व तलत महमूद

१८. आप जब से क़रीब आए हैं • ६९
फ़िल्म : नूरजहाँ • संगीत : रोशन • गायन : मुहम्मद रफ़ी व आशा भोंसले
१९. जाइए, आप कहाँ जाएँगे • ७३
फ़िल्म : मेरे सनम • संगीत : ओ० पी० नैयर • गायन : आशा भोंसले
२०. बेकस पे करम कीजिए • ७७
फ़िल्म : मुग़ले आज़म • संगीत : नौशाद • गायन : लता मंगेशकर
२१. चलो इक बार फिर से • ८०
फ़िल्म : गुमराह • संगीत : रवि • गायन : महेन्द्र कपूर
२२. ज़रा-सी आहट होती है • ८४
फ़िल्म : हक़ीक़त • संगीत : मदनमोहन • गायन : लता मंगेशकर
२३. दोस्त, दोस्त ना रहा • ८८
फ़िल्म : संगम • संगीत : शंकर-जयकिशन • गायन : मुकेश
२४. मुस्कराओ कि जी नहीं लगता • ९२
फ़िल्म : कंगन • संगीत : चित्रगुप्त • गायन : लता मंगेशकर
२५. तेरे प्यार की तमन्ना • ९५
फ़िल्म : तवायफ़ • संगीत : रवि • गायन : महेन्द्र कपूर
२६. ऐ कातिबे तक़दीर • ९८
फ़िल्म : मेरी बहिन • संगीत : अज्ञात • गायन : सहगल
२७. दिल चीज़ क्या है • १०२
फ़िल्म : उमराव जान • संगीत : ख़य्याम • गायन : आशा
२८. दिल के अरमाँ • १०८
फ़िल्म : निकाह • संगीत : रवि • गायन : सलमा आग़ा
२९. इन आँखों की मस्ती के • १११
फ़िल्म : उमरावजान • संगीत : ख़य्याम • गायन : आशा
३०. मैं पल दो पल का शाइर हूँ • ११४
फ़िल्म : कभी-कभी • संगीत : ख़ैयाम • गायन : मुकेश
३१. दिल की ये आरज़ू • ११७
फ़िल्म : निकाह • संगीत : रवि • गायन : महेन्द्र कपूर व सलमा आग़ा
३२. तुझे देखा तो ये जाना सनम • १२२
फ़िल्म : दिलवाले दुल्हनियाँ ले जायेंगे • सं० : जतिन-ललित • गा० : लता व कु० सानू
३३. मेरे ख़्वाबों में जो आए • १२८
फ़िल्म : दिल वाले दुल्हनियाँ ले जायेंगे • संगीत : जतिन-ललित • गायन : लता मंगेशकर
३४. घर से निकलते ही • १३४
फ़िल्म : पापा कहते हैं • संगीत : राजेश-रोशन • गायन : उदित नारायण
३५. खाते हैं हम क़सम • १४०
फ़िल्म : आतिश • संगीत : नदीम श्रवण • गायन : कुमार सानू व अलका याज्ञिक

□□□

नग़म-ए-एडीटर

'फ़िल्मी ग़ज़ल अंक' का यह दूसरा भाग है। पहले भाग का स्वागत बड़े जोशो-ख़रोश के साथ हुआ था क्योंकि उसमें ऐसी ग़ज़लों का चयन किया गया था जिन्हें लोग गुनगुनाते ही रहते हैं। सुरीले संगीत से सजी हुई ग़ज़ल जब मधुर गायकों द्वारा पेश की जाती है तो वह लोक मानस का ध्यान अपनी ओर अवश्य आकर्षित करती है।

एक ज़माना था जब फ़िल्मों के अधिकांश गीत ग़ज़ल-परक होते थे। हिन्दू गायकों में भजन और ठुमरी का प्राधान्य था तो मुस्लिम सम्प्रदाय में क़व्वाली और ग़ज़ल का प्रचलन था। बाद में जब हिन्दू और मुसलमानों की एकता बढ़ी तो ग़ज़ल और ठुमरी ने भी आपस में बहिनों का रिश्ता क़ायम कर लिया। काव्य और संगीत के अनुरागियों को दोनों ही विधाएँ प्रिय रहीं।

'जहाँगीर नामा' पृष्ठ ३८६, ब्रजरत्न दास–कृत हिन्दी अनुवाद के अनुसार सन् १५३५ ई० में बैजू ने हुमायूँ को फ़ारसी ग़ज़ल गाकर रिझाया था। प्रारम्भ में ग़ज़ल को हेय दृष्टि से देखा जाता था लेकिन कालान्तर में उसका पदार्पण फ़िल्मों में हुआ तो शास्त्रीय संगीत के गायकों को भी लगने लगा कि ग़ज़ल गाना कोई आसान काम नहीं है।

फ़िल्मों में पुराने तथा नये शायरों की ग़ज़लों के अलावा गीतकारों द्वारा गीतनुमा ग़ज़लों का भी काफ़ी प्रयोग किया गया और सरलता के कारण वे लोकप्रिय भी हुईं, लेकिन ग़ज़ल के शुद्ध स्वरूप को इससे उसी तरह की हानि हुई जैसे कि ठुमरी के चटकीले मुखड़ों पर आधारित फ़िल्मी-गीतों ने ठुमरी के पारम्परिक रूप को क्षति पहुँचाई। इसीलिए आज का श्रोता 'गीत', 'ठुमरी', 'ग़ज़ल' तथा 'लोक गीतों' में कोई अन्तर नहीं समझ पाता और सब कुछ 'फ़िल्मी गीत' या 'फ़िल्म-संगीत' के नाम से जाना जाता है।

फ़िल्मी ग़ज़ल अंक के इस भाग में हमने पुराने और नये गायकों द्वारा प्रस्तुत ऐसी ग़ज़लों का चयन किया है जो सदाबहार हैं। मुखड़े के बोल लबों पर आते ही उसकी धुन ज़हन में अपने आप उतरने लगती है। हमें आशा है संगीत का रसिक वर्ग इससे लाभान्वित होगा।

अंत में हम उन सभी शायर, संगीतकार, स्वरलिपिकार, गायक तथा फ़िल्म निर्माताओं के आभारी हैं जिनकी रचनाओं को यहाँ प्रस्तुत किया गया है। ग़ज़ल की लोकप्रियता ने यह सिद्ध कर दिया है कि लोग प्रेम-परक और सुमधुर संगीत के ही क़ायल हैं, जो कि उनके दिल और दिमाग़ को सुकून देता है। जटिल और बोझिल संगीत साधारण जनों को कभी ग्राह्य नहीं होता।

□ **डॉ० लक्ष्मीनारायण गर्ग**

फ़िल्म नामानुक्रम

१. **अनारकली** (दुआ कर ग़मे दिल : लता मंगेशकर) ५४
२. **अपना देश** (दिले नादां तुझे : पुष्पा हंस) ५८
३. **आंधियाँ** (है कहीं पर शादमानी : लता) ४४
४. **आतिश** (खाते हैं हम क़सम : कुमार सानू व अल्का याज्ञिक) १४०
५. **आवारा** (दम भर जो उधर : लता व मुकेश) ४६
६. **उमराव जान** (इन आँखों की मस्ती के : आशा) १११
७. **उमराव जान** (दिल चीज़ क्या है : आशा) १०२
८. **कंगन** (मुस्कराओ कि जी नहीं लगता : लता मंगेशकर) ६२
९. **कभी-कभी** (मैं पल दो पल का शाइर हूँ : मुकेश) ११४
१०. **काला पानी** (हम बेख़ुदी में : मोहम्मद रफ़ी) ९
११. **गुमराह** (चलो इक बार फिर से : महेन्द्र कपूर) ८०
१२. **जुगनू** (यहाँ बदला वफ़ा : नूरजहाँ और रफ़ी) ३२
१३. **तराना** (सीने में सुलगते हैं अरमां : लता व तलत महमूद) ६४
१४. **तवायफ़** (तेरे प्यार की तमन्ना : महेन्द्र कपूर) ९५
१५. **दिल वाले दुल्हनियाँ ले जायेंगे** (मेरे ख़्वाबों में जो आए : लता) १२८
१६. **दिल वाले दुल्हनियाँ ले जायेंगे** (तुझे देखा तो ये जाना सनम : लता व कुमार सानू) १२२
१७. **दीदार** (देख लिया मैंने : लता व रफ़ी) ६१
१८. **दीवाना** (तीर खाते जायेंगे : लता) २४
१९. **निकाह** (दिल की ये आरज़ू : महेन्द्र कपूर व सलमा आग़ा) ११७
२०. **निकाह** (दिल के अरमाँ : सलमा आग़ा) १०८
२१. **नूरजहाँ** (आप जब से क़रीब आए हैं : मुहम्मद रफ़ी व आशा भोंसले) ६९
२२. **पन्ना** (जो हम पै गुज़रती है : राजकुमारी) १३
२३. **पहिली नज़र** (दिल जलता है तो जलने दो : मुश्ताक) १
२४. **पापा कहते हैं** (घर से निकलते ही : उदित नारायण) १३४
२५. **फ़ुटपाथ** (शामे ग़म की क़सम : तलत महमूद) २८
२६. **मिर्ज़ा गालिब** (नुक्ताचीं है ग़मे दिल : सुरैया) ५
२७. **मुग़ले आज़म** (बेकस पे करम कीजिए : लता मंगेशकर) ७७
२८. **मेरी बहिन** (ऐ कातिबे-तक़दीर : सहगल) ९८
२९. **मेरे सनम** (जाइए, आप कहाँ जायेंगे : आशा भोंसले) ७३
३०. **शहीद** (बदनाम ना हो जाये : सुरेन्द्र कौर) १६
३१. **शीशा** (तेरी महफ़िल में दिल थामे : मोहम्मद रफ़ी) १८
३२. **संगदिल** (ये हवा ये रात चाँदनी : तलत महमूद) २१
३३. **संगम** (दोस्त, दोस्त ना रहा : मुकेश) ८८
३४. **हकीक़त** (जरा-सी आहट होती है : लता मंगेशकर) ८४
३५. **हमराही** (जिगर के दाग़ नये : बिनोता बोस) ४०

□ □ □

दिल जलता है तो जलने दे..........!

दिल जलता तो जलने दे, आँसू न बहा फ़रियाद न कर।
तू पर्दानशीं का आशिक़ है, यूं नामे वफ़ा बरबाद न कर ॥ दिल......॥
मासूम नज़र के तीर चला, बिस्मिल को बिस्मिल और बना।
अब शर्मो हया के पर्दे में, यूं छुप-छुप के बेदाद न कर॥ दिल......॥
हम आस लगाये बैठे हैं, तुम वादा करके भूल गये।
या सूरत आके दिखा जावो, या कहदो हमको याद न कर॥ दिल......॥

मज़हर आर्ट प्रोडक्शन पहिली नज़र ० रेकर्ड नं० २६७११ ताल कहरवा ० गायक मुश्ताक

ताल बन्द—

स	–	–	–	स	स	–	–	ऩ	ऩस	र	स	ध़	–	–	–	–	*
*	*	*	*	दि	ल	ऽ	ऽ	ऽ	जल	ऽ	ता	है	ऽ	ऽ	ऽ	ऽ	*

*	ध़	नि़	ऩ	र	र	–	स	स	–	–	*	*	*	स	ऩ
*	तो	ऽ	ज	ल	ने	ऽ	ऽ	दे	ऽ	ऽ	*	*	*	आँ	ऽ

ताल शुरू—

×				×				×				×			
स	रे	रे	रे	रे	–	रे	रे	रे	स	रेप	म(प)	ग	–म	रे	स
सू	ऽ	न	ब	हा	ऽ	फ़	रि	या	ऽ	दऽ	नऽ	क	ऽर	दि	ल
*	ऩस	र	स	ध़	–	ध़	न	ऩ	रे	रे	स	स	–	स	ऩ
*	जल	ऽ	ता	है	ऽ	ता	ऽ	ज	ल	ने	ऽ	दे	ऽ	आं	ऽ
स	ऩसरे	रे	रे	रे	–	रे	रे	रे	स	रप	म(प)	ग	–म	रे	स
सू	ऽऽऽ	न	ब	हा	ऽ	फ़	रि	या	ऽ	दऽ	नऽ	क	ऽर	दि	ल
*	ऩस	रे	स	ध़	–	ध़	ऩ	ऩ	रे	रे	स	स	–	स	–
*	जल	ऽ	ता	है	ऽ	तो	ऽ	ज	ल	ने	ऽ	दे	ऽ	तू	ऽ

र म म म | प – पध पम | पध – न धनसं | सं – सं –
प र दा न | शीं ऽ काऽ ऽऽ | आऽ ऽ शि क़ऽऽ | है ऽ यूँ ऽ

सं गं रं सं | ध न प प | मप पम पन प | ग म र स
ना ऽ मे व | फ़ा ऽ ब र | बाऽ ऽऽ दऽ न | क र तू ऽ

* र म म | प – पध मप | पध – न धनसं | सं – सं न
* पर दा न | शीं ऽ काऽ ऽऽ | आऽ ऽ शि कऽऽ | है ऽ यूँ ऽ

सं गं रं सं | ध न प प | मप पम पन प | ग ग र स
ना ऽ मे व | फ़ा ऽ ब र | बाऽ ऽऽ दऽ न | क र दि ल

* नस र स | ध़ – ध़ ऩ | ऩ र र स | स – ग –
* जल ऽ ता | है ऽ तो ऽ | ज ल ने ऽ | दे ऽ * *

– – म प | ग – स ग | ग – ग ग | ग ग ग र
* * * * | * * मा ऽ | सू ऽ म न | ज़ र के ऽ

* ग म ग | म – – – | – मग र सर | गम – म ग
* तो र च | ला ऽ ऽ ऽ | ऽ आऽ ऽ ऽऽ | ऽऽ ऽ बि स

म गमप प स | प ध न (सं) | नध (न) प ध | प न प म
मि ऽऽल को ऽ | बि स मि ल | औऽ ऽ र ब | ना ऽ मा ऽ

ग – ग ग | ग ग ग र | * ग म ग | म – म ग
सू ऽ म न | ज़ र के ऽ | * तो र च | ला ऽ बि स

म गमप प – | प ध न (सं) | नध (न) प ध़ | प – स ऩ
मि ऽऽल को ऽ | बि स मि ल | औऽ ऽ र ब | ना ऽ अ ब

* र म म | प – पध मप | पध – न धनसं | सं – सं न
* शर मो ह | या ऽ केऽ ऽऽ | पर ऽ दे ऽऽऽ | में ऽ यूँ ऽ

सं गं रं सं | ध न प – | मप पम पन प | ग म र स
छु प छु प | क ऽ बे ऽ | दाऽ ऽऽ दऽ न | क र अ ब

* र म म | प – पध मप | पध – न धनसं | सं – सं न
* शर मो ह | या ऽ केऽ ऽऽ | पर ऽ दे ऽऽऽ | में ऽ यूं ऽ

सं गं रं सं | ध न प – | पम पम पन प | ग ग र स
छु प छु प | के ऽ बे ऽ | दा ऽऽ दऽ न | क र दि ल

* नम र स | ध – ध न | न र र स | स – – –
* जल ऽ ता | है ऽ तो ऽ | ज ल ने ऽ | दे ऽ ऽ ऽ

(सं) – – – | – – (न) ध | सं – – – | – – सं न
* * * * | * * * * | * * * * | * * ह म

सं रें रें रें | रें – संरें गं | सं नसं नध न | न सं – –
आ ऽ स ल | गा ऽ येऽ ऽ | ऽ बैऽ ऽऽ ठे | हैं ऽ ऽ ऽ

(न) ध – – | – – प म | पन ध ध – | * ध (ध) –
ऽ ऽ ऽ ऽ | ऽ ऽ तु म | वाऽ ऽ दा ऽ | * कर के ऽ

म रे रे रे | स – स – | म – ध रें | सं – सं न
भू ऽ ल ग | ये ऽ * * | * * * * | * * ह म

सं रें रें रें | रें – संरें गं | सं नसं नध न | नसं ध प म
आ ऽ स ल | गा ऽ येऽ ऽ | ऽ बैंऽ ऽऽ ठे | हैंऽ ऽ तु म

पन ध ध – | – ध (ध) – | म रे रे रे | स – स –
वा ऽ दा ऽ | ऽ कर के ऽ | भू ऽ ल ग | ये ऽ या ऽ

* र म म | म प पध मप | पध – न धनसं | सं – सं न
* सू र त | आ ऽ कऽ दिऽ | खाऽ ऽ जा ऽऽऽ | वो ऽ या ऽ

सं	गं	रं	सं	ध	न	प	–	मप	पम	पन	प	ग	म	र	स
क	ह	दो	ऽ	ह	म	को	ऽ	याऽ	ऽऽ	दऽ	न	क	र	या	ऽ
*	र	म	म	*	मप	पध	मप	पध	–	न	धनिसं	सं	–	सं	न
*	सु	र	त	*	आऽ	केऽ	दि	खाऽ	ऽ	जा	ऽऽऽ	वो	ऽ	या	ऽ
सं	गं	रं	सं	ध	न	प	–	मप	पम	पन	प	ग	ग	र	स
क	ह	दो	ऽ	ह	म	को	ऽ	याऽ	ऽऽ	दऽ	न	क	र	दि	ल
❀	र	म	म	प	–	पध	म	–	प	ध	न	सं	–	सं	सं
❀	ज	ल	ता	है	ऽ	दि	ल	ऽ	ज	ल	ता	है	ऽ	दि	ल
न	रं	–सं	रं	रंमं	गं	–	–	–	–	–	नध	न	सं	–	–
ऽ	ज	ऽल	ता	हैऽ	ऽ	ऽ	ऽ	ऽ	ऽ	ऽ	*	*	*	*	*

□□□

नुक्ताचीं है ग़मे दिल.................!

नुक्ताचीं है ग़मे दिल उसको सुनाये न बने ।
क्या बने बात जहां बात बनाये न बने ॥
ग़ैर फिरता है लिये यूं तेरे ख़त को कि अगर ।
कोई पूछे कि ये क्या है तो छुपाये न बने ॥
मैं बुलाता तो हूँ उसको मगर ऐ जज्बए दिल ।
उसपे बन जाये कुछ ऐसी कि बिन आये न बने ॥
इश्क़ पर ज़ोर नहीं है ये वो आतिश 'ग़ालिब' ।
कि लगाये न लगे और बुझाये न बने ॥

संगीत गुलाम मोहम्मद ○ फ़िल्म 'मिर्ज़ा ग़ालिब' ○ गायिका सुरैया

ठेका बन्द {
रे ग प ग
नि़ नि़ रे – ग – मं – प – – – ● प मं ग रे
(शहनाई)

ध़ ग
सा नि़ सा नि़ – ध़ – – ● नि़ – रे – ग – रे –

नि़रे सा – – – – }

×				०				×				०			
{ नि	–	रे	–	ग	म	ग	–	सा	ग	रे	–	नि़	रे	सा	नि़
आर्केस्ट्रा															
सा	–	–	– }	ग	गरे	रेग,रे	सा	सा	–	–	–	नि़	रे	सा	नि़
				नुक	ताऽ	चींऽऽ	ऽ	है	ऽ	ऽ	ऽ	ग़	मे	दिल	ऽ
ध़नि़	–	ध़	नि़	रे	रे	ग	रे	रेग	मग	म	रे	रे	सा	सा	–नि़
ऽऽ	ऽ	ऽ	उस	को	सु	ना	ऽ	येऽ	ऽऽ	ऽ	ऽ	न	ब	ने	ऽऽ

(ऊपर "ग" कण स्वर: अंतिम खण्ड में "रे" के ऊपर)

ग

धनि़ ध़ – नि़ | रे रे ग रे | रेग मग म रे | र सा सा –
ऽऽ ऽ ऽ उस | को सु ना ऽ | येऽ ऽऽ ऽ ऽ | न ब ने ऽ

नि़ – रे – | ग – म – | ग – रे – | नि़ – रे –
* * * * | * * * * | * * * * | * * * *

सा – – – | ग गरे रेग,रे सा | सा – – – | नि़ रे सा नि़
* * * * | क्या बऽ नेऽऽ ऽ | बा ऽ ऽ ऽ | त ज हां ऽ

ग

धनि़ – ध़ नि़ | रे रे ग – | रेग मंध्र पमं,प – | रे सा सा –
ऽऽ ऽ ऽ बा | त ब ना ऽ | येऽ ऽऽ ऽऽऽ ऽ | न ब ने ऽ

– – – – | ग गरे रेग,रे सा | सा – – – | नि़ ध़ सा –
ऽ ऽ ऽ ऽ | नुक् ताऽ चींऽऽ ऽ | है ऽ ऽ ऽ | ग़ मे दिल ऽ

{ ग – मं – | ध – नि – | सां * * सां | निसां धनि पध मं
आर्केस्ट्रा

ध * * ध | पध मंप ग मं | प * मं – | ग – रेसा नि़ध़

नि़ रे ग रे | सा – रे – | ग – – – } | ग गप प प
| ग़ैं रऽ फि र

प
ध – – – | ध धप पनि धनि | प –मं गमं ग | मं मं मं मं
ता ऽ ऽ ऽ | है लिऽ येऽ ऽऽ | यूँ ऽऽ ऽऽ ऽ | ते रे ख़ त

प – – मं | ग रे सा रे | सा – – – | ग रे रेग,रे सा
को ऽ ऽ ऽ | कि अ गर ऽ | ऽ ऽ ऽ ऽ | को ई पूऽऽ ऽ

सा – – – | नि़ रे सा नि़ | धनि़ – ध़ – | नि रे ग –
छे ऽ ऽ ऽ | कि ये क्या ऽ | हैऽ ऽ ऽ ऽ | तो छु पा ऽ

ग
रेग मंध्र प – | रे सा सा – | – – – – | ग गरे रेग,रे सा
येऽ ऽऽ ऽ ऽ | न ब ने ऽ | ऽ ऽ ऽ ऽ | नुक् ताऽ चींऽऽ ऽ

जो आरकेस्ट्रा प्रथम अन्तरे से पूर्व बजा था, वही बजाने के पश्चात्:—

प

| ग गप प प | ध – – प | पनि धनि प –मं

| इ श्क प र | ज़ो ऽ ऽ ऽ | रऽ नऽ हीं ऽऽ

गमं – ग मं | मं मं मं गमं | प प – मं | ग रे सा रे

ऽऽ ऽ ऽ है | ये वो आ ऽऽ | ति श ऽ ऽ | ग़ा ऽ लि ब

नि़ – रे – मं – प नि नि – – –

सा – * * | * * * * | * * * * | नि नि नि नि

ऽ ऽ * * | * * * * | * * * * | इ श्क प र

धध पध निरें सा | ध नि प मं | प ग – मं | मं मं मं ध

ज़ोऽ ऽऽ ऽऽ ऽ | र न हीं ऽ | ऽ ऽ ऽ है | ये वो आ ऽ

प प – मं | ग रे सा रे | सा – – – | ग गरे रेग,रे सा

ति श ऽ ऽ | ग़ा ऽ लि ब | ऽ ऽ ऽ ऽ | कि लऽ गाऽऽ ऽ

सा – – – | नि़ रे सा नि़ | धनि़ – ध़ नि़ | रे रे ग –

ये ऽ ऽ ऽ | न ल गे ऽ | ऽऽ ऽ ऽ औ | र बु झा ऽ

ग

रेग मंग प – | रे सा सा – | – – – – | ग गरे रेग,रे सा

येऽ ऽऽ ऽ ऽ | न ब ने ऽ | ऽ ऽ ऽ ऽ | नुक़् ताऽ चोंऽऽ ऽ

सा – – – | नि़ रे सा नि़ | धनि़ – ध़ नि़ | रे रे ग –

है ऽ ऽ ऽ | ग़ मे दिल ऽ | ऽऽ ऽ ऽ उस | को सु ना ऽ

ग

रेग मंध प – रे सा सा – | सा – – – |

येऽ ऽऽ ऽ ऽ न ब ने ऽ | * * * * |

सा – – – | नि़ ध़ सा – | (सानि़ ध़ नि़ सा | ग – – –

है ऽ ऽ ऽ | ग़ मे दिल ऽ | (आर्केस्ट्रा |

पमं ग मं ध | नि – – – | सांनि ध नि सां | गं –रें सां नि

प -मं ग ध | प - - - } | { नि़ ध़ नि़ रे | ग मं प प
{ सितार

प - - - } | ग प प - | धनि रेंसा - - | नि ध नि रें
| मैं बु ला ऽ | ताऽ ऽऽ ऽ ऽ | तो हूँ उ स

सां - - - | प ध सां सां | सां रें - - | रें सां रें गं
को ऽ ऽ ऽ | म ग र ऐ | ज ऽ ऽ ऽ | जब ए दिल ऽ

गं
- - - - | रें सां रें सां | - - { धनि सांरें | गं - रेंसां निरें
ऽ ऽ ऽ ऽ | ऽ ऽ ऽ ऽ | ऽ ऽ { आर्केस्ट्रा |

सां - निधप मं | ग - मं ध | प - - - } | नि नि नि -
| उस पे बन ऽ

धध धप निसां - | ध नि प मं | प ग - - | मं मं मं ध
जाऽ ऽऽ ऽऽ ऽ | ये कुछ ऐ ऽ | सी ऽ ऽ ऽ | कि बिन आ ऽ

प प - मं | ग रे सारे सा | - - - - | ग गरे रेग,रे सा
ऽ ये ऽ ऽ | न ब नेऽ ऽ | ऽ ऽ ऽ ऽ | उस पेऽ बनऽऽ ऽ

सा - - - | नि रे सा नि़ | धनि़ - ध़ - | नि़ रे ग -
जा ऽ ऽ ऽ | ये कुछ ऐ ऽ | सीऽ ऽ ऽ ऽ | कि बिन आ ऽ

ग
रेग मंध प - | रे सा सा - | - - - - | ग गरे रेग,रे सा
येऽ ऽऽ ऽ ऽ | न ब ने ऽ | ऽ ऽ ऽ ऽ | नुक् ताऽ चींऽऽ ऽ

सा - - - | नि़ ध़ सा - |
है ऽ ऽ ऽ | ग़ मे दिल ऽ |

□□□

हम बेखुदी में.......

संगीत-लिपि
देवकीनन्दन धवन

□ फिल्म : कालापानी

हम बेखुदी में तुमको पुकारे चले गये।
सागर में ज़िंदगी को उतारे चले गये।।
देखा किये तुम्हें हम बनके दीवाना।
उतरा जो नशा तो हमने ये जाना।।
सारे वो ज़िन्दगी के सहारे चले गये।
तुम तो न कहो हम खुद ही से खेले।।
डूबे नहीं हमीं यूँ नशे में अकेले।
शीशे में आपको भी उतारे चले गये।।

संगीत : एस. डी. बर्मन ० गीत : मजरूह ० गायन : मो० रफी

कहरवा ताल

मे
प – – – गप प – – – – म – – { म प म
(ठेका बन्द)
* * * * हमऽ ऽ ऽ ऽ ऽ ऽ ऽ * * { केवल–

मम मम म नि नि
म गरे,ग – मग गम ग – सा – – – – } सा सा गरे –
गुन गुनाना है * * * * } आ ऽ ऽऽ ऽ

नि म म मम म
ग सारे निसा सा सारे ग ग ग गग ग रे – – ग म प
ऽ ऽऽ ऽऽ ऽ ऽऽ ऽ ऽ ऽ ऽऽ ऽ ऽ * * च ले ग

मम
मग,म – – – – पमगरे ग गग – रे – – गप मप –
खेऽऽ ऽ ऽ ऽ ऽ ऽऽऽऽ ऽ ऽऽ ऽ ऽ * * हमऽ ऽऽ ऽ

ठेका शुरू—

× ० × ०

मंप - म म | प मप ग म | ग गग - सा | सा रे सारेनि़सा -
ऽऽ ऽ ऽ बे | खु दीऽ ऽ में | तु ऽऽ ऽ ऽम | को पुका ऽऽऽ ऽ

ग म ग
रे गरे,ग - रे | - ग म प | मग,म - - - | ग रेरे ग,गप मप,-
रे ऽऽऽ ऽ ऽ | * च ले ग | येऽऽ ऽ ऽ ऽ | ऽ ऽऽ ऽहम ऽऽऽ

मंप - - [म | प मप ग म | ग म ग रे | सा रे सा -
ऽऽ ऽ ऽ [आर्केस्ट्रा

रे
सारे ग - रे | * ग म प | म - - ग | ग -] प -
] हम ऽ

नि ध
प - - - | प पध निध नि | -सां - निसां निसां | ध नि प पमंधप
बे ऽ ऽ * | खु दीऽ ऽऽ में | ऽतुम ऽ ऽऽ ऽऽ | को पु का ऽऽऽऽ

प म ग म
म गमपम ग रे | - ग म प | मग,म - म ग | रे - पमं,प -
रे ऽऽऽऽ ऽ ऽ | * च ले ग | येऽऽ ऽ ऽ ऽ | ऽ * साऽऽ ऽ

मं
प - म म | प मप ग म | ग -म ग रे | सा रे सारेनि़सा -
ऽ ऽ ऽ गर | में जिऽ ऽ द | गी ऽऽ ऽ ऽ | को उ ताऽऽऽ ऽ

ग ग
रे गरे,ग - रे | - म म नि़ | ध पधमंप मंध,प - | म ग गपमंप -
रे ऽऽऽ ऽ ऽ | * च ले ऽ | ग येऽऽऽ ऽऽऽऽ ऽ | ऽ ऽ हमऽऽऽ ऽ

मं
प - - [म | प मप ग म | ग म ग रे | सा रे सा -
ऽ ऽ ऽ [आर्केस्ट्रा

सारे ग – रे | * ग म प | म – – गप | पनि धनि) नि ध
दे खा

प म
ध प ध प | – – प सा | – – सा रे | ग म पध,प मग
कि ये तु म्हें | ऽ ऽ हम ऽ | * * ब न | के दी वाऽऽ ऽऽ

मग,म – – – | पम,म नि
नाऽ ऽ ऽ ऽ | ऽऽऽ ऽ देखा किये तुम्हें हम बनके दीवा :—

प
गप म – – | पम,प – नि ध | ध प ध प | – – प सा
नाऽ ऽ ऽ ऽ | ऽऽऽ * उ त | रा जो न शा | ऽ ऽ तो ऽ

– – सा रे | ग म पध,प मग | गप म – – | गरे,ग रे पमं,प –
* * ह म | ने ये ज़ाऽऽ ऽऽ | नाऽ ऽ ऽ ऽ | ऽऽऽ ऽ साऽऽ ऽ

मं
प – म म | प मप ग म | ग –म ग रे | सा रे सारेनि़सा –
ऽ ऽ ऽ रे | वो जिऽ ऽ द | गी ऽऽ ऽ ऽ | के स हाऽऽऽ ऽ

ग म ग
रे गरे,ग – रे | – ग म प | मग,म – – – | ग रे रेग प
रे ऽऽऽ ऽ ऽ | * च ले ग | येऽऽ ऽ ऽ ऽ | ऽ ऽ ऽहम ऽ

मं
प – म म | प मप ग म | –,रेग पम,– ग रेसा | सा रे सारेनि़ सा–
ऽ ऽ ऽ बे | खु दीऽ ऽ में | ऽतुमऽ ऽऽऽ ऽ ऽऽ | को पु काऽऽऽ ऽ

ग ग
रे गरे,ग – रे | – म म नि़ | ध पधमंप मंध,प – | म गम गप –
रे ऽऽऽ ऽ ऽ | * च ले ऽ | ग येऽऽऽ ऽऽऽ ऽ | ऽ ऽऽ हमऽ ऽ

मं
प – – म | प मप ग म | ग प ग रे | सा रे सा –
ऽ ऽ ऽ आर्केस्ट्रा

सारे म – रे | * ग म प | म – – गप | पनि धनि } [नि ध / तु म

प म
ध प ध प | – – प सा | – – सा रे | ग म पध,प मग
तो न क हो | ऽ ऽ हम ऽ | * * खु द | ही से खेऽऽ ऽऽ

मग,म – – – | पम,प – } दोबार |
लेऽऽ ऽ ऽ ऽ | ऽऽऽ ऽ }

प
| नि ध | ध प ध प | – – प सा
| डू बे | न हीं ह मीं | ऽ ऽ यूँ ऽ

– – सा रे | ग म पध,प मग | गप म – – | गरे, गरे पमं, प–
* * नि शे | में अ केऽऽ ऽऽ | लेऽ ऽ ऽ ऽ | ऽऽ ऽऽ शीऽऽ ऽ

मं
प – म म | प मप ग म | ग –म ग रे | सा रे सानिसा –
ऽ ऽ ऽ शे | में आऽ ऽ प | को ऽऽ ऽ ऽ | भी उ ताऽऽऽ ऽ

ग म ग
रे गरे,ग –रे | – ग म प | मग,म – – – | ग रे रेग प
रे ऽऽऽ ऽऽ | * च ले ग | येऽऽ ऽ ऽ ऽ | ऽ ऽ ऽहम ऽ

मं
प – म म | प मप ग म | –रेग पम,– ग रेसा | सा रे सारेनिसा –
ऽ ऽ ऽ बे | खु दोऽ ऽ में | ऽतुम ऽऽऽ ऽ ऽऽ | को पु काऽऽऽ ऽ

ग ग
रे गरे, म – रे | – ग म प | मग, म– – – | ग रे
रे ऽऽ ऽ ऽ ऽ | * च ले ग | येऽ ऽऽ ऽ ऽ | ऽ ऽ सागर में जिन्दगी

मं
ग प मं प | प – – – |
को उतारे चले गये हम ऽ ऽ ऽ | ऽ ऽ ऽ ऽ |

□□□

जो हम पे गुज़रती है....

संगीत-लिपि
अज्ञात

फ़िल्म : पन्ना

जो हम पे गुज़रती है, हम कैसे बतायें !
वो आयें तो हम चाँद की नैया में बिठाकर ।
और दिल की कहानी, उन्हें आंखों से सुनाकर ।।

बन जायें हम उनके और उनको अपना बनायें ।
पर कैसे बनायें, जो हम पे गुज़रती है, हम कैसे...............।।
आँखों में गुज़र जाती हैं, तारों भरी रातें ।
और दिन को ख़यालों में हुआ करती हैं बातें ।।
जो देख रहे हों, उन्हें हम कैसे दिखायें ।। जो हम पे......।।

संगीत : अमीर अली ० गीत : वलीसाहब ० गायिका : राजकुमारी

कहरवा ताल

×				×				×				×			
															प
															जो
पप	पध	प	मम	मप	प	ग	प	पप	पध	प	मम	मप	प	ग	गग
हम	पेऽ	गु	ज़र	तीऽ	है	ऽ	जो	हम	पेऽ	गु	ज़र	तीऽ	है	ऽ	हम
ग	गम	रे	स	रेग	म	–	म	ग	गरे	सग	गरे	ग	स	–	प
कै	सेऽ	ब	ता	येंऽ	ऽ	ऽ	हम	कं	सेऽ	बऽ	ताऽ	यें	ऽ	ऽ	जो
पप	पध	प	मम	मप	प	ग	प	पप	पध	प	मम	मप	प	ग	गग
हम	पेऽ	गु	ज़र	तीऽ	है	ऽ	जो	हम	पेऽ	गु	ज़र	तीऽ	है	ऽ	हम
ग	गम	रे	स	रेग	म	–	म	ग	गरे	सग	रेग	ग	स	–	प
कै	सेऽ	ब	ता	येंऽ	ऽ	ऽ	हम	कै	सेऽ	बऽ	ताऽ	यें	ऽ	ऽ	वो
धनिसं	संप	प	रें	संनि	(सं)	प	प	प	ध	म	रेम	मध	ध	–	प
आऽऽ	येंऽ	तो	हम	चाँऽ	ऽद	की	नै	या	में	बि	ठाऽ	कर	ऽ	ऽ	वो
धनिसं	संप	प	रें	संनि	(सं)	प	प	प	ध	म	रेम	मध	ध	–ऽऽ	प
आऽऽ	येंऽ	तो	हम	चांऽ	ऽद	की	नै	या	में	बि	ठाऽ	कर	ऽ	ऽ	और
धनि	निध	नि	नि	सं	–प	पसं	सं	नि	नि	ध	धनि	पर	–	–	प
दिल	की	ऽक	हा	नी	ऽउ	न्हें	आँ	खों	से	सु	नाऽ	कर	ऽ	ऽ	और

धनि नि धनि नि | सं –प पसं सं | नि नि ध धनि | पप – – प
दिल की ऽक हा | नी ऽउ न्हेंऽ आँ | खों से सु नाऽ | कर ऽ ऽ बन

धनि धनि पध मप | ध – – प | धनि धनि पध मप | ध ध धरें सं
जाऽ येंऽ हम उन | के ऽ ऽ बन | जाऽ येंऽ हम उन | के और उन को

ध धनि प पध | (प) – – प | धनि धनि पध मप | ध ध धरें सं
अप नाऽ ब नाऽ | यें ऽ ऽ बन | जाऽ यऽ हम उन | के और उन को

ध धनि प पध | (प) – – प | प धप प मप | गम रेग – प
अप नाऽ ब नाऽ | यें ऽ ऽ पर | कै सेऽ ब नाऽ | येंऽ ऽऽ ऽ पर

प पध प मप | गम रेग – ग | ग गम रे स | रेग म – म
कै सेऽ ब नाऽ | येंऽ ऽऽ ऽ जो | हम पेऽ गु ज़र | तीऽ है ऽ हम

ग गरे सग रेग | ग स – प |
कै सेऽ बऽ ताऽ | यें ऽ ऽ जो | हम पे गुज़रती······(पूर्ववत्)

| प
| आँ

धनि धनि पप पप | प ध प म | रेम –म प धनि | (ध) – – प
खोंऽ मेंऽ ऽगु ज़र | जा तो हैं ता | रोंऽ ऽभ री राऽ | तें ऽ ऽ आँ

धनि धनि पप पप | प ध प म | रेम –म प धनि | (ध) – – पध
खोंऽ मेंऽ ऽगु ज़र | जा ती हैं ता | रोंऽ ऽभ री राऽ | तें ऽ ऽ और

मं प –प पध | प म – पध | मं प –प पध | प म – निसं
दिन को ऽख़ याऽ | लों में ऽ और | दिन को ऽख़ याऽ | लों में ऽ हुआ

धध धनि प ध | (प) – – पध | मं प –प पध | प म – निसं
कर तीऽ हैं बा | तें ऽ ऽ जो | दिन को ऽख़ याऽ | लों में ऽ हुआ

धध धनि प ध | (प) – – प | धनि निध –नि नि | सं प पसं सं
कर तीऽ हैं बा | तें ऽ ऽ जो | देऽ ऽख ऽर हे | हों उ न्हेंऽ हम

नि नि ध धनि | प – – प | धनि निध –नि नि | सं प पसं सं
कै से दि खाऽ | यें ऽ ऽ जो | देऽ खऽ ऽर हे | हों उ न्हेंऽ हम

नि	नि	धं	धनि	प	–	–	प	प	पध	प	मप	गम	रेग	–	प
कै	से	दि	खाऽ	यें	ऽ	ऽ	हम	कै	सेऽ	दि	खाऽ	यें	ऽऽ	ऽ	हम
प	पध	प	मप	गम	रेग	–	ग	ग	गम	रे	स	रेग	म	–	म
कै	सेऽ	दि	ख़ाऽ	यें	ऽऽ	ऽ	जो	हम	पेऽ	गु	ज़र	तीऽ	है	ऽ	हम
ग	गरे	सग	रेग	ग	स	–	प								
कै	सेऽ	बऽ	ताऽ	यें	ऽ	ऽ	जो	हम पे गुज़रती है……(पूर्ववत)							

□□□

बदनाम ना हो जाये…

संगीत-लिपि : अज्ञात

फ़िल्म : शहीद

बदनाम ना हो जाये मोहब्बत का फ़साना ।
ओ दर्द भरे आँसुओं, आँखों में न आना ॥
दुनियां में, मोहब्बत की यही रीत है ऐ दिल ।
जलजाना मगर होठों पर, फ़रियाद न लाना ॥ ओ दर्द भरे…॥
कह देना कहीं आप मेरे दिल की कहानी ।
ऐ दिल मेरी धड़कन कहीं सुनले ना ज़माना ॥ ओ दर्द भरे…॥
ऐ जाने मोहब्बत यही बस मेरी दुआ है ।
हो जाये तेरे साथ मेरी जां भी रवाना ॥ ओ दर्द भरे…॥

संगीत : गुलाम हैदर ० गीत : कमर ० गायक : सुरेन्द्रकौर

कहरवा ताल

×				×				×				×			
प़ध़	सग	–ग	ग–	गग	–स	रेग	स*	प़ध़	सग	–ग	ग–	गग	–स	रेग	स*
सरे	मप	*ध	पम	गस	रेग	म	*	गमग	रेस	रेगरे	सनि़	ध़प़	*प़	ध़स	रेग
गमग	रेस	रेगरे	सध	ध़स	–	–									

			ग					
प़प़	ध़स	–स	स–	रे	सध़	ध़	–,	प़प़
बद	नाऽ	ऽम	नाऽ	हो	जाऽ	ये	ऽ,	बद

	ग														
ध़स	–प	स–	रे	सध़	ध़नि़	ध़नि़	नि़प़	प़ध़	ध़स	*ध़	स–	रेग	म	–	मप
नाऽ	ऽम	नाऽ	हो	जाऽ	एऽ	ऽमु	हब	बत	काऽ	*फ़	साऽ	नाऽ	ऽ	ऽ	ओऽ
गम	गरे	रेग	रेस	सरे	सनि़	ध़–	ध़स	सग	रेग	रेस	स–	स	प	–,ध	पम
दर	दऽ	भऽ	रेऽ	आँऽ	ऽसु	ओऽ	आँऽ	खोंऽ	ऽऽ	मेंन	आऽ	ना	*	*,*	*
					मग	रेस									
गरे	गम	प*	सम	ग	–म	गरे	सनि़	ध़प़	*प़	ध़स	ग़म	ध	–सं	नध	पम
*	*	*	*	*	*	*	*	*	*	*	*	*	*	*	*

ग– मध प पर्म	पर्म प –म ग–	गम मप *प पध	पध न(सं) धप धप
* * * दुनि	यांऽ में मुऽ हऽ	ब्बत कीऽ *य हीऽ	ऽऽ री तहै ऐऽ
प –मम गस	सरे सरे गम गरे	रे – रेग गस	सरे सरे गम गरे
दिल ऽ येऽ हीऽ	रीऽ ऽत हैऽ ऐऽ	दिल ऽ येऽ हीऽ	री ऽत हैऽ ऐऽ
रे –रे गम धनि	धनि पध सं* प	पध धसं *सं सं(रें)	संनि निध धप प(ध)
दिल ऽ* * *	* * * जल	जाऽ नाऽ *म गर	होऽ ठोंऽ पैऽ फ़रि
म –ग रेग गरेस	रेग म – मप		
याऽ ऽद नाऽ लाऽऽ	नाऽ ऽ ऽ ओऽ	दर्द भरे आँसुओं·····। (पूर्ववत्)	

तेरी महफ़िल में दिल थामे

संगीत लिपि
अज्ञात

□ फिल्म : शीशा

तेरी महफ़िल में दिल थामे तेरा दीवाना आता है।
ठहर ओ शमा जलने के लिये परवाना आता है ॥ तेरी..........
बहकता लड़खड़ाता झूमता तेरी मुहब्बत में ॥
कफ़न बाँधे हुए सर से तेरा मस्ताना आता है ॥ तेरी महफ़िल ...॥
खबर ले अपने दिल की दिल हमारा तोड़ने वाले।
कि शीशे को हमें पत्थर से भी टकराना आता है ॥ तेरी महफ़िल ...॥

० गायक मोहम्मद रफ़ी

कहरवा ताल

ठेका बन्द—

सानि॒ ध॒- - नि॒ सा रे ग - गरे नि॒- - रे ग मं प -,

पमं ग- - मं, प - नि धप - - - मं ग रे सा -

सितार

प - मं -| ग - रे नि॒ | सा - - सा | नि॒ ध॒ नि॒ रे

ठेका शुरू—

×				०				×				०			
सा	-	-,	सा	प	मं	ग	म	ग	-	-	पम	ग	सा	साग	रेग
*	*	*	ते	री	ऽ	म	ह	फ़ि	ऽ	ऽ	लमें	दि	ल	थाऽ	ऽऽ
सा	-	-,	सा	नि॒	सा	ध॒	नि॒	-	नि॒	रे	रे	ग	रे	रे	सा
मे	ऽ	ऽ	ते	रा	ऽ	दी	ऽ	ऽ	वा	ऽ	ना	आ	ऽ	ता	ऽ

सा – –, ग | मं प ग मं | नि ध –, मं | ध ध ध –
है ऽ ऽ, (पार्श्व सङ्गीत) * * | * * * ठ | ह र ओ ऽ

– ध – ध | ध ध ध – | पनि धनि –, ध | मं प गमं ध
ऽ श ऽ म्मा | ज ल ने ऽ | केऽ ऽऽ ऽ, लि | ये ऽ ओऽ ऽ

– ध – ध | ध ध ध – | पनि धनि – ध | मं प गमं ग
ऽ श ऽ म्मा | ज ल ने ऽ | केऽ ऽऽ ऽ लि | ये ऽ ऽऽ ऽ

निनि नि रे रे | ग रे रे सा | सा – – सा | प मं ग म
पर वा ऽ ऽ | आ ऽ ता ऽ | है ऽ ऽ, ते | री ऽ म ह

ग – – ग | – –, पध पध | सां – – – | – – रेंगं रेंनि
फ़िल ऽ में ऽ | ऽ ऽ, (पार्श्व सङ्गीत) * * | * * * *

सां – – – | – – निसां निध । नि – – धप । मं – – पमं

ग – – रे । सा – ग सा । रे ग मं ध । प – मं ध

प – –, प | ग सा ग प | – प नि ध | प मंग मं –
* * * ब | ह क ता ऽ | ऽ ल ऽ ड़ख | ड़ा ऽ ता ऽ

प – – नि | नि – नि प | पध निसां – सां | नि प धनि धनि
झू ऽ ऽ म | ता ऽ ते ऽ | रीऽ ऽऽ ऽ मु | ह ऽ ब्बऽ तऽ

प – –, ध | सां – – नि । ध प ग म | प – –, रें
में ऽ ऽ, * | * * * (पार्श्व सङ्गीत) * * | * * *, ब

रें रें रें – | – रें रें रें | रें – रें सा | सांरें गं – रें
ह क ता ऽ | ऽ ल ड़ ख | ड़ा ऽ ता ऽ | झूऽ ऽ ऽ म

सां – धनि प | पध सां – सां | सांरें (गं) रें सां | सां – – –
ता ऽ तेऽ ऽ | रीऽ ऽ ऽ मु | हऽ ऽ ब्ब त | में ऽ ऽ ऽ

निरें	सांनि	धप	मंप	गमं	म	–	–	नि़	रे	–	रे	ग	रे	सा	सा
*	*	*	*	*	*	*	*	ते	री	ऽ	मु	ह	ऽ	ब्ब	त
सा	–	–,	सा	प	मं	ग	म	ग	–	–,	म	ग	सा	साग	रे
में	ऽ	ऽ,	क	फ़	न	बाँ	ऽ	धे	ऽ	ऽ,	हु	ए	ऽ	सऽ	ऽऽ
सा	–	–,	सा	ध़	नि़	ध़	–	ध़	नि़रे	–	रे	ग	रे	रे	सा
सें	ऽ	ऽ,	ते	रा	ऽ	ऽ	ऽ	म	स्ताऽ	ऽ	ना	आ	ऽ	ता	ऽ
सा	–	–,	सा	प	मं	ग	म	ग	ग	स	–	–	–	पध	पध
है	ऽ	ऽ;	ते	री	ऽ	म	ह	फ़ि	ल	में	ऽ	ऽ	ऽ	*	*

□□□

ये हवा ये रात चाँदनी....

संगीत लिपि : अज्ञात

फ़िल्म : संगदिल

ये हवा ये रात ये चाँदनी, तेरी इक अदा पे निसार है।
मुझे क्यों न हो तेरी आरज़ू, तेरी जुस्तजू में बहार है ।। ये हवा.......
तुझे क्या ख़बर है ओ बेख़बर, तेरी इक नज़र में है क्या असर,
जो गज़ब में आये तो कहर है, जो हो मेहरबां तो क़रार है।
मुझे क्यों न हो तेरी आरज़ू, तेरी जुस्तजू में बहार है ।। ये हवा......
तेरी बात-बात है दिलनशीं, कोई तुझसे बढ़ के नही हसीं,
हैं कली कली में जो मस्तियाँ, तेरी आँख का ये खुमार है,
मुझे क्यों न हो तेरी आरज़ू, तेरी जुस्तजू में बहार है ।। ये हवा........

संगीत : ० गीत : ० गायक : तलत महमूद

ताल रूपक

× २ ३ × २ ३

सितारः—

म म म म
रे रे ध | म - | ध म | रे रे ध | मध,म - | रे ग
सा - रे | म - | - - | सा रे म | प ध | सां -

धनि ध - -प | म - |

| | निध ध | निध निध पम | म - | गरे रे
| | येऽ ह | वाऽ ऽऽ येऽ | रा ऽ | तऽ ये

गम गम गरे,सा | सा - | ,प प | प प ध | नि - | सांनि धध
चाँऽ ऽऽ ऽऽद | नी * | *ते री | इ क अ | दा ऽ | पेऽ ऽनि

नि
धसां निसां सांनि | धप,म - | निध ध | निध निध पम | म - | गरे रे
साऽ ऽऽ ऽर | हैऽऽ * | मुऽ झे | क्योंऽ ऽऽ नऽ | हो ऽ | तेऽ री

गम गम गरे,सा | सा - | ,प प | प - ध | नि - | सांनि धध
आऽ ऽऽ ऽऽर | जू * | *ते री | जु ऽ स्त | जू ऽ | मेंऽ ऽब

नि
धसां निसां सांनि | धर,म - | निध ध | निध निध पम | म - | गरे रे
हाऽ ऽऽ ऽर | हैऽऽ * | येऽ ह | वाऽ ऽऽ येऽ | रा ऽ | तऽ ये

गम गम गरे,सा | सा - | - - | मंधं पधं पंधं | मं - | रें गं
चाँऽ ऽऽ ऽऽद | नी ऽ | ऽ ऽ | * * * | * * | * *

सां - रें | मं - | रें गं | सां - रें | सां - | रें सां

सां सां
नि नि रें | नि प | ग -रें | सां - रें | म - | रें ग

नि नि
सा - रे | म प | सां सां | सां - सां | प प | नि सां
* * * | * * | तु झे | क्या ऽ ख़ | बर ऽ | है ओ

सांगं रेंगं निनि | सां - | - निध | निसां,निधपधनि,ध | पम - | सां -
बेऽ ऽऽ ऽख़ | बर ऽ | ऽ ऽऽ | ऽऽऽ ऽऽ ऽऽऽ | ऽऽ ऽ | ऽ ऽ

आर्केस्ट्रा
धनि धर
नि नि
- - म | रे,गमग रेसा | सां सां | सां - सां | प प | नि सां
ऽ ऽ * | * * | तु झे | क्या ऽ ख़ | बर ऽ | है ओ

सांगं रेंगं निनि | सां - | नि सां | सां गंरेंगंनि -नि | निध - | ध प
बेऽ ऽऽ ऽख़ | बर ऽ | ते री | इ कऽऽऽ ऽन | ज़रऽ ऽ | में है

प ग
नि नि
पनि धध म | रे गम,ग | सा सांसां | सां - सां | प प | नि सां
क्याऽ ऽऽ अ | सर ऽऽऽ | ऽ तुझे | क्या ऽ ख़ | बर ऽ | है ओ

सांगं रेंगं निनि | सां - | नि सां | सां गंरेंगंनि -नि | निध - | ध प
बेऽ ऽऽ ऽख़ | बर ऽ | ते री | इ कऽऽऽ ऽन | ज़रऽ ऽ | में है

प ग नि नि नि
पनि धध म | रे ध | ध धध | ध ध पम | म - | गरे रे
क्या ऽऽ अ | सर ऽ | ऽ जोग | ज़ ब मेंऽ | आ ऽ | येऽ तो

ग मग रे | सा – | ,प प | प प ध | नि – | सांनि धध
क हऽ र | है ऽ | *जो हो | मे ह र | बां ऽ | तोऽ ऽक

नि
धसां निसां सांनि | धप,म – | मुझे क्यों न हो तेरी आरजू, तेरी जुस्तजू में बहार है।
राऽ ऽऽ रऽ | हैऽऽ * | ये हवा ये रात येः—

गम गम गरे,सा | सा – | – – | मध पध पध। म –। – –
चाँऽ ऽऽ ऽऽद | नी ऽ | ऽ ऽ | आर्केस्ट्रा

ग ग
म – पप। रे –। ग प। म – पम। रे –। ग प

गं गं
म – –। – –। मध निसां। रें – रें। रें रें। नि प

नि
सां – –। ध –। म –। मध पध पध। म –। – –

ग ग
म – पम। रे –। ग प। म – पम। रे –। ग प

नि
म – – | ध – |

इसके बाद दूसरा अन्तरा प्रथम अन्तरे के समान गाइये, तत्पश्चात्—ये हवा ये रात ये चाँदनी, तेरी इक अदा पे निः—

नि ग ग
धसां निसां सांनि | धप,म रे | गर म | – – रे | गर म | – –
साऽ ऽऽ ऽर | हैऽऽ ऽ | ऽऽ ऽ | ऽ ऽ * | * * | * *

□□□

तीर खाते जायेंगे...

संगीत-लिपि : अज्ञात

□ फिल्म : दीवाना

ओ तीर चलाने वाले..!
तीर खाते जायेंगे आंसू बहाते जायेंगे,
जिन्दगी भर अपनी किस्मत आज़माते जायेंगे,
तीर खाते जायेंगे आँसू बहाते जायेंगे, ओ तीर चलाने वाले...!
दिल का शीशा तोड़ने वाले किये जा तू सितम,
अपनी बरबादी का शिकवा लब पे लायेंगे न हम,
तू जो ग़म देगा कलेजे से लगाते जायेंगे,
तीर खाते......................तीर चलाने वाले !
वे असर होने नहीं आँसू किसी नाकाम के,
तुझको भी रोना पड़ेगा एक दिन दिल थाम के,
दर्द बन कर हम तेरे दिल में समाते जायेंगे,
तीर खाते जायेंगे...............ओ तीर चलाने वाले !

संगीत : अज्ञात ० गीत : अज्ञात ० गायक : लता

रूपक ताल

ठेका बन्द—

रेंसांनि	सां	–	–	रेंगं	रेंनि	धप	गम	निध	पम	गरे	सारे	पम	गरे
*	*	*	*	*	*	*	*	*	*	*	*	*	*
सारे	सानि	सा	–	–	–	–	ध	नि	धनिसांरें	गं	–	–	रेंगं
*	*	*	*	*	*	*	ओ	ऽ	तीऽऽऽ	ऽ	ऽ	ऽ	ऽऽ
रेंसां	–	–	सां	सांरें	नि	निसां	सांगंरें	(सां)	–	–	(ध)	–	–
ऽऽ	ऽ	र	च	लाऽ	ऽ	नेऽ	वाऽऽ	ले	ऽ	ऽ	ऽ	ऽ	ऽ
म	–	गरे	–	ग	सा	–	–	–	म	–	–	–	ग
ऽ	ऽ	ऽऽ	ऽ	ऽ	ऽ	ऽ	ऽ	ऽ	*	*	*	*	*

-	-	-	रे	-	-	-	-
*	*	*	*	*	*	*	*

ठेका शुरू—

×			२				×			२				
सा	*	*	ध़	*	सा	*	सा	*	*	म	*	ध	*
*	*	*	*	*	*	*	*	*	*	*	*	*	*

सा	म	म	म	-	पम	सा	साग॒	मप	म	ग॒रे	(ग॒)	सारे॒	नि॒सा
ती	ऽ	र	खा	ऽ	तेऽ	ऽ	जाऽ	ऽऽ	यें	गेऽ	ऽ	आँऽ	ऽऽ

सा	ध॒	ध	धनि॒	ध	नि॒सां	-	नि॒ध	सांनि॒	-ध	पम	ग॒प	म	-
सू	ऽ	ब	हाऽ	ऽऽ	ते	ऽ	जाऽ	ऽऽ	ऽये	गेऽ	ऽऽ	ऽ	ऽ

सां	-	सां	पां	-	सां	सां	रें॒सां	रें॒	सांनि॒	नि॒	सांरें॒सां	(नि॒)	-
जिं	ऽ	द	गी	ऽ	भ	र	अऽ	ऽ	पनीऽ	कि	सऽऽ	मत	*

धप	म	प	ध	सां	नि॒	-	धप	नि॒ध	प	म	-	रे॒ग॒	सा
आऽ	ऽ	ज	मा	ऽ	ते	ऽ	जाऽ	ऽऽ	यें	गे	ऽ	ऽऽ	ऽ

सा	म	म	म	-	पम	ग॒	ग॒प	मप	म	ग॒रे	(ग॒)	सारे॒	नि॒सा
ती	ऽ	र	खा	ऽ	तेऽ	ऽ	जाऽ	ऽऽ	यें	गेऽ	ऽ	आँऽ	ऽऽ

सा	ध	ध	धनि॒	-ध	नि॒सां	-	नि॒सां	धनि॒	पध	म	-	ध	नि॒
सू	ऽ	ब	हाऽ	ऽऽ	तेऽ	ऽ	जाऽ	ऽऽ	येंऽ	गे	ऽ	ओ	ऽ

आर्केस्ट्रा— धप मरे॒

धनि॒सांरें॒	गं॒	-रें॒	सां	-	रें॒	नि॒	सां	गं॒	रें॒गं॒रें॒	सां	-	-	-
तीऽऽऽ	ऽर	ऽच	ला	ऽ	ने	ऽ	बा	ऽ	ऽऽऽ	ले	ऽ	ऽ	ऽ

सा – रे | म – प ध नि | – सां | रें – गं मंगं
सां – ध | सां – म पध नि | – धप | म – ग मप
ध – मग | रे – ध़ नि़ | सा – रे | म प ध –

म ध ध | धनिध म म रे | रे गमग रेसा | सा – नि़ सा
दिल ऽ का | शीऽऽ ऽ शा ऽ | तो ऽऽऽ ड़ऽ | ने ऽ वा ऽ

सा
ग – म | ध – धनिधनि – | धनिसांरें गंरें गंरें | सां – – –
ले ऽ कि | ये ऽ जाऽऽऽ ऽ | तूऽऽऽ ऽऽ ऽसि | तम ऽ ऽ ऽ

सां गं रें | गं गं गं – | (रें) – गंमंगं | रेंसां सां सां नि
अ प नी | ब र बा ऽ | दी ऽ काऽऽ | शिऽ क वा ऽ

निसां रेगरे सां | निध – निसांनि ध | निसांनिसां – नि | सां – निसां धप
लऽ ऽऽब पे | लाऽ ऽ येंऽऽ ऽ | गेऽऽऽ ऽ न | हम ऽ ऽऽ ऽऽ

ध – म | प ग म –प | पनि धनि पध | (म) – – –
ल ऽब पे | ला ऽ यें ऽऽ | गेऽ ऽऽ नऽ | हम ऽ ऽ ऽ

निसां – सां | सां सां सां – | रेंसां रें सांनि | नि सांरेंसां (नि) –
तूऽ ऽ जो | ग़ म दे ऽ | गाऽ ऽ कऽ | ले ऽऽऽ घे ऽ

धप म प | ध सां नि – | धप निध पम | म – रेग सा
सेऽ ऽ ल | गा ऽ ते ऽ | जाऽ ऽऽ येंऽ | गेऽ ऽ ऽऽ ऽ

सा म म | म – पम सा |
ती ऽ र | खा ऽ तेऽ ऽ | जायेंगे आँसू बहाते जायेंगे..............!

इसके पश्चात् वही आर्केस्ट्रा बजेगा जो अन्तरे के पहले बजा है ! आर्केस्ट्रा के बाद दूसरे अन्तरे की दो पंक्तियों प्रथम अन्तरे की दो पंक्तियाँ के समान ही गाई जायेंगी तथा तीसरी पक्ति 'दर्द बनकर हम तेरे ....' इस प्रकार गाई जायेगी:—

निसां	–	सां	सां	सां	सां	सां	रेंसां	रें	सांनि	नि	सांरेंसां	(नि)	–
दऽ	ऽ	र्द	ब	न	क	र	हम	ऽ	तेऽ	रे	ऽऽऽ	दिल	ऽ
धप	म	प	ध	सां	नि	–	धप	निध	पम	म	गम	रेग	सा
मेंऽ	ऽ	स	मा	ऽ	ते	ऽ	जाऽ	ऽऽ	येंऽ	गे	ऽऽ	ऽऽ	ऽ

तीर खाते जायेंगे आँसू बहाते जायेंगे.............।

शामे ग़म की क़सम....

संगीत-लिपि
अज्ञात

शामे ग़म की कसम आज ग़मगीं हैं हम
आ भी जा आ भी आज मेरे सनम ।।
दिल परेशान है रात वीरान है ।
देख जा किस तरह आज तनहा हैं हम ।।
चैन कैसा जो पहलू में तू ही नहीं ।
मार डाले न दर्दे जुदाई कहीं ।।
रुत हसीं है तो क्या चाँदनी है क्या ।
चाँदनी जुल्म है और जुदाई सितम ।। शामे ग़म..........
अब तो आजा कि अब रात भी सो गई ।
ज़िंदगी ग़म के सहराओं में खो गई ।।
ढूँढती है नज़र तू कहाँ है मगर ।
देखते देखते आया आँखों में दम ।। शामे ग़म..........

□ फ़िल्मी : फुटपाथ

संगीत : ख़ैयाम ० गीत : अज्ञात ० गायिका : तलत महमूद

कहरवा ताल

×			०			×			०		
सा	–	–	नि़	–	प़नि़	ध़	–	–	–	–	–
आरकेस्ट्रा											
प	–	–	मं	–	रेम	ग	–	–	–	–	–
रे	–	–	ग	–	ध़नि़	सा	–	–	–	–	–
									म		
पम	पम	गरे,सा	रेसा	नि़ध़,प़	ध़प़	सा	–	गग़	ग	–	सारे
सहायक सङ्गीतध़नि़			सा	ध़,नि़ध़	नि़	सा	ग	ग़–	ग	ग	–ग
सा	–	–	–	शा SS	मे	ग़म	की	Sक	सम	आ	Sज

ग मग पम,ग | रे रे -रे | रे प -मं | प -,गरे सासा
गम गीं ऽ ऽऽहैं | हम आ ऽभी | जा आ ऽभी | जा ऽआऽ ऽज

सा रे,गरे सानि़ | सा ध़,नि़ध़ नि़ | सा ग -ग | ग ग -ग
मे रेऽऽ ऽन | तम दिलऽऽ प | रे शा ऽन | हैं रा ऽत

ग मग पम,ग | रे रे -रे | रे प -मं | प -,गरे सासा
वो राऽ ऽऽन | है दे ऽख | जा किस ऽत | रह ऽआऽ ऽज

सासा रे,गरे सानि़ | सा ध़,नि़ध़ नि़ | सा ग -ग | गग मग -
तन हाऽ ऽहैं | हम शाऽऽ में | ग़म की ऽक | समऽ ऽऽ ऽ

आर्केस्ट्रा शुरू—
गसा रेसा
- - ध़सा | प़ - सारे | ग म धध | ध - -
ऽ ऽ ** | * * ** | * * ** | * * *

निसां रेंनि सांधं | प - गसा | रे - पम | ग सां -नि
** ** ** | * * ** | * * ** | * चै ऽन

धनिधप पग -ग | गग ग -ग | गग,ग गप,म -ग | म मप गग
केऽऽऽ साऽ ऽजो | पह लू ऽमें | तूऽऽऽ हीऽऽ ऽन | हीं माऽ ऽग

सहायक संगीत—ग सा
गम,ग रेग,रे सारे | नि़ध़ ध़ -नि़ | सा मपमम पम,ग | ग - -
डाऽऽ लेऽऽ ऽन | दर दे ऽजु | दा ईऽऽऽ ऽऽक | हीं ऽ ऽ

मंमं
प़ सा,-रे ग | - मग म | प प -मं | प पप सांध
* *** * | * रुत ह | सीं है ऽतो | क्या चांऽ ऽद

म

गम,म मप,ध पध | ध ध नि़ध | पध,प प –,धप | पम म –म

नीःऽ हैऽऽ ऽतो | क्या चाँ ऽद | नीऽऽ जुल् ऽमऽ | हैऽ औ ऽरजु

गम पध,प मग,ग | गध़ ध़ नि़ | सा ग –ग़ | ग

दाऽ ईऽऽ ऽऽसि | तमऽ शा मे | ग़म की ऽक़ | सम आज ग़मगीं हैं हम

आ भी जा आ भी जा आज मेरे सनम, शामे ग़म की कः— | गग़ मग –

| समऽ ऽऽ ऽ

पार्श्व संगीत

गग़

– गप – | – मं पध | प मं रेम | ग – –

ऽ •• • | • • •• | • • •• | • • •

मरे नि़रे प़,ध़ध़ | नि़ – ध़नि़ | सा – म,–ग | रे – प

•• •• ••• | • • •• | • • ••• | • • •

मम ग – | – सासा रे,सारे | रेग ग –ग | गग म,मप मप,रे

•• • • | • अब तोऽऽ | आऽ जा ऽकि | अब राऽऽ ऽऽऽत

सा

रेसा सा –सा | सा ध़ साध़,सा | रेग,म म –म | मम मप मप,ग

भीऽ सो ऽग | ई ज़ि ऽऽद | गीऽऽ ग़म ऽके | सह राऽ ऽऽओं

गरे,सा रे,सारे गग | ग सासा रे,सारे | पग ग –ग | गग म,मप मप,रे

मेंऽऽ खोऽऽ ऽग | ई अब तोऽऽ | आऽ जा ऽकि | अब राऽऽ ऽऽऽत

सा

रेसा सा –सा | सा ध़ साध़,सा | रेग,म म –म | मम मपमप धप,ग

भीऽ सो ऽग | ई •जि ऽऽद | गीऽऽ ग़म ऽके | सह राऽऽऽ ऽऽओं

गरे,पा	रे,सारे	गग	ग	ग	–म	प	प	–मं	प	प	–प
मैंऽऽ	खोऽऽ	ऽग	ई	ढूं	ऽढ	ती	है	ऽन	ज़रा	तू	ऽक
धसां	निधपध	पप	प	पधपग	–	गरे,रे	रे	–रे	रे	रे	–रे
हाँऽ	हैऽऽऽ	ऽम	गरा	देऽऽऽ	ऽख	तेऽऽ	दे	ऽख	ते	आ	ऽया
गम	पग	मरे	सारे,सा	निधनिध	नि						
आँऽ	खोंऽ	ऽमें	दमऽऽ	शाऽऽऽ	में	ग़म की क़सम.........।					

□□□

यहाँ बदला वफ़ा....

संगीत-लिपि
अज्ञात

यहाँ बदला वफ़ा का बेवफ़ाई के सिवा क्या है।
मुहब्बत करके भी देखा मुहब्बत में भी धोखा है।
कभी सुख है कभी दुख है, अभी क्या था अभी क्या है।
यूँही दुनियाँ बदलती है इसी का नाम दुनियाँ है।
तड़पने भी नहीं देतीं हमें मजबूरियाँ अपनी।
मुहब्बत करने वालों का तड़पना किसने देखा है॥
मुहब्बत करके भी देखा मुहब्बत में भी धोखा है।
बड़े अरमान थे, वायदों ने दिल में घर बसाया था॥
वह दिन जब याद आते हैं कलेजा मुँह को आता है॥ यहाँ......॥
भुलादों अब ज़माना जब मुझे अपना बनाया था।
भुलादो नामे उल्फ़त जब तुम्हारे लब पै आया था॥
भुलादो वह क़सम जो दिलाई थी कभी तुमने।
भुलादो वह क़सम जो कि खाई थी कभी तुमने।
भुलादो दिल में तुम गुज़रे हुए रंगी ज़माने को।
भुलादो हाँ, भुलादो इश्क के सादा फ़साने को॥
तमन्नाओं की बस्ती में अँधेरा ही अँधेरा है॥
किसे अपना कहे कोई जो अपना था पराया है॥
यूँ ही दुनिया बदलती.............................।

□ फिल्म : जुगनू

० गायक : नूरजहाँ और रफ़ी

कहरवा ताल

×				×				×				×			
												स	स-	स	रे
												य	हाँऽ	ब	द

(रे)	ग	-	ग	ग	-	ग	म	रे	ग	-	म	ग	रे	(रे)	स
ला	ऽ	ऽ	व	फ़ा	ऽ	का	ऽ	बे	ऽ	ऽ	व	फ़ा	ऽ	ई	ऽ

स रे – स | रे ग ग – | गरे स(रे) स स | स – स रे
के ऽ ऽ सि | वा ऽ क्या ऽ | हैऽ ऽऽ ऽ य | हाँ ऽ ब द

(रे) ग – ग | ग – ग – | रे ग – म | ग रे (रे) स
ला ऽ ऽ व | फ़ा ऽ का ऽ | बे ऽ ऽ ब | फ़ा ऽ ई ऽ

स रे – स | रे ग ग – | (रे) – – स | स – रे ग
के ऽ ऽ सि | वा ऽ क्या ऽ | है ऽ ऽ मु | ह ऽ ब्ब त

ग प – प | प – (प) – | (मं) – – प | मं ग ग रे
क र ऽ के | भी ऽ दे ऽ | खा ऽ ऽ मु | ह ऽ ब्ब त

स रे रे स | रे ग ग – | (रे) – – स | स – स रे
में ऽ भी ऽ | धो ऽ खा ऽ | है ऽ ऽ क | भी ऽ सु ख

रे ग – ग | म – ग म | रे म – म | ग रे (रे) स
है ऽ ऽ क | भी ऽ दु ख | है ऽ ऽ अ | भी ऽ क्या ऽ

स (रे) – स | रे ग (ग) – | (रे) – – स | स – रे ग
था ऽ ऽ अ | भी ऽ क्या ऽ | है ऽ ऽ यूँ | ही ऽ दु नि

ग प – प | प प (प) – | (मं) – – प | मं ग ग रे
या ऽ ऽ ब | द ल तो ऽ | है ऽ ऽ इ | सी ऽ का ऽ

गरे स(रे) – स | रे ग ग – | (रे) – – स | स – स रे
नाऽ ऽऽ ऽ म | दु नि या ऽ | है ऽ ऽ क | भी ऽ सु ख

(रे) ग – ग | ग – ग म | रे ग – म | ग रे (रे) स
है ऽ ऽ क | भी ऽ दु ख | है ऽ ऽ अ | भी ऽ क्या ऽ

स (रे) – स | रे ग (ग) – | (रे) – – ग | ग ग प ध
था ऽ ऽ अ | भी ऽ क्या ऽ | है ऽ ऽ त | ड़ प ने ऽ

पध नि॒सं – सं | (नि॒) ध ध प | प – – नि॒ | (ध) प प प
भीऽ ऽऽ ऽ न | हीं ऽ दे ऽ | तीं ऽ ऽ ह | में ऽ म ज

म म – म | प (नि) ध प | (प) – • ग | ग ग प ध
ऽ बू ऽ रि | याँ ऽ अ प | नी ऽ • त | ड़ प ने ऽ

पध नि॒सं – सं | (नि) ध ध प | प – – नि | (ध) प प प
भीऽ ऽऽ ऽ न | हीं ऽ दे ऽ | तीं ऽ ऽ ह | में ऽ म ज

म म – म | प (नि) ध प | (प) – – स | स – रे ग
ऽ बू ऽ रि | याँ ऽ अ प | नी ऽ ऽ मु | ह ऽ ब्ब त

ग प – प | ने – (प) – | (मं) – – प | मं ग ग रे
क र ऽ ऽ | वा ऽ लों ऽ | का ऽ ऽ त | ड़ प ना ऽ

स रे रे स | रे ग ग – | (रे) – – स | स – स रे
कि स ने ऽ | दे ऽ खा ऽ | है ऽ ऽ मु | ह ऽ ब्ब ब

(रे) ग – ग | ग – ग म | रे ग – म | ग रे रे स
क र ऽ के | भी ऽ दे ऽ | खा ऽ ऽ मु | ह ऽ ब्ब त

स रे रे स | रे ग ग – | (रे) • • • |
मेंऽ ऽ भी ऽ | धो ऽ खा ऽ | है • • • |

ताल बन्द—

रें रें – – रें रें रें सं गं रें गं रे गं (रें) सं – – सं
ब ड़े ऽ ऽ अ र मा ऽ ऽ ऽ ऽ ऽ ऽ न से ऽ ऽ वा

सं सं – नि नि रें (रें) सं – – • सं नि रे सं नि ध ध
य दों ऽ ने दि ल में ऽ ऽ ऽ • घ र ऽ ब सा ऽ या

प प ध सं (नि) ध – (ध) – ग – – ग ग – (प) –
ऽ था ऽ ऽ ऽ ऽ ऽ ऽ ऽ ऽ ऽ ऽ ब ड़े ऽ ऽ ऽ

नि – – – • • नि नि नि सं (नि) ध नि (ध) प ध नि सं
ऽ ऽ ऽ ऽ • • अ र मा ऽ ऽ ऽ ऽ ऽ ऽ ऽ ऽ ऽ

नि सं – – – • सं सं – नि – नि ध ध ध ध प प मं

न से ऽ ऽ ऽ • वा य ऽ दों ऽ ने ऽ दि ल में ऽ घ र

ध प ग (रे) स स रे (रे) ग – – • • स स स रे ग

ऽ ऽ ब सा ऽ या ऽ था ऽ ऽ ऽ • • वह दि न जब

ताल शुरू—

ग प – प | प – (प) – | (मं) – – प | मं ग ग रे

या ऽ ऽ द | आ ऽ ते ऽ | हैं ऽ ऽ क | ले ऽ जा ऽ

(स) रे रे स | रे ग ग – | (रे) – – स | स – स रे

मुँ ह को ऽ | आ ऽ ता ऽ | है ऽ ऽ य | हाँ ऽ ब द

(रे) ग – ग | ग – ग म | रे ग – म | ग रे (रे) स

ला ऽ ऽ व | फ़ा ऽ का ऽ | बे ऽ ऽ व | फ़ा ऽ ई ऽ

स रे – स | रे ग ग – | (रे) – – स | स – स रे

के ऽ ऽ सि | वा ऽ क्या ऽ | है ऽ ऽ क | भी ऽ सु ख

(रे) ग – ग | ग – ग म | रे ग – म | ग रे (रे) स

है ऽ ऽ क | भो ऽ दु ख | है ऽ ऽ अ | भी ऽ क्या ऽ

स (रे) – स | रे ग ग – | रे – – स | स – रे ग

था ऽ ऽ अ | भी ऽ क्या ऽ | है ऽ ऽ मु | ह ऽ ब्ब त

ग प – प | प – (प) – | मं – – प | मं ग ग रे

क र ऽ के | भी ऽ दे ऽ | खा ऽ ऽ मु | ह ऽ ब्ब त

स रे रे स | रे ग ग – | (रे) – – स | स – रे ग

में ऽ भी ऽ | धो ऽ खा ऽ | है ऽ ऽ यूँ | हीं ऽ दु नि

ग प – प | प प प – | (मं) – – प | मं ग ग रे

याँ ऽ ऽ ब | द ल ती ऽ | है ऽ ऽ इ | सी ऽ का ऽ

गर स(रे) –स | रे ग ग – | (रे) – – स | स – स रे

नाऽ ऽऽ ऽम | दु नि या ऽ | है ऽ ऽ क | भी ऽ सु ख

(रे) ग –ग | म – ग म | रे ग – म | ग रे रे स

है ऽ ऽ क | भी ऽ दु ख | है ऽ ऽ अ | भी ऽ क्या ऽ

स (रे) – स | रे ग (ग) – | (रे) – – स | स – स रे

था ऽ ऽ अ | भी ऽ क्या ऽ | है ऽ ऽ य | हाँ ऽ ब द

(रे) ग – – | – – – – | – |

ला ऽ ऽ ऽ | ऽ ऽ ऽ ऽ |

दूसरी साइड

| स स –स रे

| य हाँ ऽब द

(रे) ग – ग | ग – ग म | रे ग – म | ग रे (रे) स

ला ऽ ऽ व | फ़ा ऽ का ऽ | बे ऽ ऽ व | फ़ा ऽ ई ऽ

स रे – स | रे ग ग – | (रे) – – स | स – रे ग

के ऽ ऽ सि | वा ऽ क्या ऽ | है ऽ ऽ मु | ह ऽ ब्ब त

ग प – प | प – (प) – | (म॑) – – प | म॑ ग म रे

क र ऽ के | भी ऽ दे ऽ | खा ऽ ऽ मु | ह ऽ ब्ब त

स रे रे स | रे ग ग – | (रे) – – स | स – रे ग

में ऽ भी ऽ | खो ऽ खा ऽ | है ऽ ऽ यूँ | ही ऽ दु नि

ग प – प | प प प – | (म॑) – – प | म॑ ग ग रे

यां ऽ ऽ ब | द ल ती ऽ | है ऽ ऽ इ | सी ऽ का ऽ

गरे स(रे) – स | रे ग ग – | (रे) – – स | स – स रे

नाऽ ऽऽ ऽ म | दु नि या ऽ | है ऽ ऽ क | भी ऽ सु ख

(रे) ग – ग | ग – ग म | रे ग – म | ग रे रे स

है ऽ ऽ क | भी ऽ दु ख | है ऽ ऽ अ | भी ऽ क्या ऽ

स रे – स | रे ग ग – | (रे) – – स | स – स रे
था ऽ ऽ अ | भी ऽ क्या ऽ | है ऽ ऽ मु | ह ऽ ब्ब त

(रे) ग – ग | ग – ग म | रे ग – म | ग रे (रे) स
क र ऽ के | भी ऽ दे ऽ | खा ऽ ऽ मु | ह ऽ ब्ब त

स रे रे स | रे ग ग – | (रे) – – प | प सं सं प
में ऽ भी ऽ | धो ऽ खा ऽ | है ऽ ऽ भु | ला ऽ दो ऽ

(प) प – ग | ग ग॒ ग प | (ग) ग – रे | रे रे॒ रे ग
अ ब ऽ ज़ | मा ऽ ना ऽ | ज ब ऽ मु | झे ऽ अ प

(रे) – स स | स – रे – | ग – – प | प सं ध –
ना ऽ ऽ ब | ना ऽ या ऽ | था ऽ ऽ भु | ला ऽ दो ऽ

मंप – – मं | ग ग मं मे | (ग) ग – रे | रे रे॒ रे ग
नाऽ ऽ ऽ म | उ ल फ़ त | ज ब ऽ तु | म्हा ऽ रे ऽ

(रे) रे – स | स – रे – | ग – – – |
ल ब ऽ पै | आ ऽ या ऽ | था ऽ ऽ ऽ |

ठेका बन्द

नि सनि संनि रें रें – – – – – – रें(रे॒) गं(रे॒) – सं सं सं – –
भु लाऽ ऽऽ ऽ दो ऽ ऽ ऽ ऽ ऽ ऽ हाँऽ ऽऽ ऽ ऽ भु ला ऽ ऽ

संनि धनि सं(नि) धनि संनि (ध) पध निध (प) – – • • ग ग – मं –
दोऽ ऽऽ ऽऽ ऽऽ ऽऽ ऽ ऽऽ ऽऽ ऽ ऽ ऽ • • भु ला ऽ दो ऽ

ठेका शुरू

प प – मं | प प – – | मं प – मं | प ध ध –
व ह ऽ क़ | स म ऽ ऽ | जो ऽ ऽ दि | ला ऽ ई ऽ

प	मं	(प)	मं	ग	–	मं	मं	प	–	–	मं	प	ध	ध	–
थी	ऽ	ऽ	क	भी	ऽ	तु	म	ने	ऽ	ऽ	भु	ला	ऽ	दो	ऽ
ध	ध	–	प	ध	ध	–	–	प	ध	नि	ध	प	मं	प	–
व	ह	ऽ	क़	स	म	ऽ	ऽ	जो	ऽ	ऽ	कि	खा	ऽ	ई	ऽ
ग	ग॒	(ग)	रे	स	–	रे	रे	ग	–	–	नि	नि	–	नि	–
थी	ऽ	ऽ	क	भी	ऽ	तु	म	ने	ऽ	ऽ	भु	ला	ऽ	दो	ऽ
निध	पध	निसं	सं	सं	सं	सं	सं	सं	रें	नि	नि	नि	–	(ध)	–
दिल	ऽऽ	ऽऽ	से	तु	म	गु	ज़	रे	ऽ	ऽ	हु	ये	ऽ	रं	ऽ
(ध)	–	–	प	प	ध	पध	नि	(प)	–	–	प	प	–	प	रें
गी	ऽ	ऽ	ज़	मा	ऽ	नेऽ	ऽ	को	ऽ	ऽ	भु	ला	ऽ	दो	ऽ
रेरें	(रें)	सं	सं	सं	–	सं	–	स	रें	नि	नि	नि	ध	ध	–
हाँऽ	ऽ	ऽ	भु	ला	ऽ	दो	ऽ	इ	ऽ	श्	क	के	ऽ	सा	ऽ
(ध)	–	–	प	प	ध	पध	नि	(प)	–	–	स	स	–	रे	ग
दा	ऽ	ऽ	फ़	सा	ऽ	नेऽ	ऽ	को	ऽ	ऽ	त	म	ऽ	न्ना	ऽ
ग	प	–	प	प	प	(प)	–	(मं)	–	–	प	मं	पग	ग	रे
ओं	ऽ	ऽ	की	ब	स	ती	ऽ	में	ऽ	ऽ	अँ	धे	ऽ	रा	ऽ
गरे	स(रे)	–	स	रे	ग	ग	–	(रे)	–	–	स	स	–	रे	ग
हीऽ	ऽऽ	ऽ	अँ	धे	ऽ	रा	ऽ	है	ऽ	ऽ	कि	से	ऽ	अ	प
ग	प	–	प	प	–	[प]	–	[मं]	–	–	प	मं	ग	ग	रे
ना	ऽ	ऽ	क	हे	ऽ	को	ऽ	ई	ऽ	ऽ	जो	अ	प	ना	ऽ
गरे	स[रे]	–	स	रे	ग	ग	–	(रे)	–	–	स	स	–	रे	ग
थाऽ	ऽऽ	ऽ	प	रा	ऽ	या	ऽ	है	ऽ	ऽ	यू	हीं	ऽ	दु	नि
ग	प	–	प	प	प	[प]	–	(मं)	–	–	प	मं	ग	ग	रे
यां	ऽ	ऽ	ब	द	ल	ती	ऽ	है	ऽ	ऽ	इ	सी	ऽ	का	ऽ

गरे	स[रे]	–	स	रे	ग	ग	–	[रे]	–	–	स	स	–	स	रे
नाऽ	ऽऽ	ऽ	म	दु	नि	यां	ऽ	है	ऽ	ऽ	क	भी	ऽ	सु	ख
[रे]	ग	–	ग	ग	–	ग	म	रे	ग	–	म	ग	रे	रे	स
है	ऽ	ऽ	क	भी	ऽ	दु	ख	है	ऽ	ऽ	अ	भी	ऽ	क्या,	ऽ
स	[रे]	–	स	रे	ग	ग	–	[रे]	–	–	स	स	–	स	रे
था	ऽ	ऽ	अ	भी	ऽ	क्या	ऽ	है	ऽ	ऽ	मु	ह	ऽ	ब्ब	त
(रे)	ग	–	ग	ग	–	ग	म	रे	ग	–	म	ग	रे	रे	स
क	र	ऽ	के	भी	ऽ	दे	ऽ	खा	ऽ	ऽ	मु	ह	ऽ	ब्ब	त
स	रे	रे	स	रे	ग	ग	–	(रे),	–	–	स	स	–	स	रे
में	ऽ	भी	ऽ	धो	ऽ	खा	ऽ	है	ऽ	ऽ	य	हाँ	ऽ	ब	द
[रे]	ग	–	ग	ग	–	ग	म	रे	ग	–	म	ग	रे	[रे]	स
ला	ऽ	ऽ	व	फ़ा	ऽ	का	ऽ	बे	ऽ	ऽ	व	फ़ा	ऽ	ई	ऽ
स	रे	–	स	रे	ग	ग	–	[रे]	–	–	स	स	–	स	रे
के	ऽ	ऽ	सि	वा	ऽ	क्या	ऽ	है	ऽ	ऽ	य	हाँ	ऽ	ब	द
[रे]	ग	–	–	–	•	•	•	•	•	•	•				
ला	ऽ	ऽ	ऽ	ऽ	•	•	•	•	•	•	•				

□□□

जिगर के दाग़ नये....

संगीत-लिपि
अज्ञात

□ फिल्म : हमराही

जिगर के दाग़ नये गुल खिलाये जाते हैं।
खुशी के गीत भी रो–रो के गाये जाते हैं॥

किया था मैंने जो रौशन चिराग़ अरमां का।
उसी के शोले मेरा घर ज़लाये जाते हैं॥

बने तो कैसे बने कोई नक्शये उम्मीद।
बनाये जाते हैं हम और मिटाये जाते हैं॥

ज़माना मुझसे छुड़ाता है, जिनके दामन को।
हम उनको दिल में, जिग़र में बसाये जाते हैं॥

० गायक : बिनोता बोस

दादरा ताल

ताल बन्द

सं ग॒ म ध॒ – म ध॒ – – – म ग॒ स – नि॒ स ग॒ म
• • • • • • • • • • • • • • जि ग र के

ध॒म ध॒ ध॒ – ध॒ ध॒ पध॒ पनि॒ ध॒ ध॒प मप म गम गम गरे॒ सरे॒ स –
दाऽ ऽ ग़ • न ये गुऽ ऽल खि लाऽ ऽऽ ये जाऽ ऽऽ तेऽ ऽऽ हैं ऽ

ताल शुरू

×			०			×			०			×			०		
सरे॒	सनि॒	नि॒	स	ग॒	म	ध॒म	ध॒	ध॒	–	ध॒	ध॒	पध॒	पनि॒	ध॒	ध॒प	मप	म
ऽऽ	ऽऽ	जि	ग	र	के	दाऽ	ऽ	ग़	•	न	ये	गुऽ	ऽल	खि	लाऽ	ऽऽ	ये

गम गम गरे | सरे स − | प सं सं | सं − सं | निरें संने ध | ध ध −
जाऽ ऽऽ तेऽ | ऽऽ हैं ऽ | • • खु | शो ऽ के | गोऽ ऽऽ त | भी रो ऽ

पध नि ध | धप मप म | गम प मप | ध प − | ध सं सं | सं − सं
रोऽ ऽ के | गाऽ ऽऽ ये | जाऽ ऽ तेऽ | ऽ हैं ऽ | ऽ ऽ खु | शी ऽ के

निसं रें सं | नि ध − | पध नि ध | धग मप म | गम प मग | ध प स
गोऽ ऽ त | भी रो ऽ | रोऽ ऽ के | गाऽ ऽऽ ये | जाऽ ऽ तेऽ | ऽ हैं •

म ध सं | ध म ध | प − म | मग मस स | स म म | म − म
• • • | • • • | • • कि | याऽ ऽऽ था | मैं ऽ ने | जो • रौ

मप ध सं | नि − नि | ध म गम | धग गम गम | पध पध म | मग मस स
शऽ न चि | रा ऽ ग़ | अ र माऽ | ऽऽ काऽ ऽऽ | ऽऽ ऽऽ कि | याऽ ऽऽ था

स म म | म − म | मप ध सं | नि − नि | ध म गम | धग म ध
मैं ऽ ने | जो ऽ रौ | शऽ ऽन चि | रा ऽ ग | अ र माऽ | ऽऽ का ऽ

प
सं रें रें | रें − रें | • संरेंगं रें | सं रेंसं रेंनि | • निनि नि | निध पध म
ऽ ऽ उ | सी ऽ के | • शोऽऽ ले | मे राऽ ऽऽ | • घर ज | लाऽ ऽऽ ये

मप धम धनि | सं नि प | नि रें रें | रें − रें | रेंगं मं मं | रें रेंसं रेंनि
जाऽ ऽऽ तेऽ | ऽ हैं ऽ | ऽ ऽ उ | सी ऽ के | शोऽ ऽ ले | मे राऽ ऽऽ

• निनि नि | निध पध म | मप धम धनि | सं नि − | − − नि | स ग म
• घर ज | लाऽ ऽऽ ये | जाऽ ऽऽ तेऽ | ऽ हैं ऽ | ऽ • • | • • •

बिना ताल

ध़ – – सं – – – ग़ं – – – – – ग़ं ग़ं – – संरें सं –
● ● ● ● ● ● ● ● ● ● ● ● ब ने ऽ ऽ तोऽ ऽ ●

ग़ं
ग़ंरें ग़ंसं रेंमं ग़ं – – – – – – रें – रें – रें रें संरें संनि़ ध़प –
कैऽ ऽऽ सेब ने ऽ ऽ ऽ ● ● को ऽ ई ऽ न क्श येऽ ऽऽ ऽऽ ऽ

– – पध़ नि़रें – – – – सं रें़सं संरें़सं रें़नि सं – – – – – –
ऽ ● उऽ ऽऽ ऽ ऽ ऽ ऽ ऽऽ ऽऽऽ म्मीऽ ऽ ऽ ऽ ऽ ● ●

ग़ंरें संनि़ ध़प पध़ नि़सं संरें रेंग़ं – – – – – – ग़ं ग़ं – सं
ईऽ ऽऽ ऽऽ ऽऽ ऽऽ ऽऽ ऽऽ ऽ ऽ ऽ ऽद ● ब ने ऽ तो

संरें सं रेंमं ग़ं – – रें – रें – रें रें ग़रें संनि़ – नि़सं रें़
कैऽ ऽ सेब ने ऽ ऽ को ऽ ई ऽ न क्श येऽ ऽऽ ● उऽ ऽ

सं – – – प ध़ नि़ सं निं सं – – सं सं -नि़
म्मी ऽ ऽ ऽद ● ● ● ● ● ● ● ● ब ना ऽ ये

ताल दादरा शुरू

×			०			×			०			×			०		
नि़सं	रें	सं	नि़	ध़	–	पध़	नि़	ध़	ध़प	मप	म	गम	प	मप	ध़	प	–
जाऽ	ऽ	ते	है	ह	ऽम	औऽ	ऽर	मि	टाऽ	ऽऽ	ये	जाऽ	ऽ	तेऽ	ऽ	हैं	ऽ
–	–	स	स	–	(ग़)	–	ग़म	म	म	म	–	पध़	नि़सं	नि़सं	नि़ध़	पम	ग़स
●	●	ज	मा	ऽ	ना	●	मुझ	को	छु	ड़ा	ऽ	ताऽ	ऽऽ	ऽऽ	हैऽ	जिन	केऽ
स	रे़	ग़	रे़	स	–	ध़	स	स	स	–	(ग़)	–	ग़म	म	म	म	–
दा	ऽ	म	न	से	ऽ	●	*	ज़	मा	ऽ	ना	●	मुझ	को	छु	ड़ा	ऽ

म

पध़ु निसं निसं	निधु़पमगु़म	स रे॒ ग॒	रे॒ स ग॒	प – प	– पप प
ताऽ ऽऽ ऽऽ	हैऽ जिन केऽ	दा ऽ म	न से ऽ	ऽ ऽ ह	ऽम उन को

पध़ु पध़ु पम	● म मर्म	ग॒रे ग॒ रे॒	स रे॒ म	ग॒रे ग॒ सरे॒	ग॒रे॒ स –
दिऽ ऽल ऽमें	● जि गर	मेंऽ ऽ ब	सा ऽ ये	जाऽ ऽ तेऽ	ऽऽ हैं ऽ

सरे॒ सनि़ नि़	स ग॒ म	ध़ुम ध़ु –	– – –
ऽऽ ऽऽ जि	ग र के	दाऽ ऽ ऽ	ऽ ऽ ●

□□▣

है कहीं पर शादमानी....

संगीत-लिपि
अज्ञात

☐ फ़िल्म : आँधियाँ

जि़दगी के सब्ज़ दामन में कभी फूलों के बाग़।
जि़दगी के सुर्ख़ दामन में कभी काँटों के दाग़॥
कभी फूलों के बाग़ कभी काँटों के दाग़ ....॥
फूल कांटों से भरी हैं जि़दगी की वादियां वादियाँ।
है कहीं पर शादमानी और कहीं नाशादियाँ॥
आती हैं दुनिया में सुख दुख को सदा यूँ आंधियाँ।
हैं कहीं पर शादमानी और कहीं नाशादियाँ—॥

० गायक : लता

ताल रूपक

ठेका बन्द—

सां – गरें – गं – – मंगं – मंगं – मंगं – रें – – –
आ ऽ ऽऽ ऽ ऽ ऽ ऽ ऽऽ ऽ ऽऽ ऽ ऽऽ ऽ ऽ ऽ ऽ •

– रेंम गरें सांगं रेंगं सांरेंसां – – – – निध प – –रें सांसां
• आऽ ऽऽ ऽऽ ऽऽ ऽऽऽ ऽ ऽ ऽ ऽ ऽऽ ऽ ऽ •ऽ •

निनि धध पप – सां – रेंसांरें – गं – – – रें – सां – •
• • • • आ ऽ ऽऽऽ ऽ ऽ ऽ ऽ ऽ ऽ ऽ ऽ ऽ •

सा रें – – सांनि – – – धनिध – – म – प – ग
आ ऽ ऽ ऽ ऽऽ ऽ ऽ ऽ ऽऽऽ ऽ ऽ ऽ ऽ ऽ ऽ ऽ

– – – – – – – – सा रे
ऽ ऽ ऽ ऽ • • • (सरोद)

ठेका शुरू—(आर्केस्ट्रा)

×			२		३		×			२		३	
रे	ग	ग	ग	–	गप	मप	पधप	ग	गरे	मग	रेसा	सा	रे
रे	ग	ग	ग	–	गप	मप	प	ग	ग	ग	–	[ग	मप
प	ध	ध	ध	–	धसां	निसां]	सांरेंसां	ध	ध	निध	पम	ग	म
पसांनि	(सां)	नि	[ध	–	धगं	गं	रेंगंरें	-सां	–	सां	–	नि	धप
धसां	निनि	सांध	[धनिध	पम	गरे	सारे	सारेग	–	ग	ग	–	गप	मप
प	ग	ग	ग	–	गप	पम	[सां	–	ध	–	म	ग	सा]
ग													

ग	गप	गरे	सा	गरेग	–	म	–	म	पध	सांनि	ध	पध
जि	दऽ	गीऽ	ऽ	केऽऽ	ऽ	स	ऽ	ब्ज़	दाऽ	ऽऽ	म	नऽ

सरोद-गप	मरे	मग	साग	रेनि	ध़								
पध	–	–	•	•	•	•	ग	–	पधप	गरे	सा	गरेग	–
मेंऽ	ऽ	ऽ	•	•	•	•	ज़ि	ऽ	दऽऽ	गीऽ	ऽ	केऽऽ	ऽ

म	–	म	पध	सांनि	ध	पध	पध	–	धरें	(नि)	–	ध	प
स	ऽ	ब्ज़	दाऽ	ऽऽ	म	नऽ	मेंऽ	ऽ	कऽ	भी	ऽ	फू	ऽ

पध	सांनि	धप	मगम	–	धप	धग	ग	–	गप	गरे	सा	गरेग	–
लोंऽ	ऽऽ	केऽ	बाऽऽ	ऽ	ऽऽ	ऽग़ा	ज़ि	ऽ	दऽ	गीऽ	ऽ	केऽऽ	ऽ

सरोद- | ध गं गं | - - | रेंगं गंमंगं

म - म | मसां निरेंसांनि धध नि | ध - - | - * | * *

स ऽ बज़ | दाऽ ऽऽऽऽ | ऽम न | में ऽ ऽ | ऽ * | * *

रेंसां -सां - | सां - | नि पध | धनि -नि - | - ध | -ग मप

* * * | * * | * * | * * * | * * | * *

* * * | * * | * * | * * * | * * | * *

ध -म रेसा | नि -रेसा निध मग | म

* * * | * * * * | * म म | ध - | निसांनि धपध

* * * | * * * * | * ज़िं द | गी ऽ | केऽऽ ऽऽऽ

सरोद— | मध | निगं रें |

नि सां सां | सां -रें | सांरेंसांसांनि | नि रें रें | रें - | सांरें गंपंमं

सु ऽ खं | दा ऽऽ | मऽऽ नऽ | में ऽ क | भी ऽ | काँऽ ऽऽऽ

गरें सां सांरें | निसां - | - -रें | निसां - - | निरें सांनि | धनिध -

टोंऽ ऽ केऽ | दाऽ ऽ | ऽ ऽऽ | ऽऽ ऽ ऽ | ऽऽ ऽऽ | ऽऽऽ ऽग़

ध म म | ध - | निसांनि धपध | -नि सां सां | सां -रें | सांरेंसा सांनि

ज़िं ऽ द | गी ऽ | केऽऽ ऽऽऽ | ऽसु ऽ खं | दा ऽऽ | मऽऽ नऽ

सरोद मधनिगं रें

नि रें रें | रें - | सांरें गंपंमं | गरें सां सांरें | निसां - | निसां निध

में ऽ क | भी ऽ | काँऽ ऽऽऽ | टोंऽ ऽ केऽ | दाऽ ऽ | ऽऽ ऽऽ

- - ध | ध - | धनि रेंसां | नि ध धप | ग - | धप पधप

ऽ ऽग़ क | भी ऽ | फूऽ ऽऽ | लों ऽ केऽ | बा ऽ | ऽऽ ऽऽऽ

बांसुरी धनि पधप

धपध	–	नि	सां	–	सांरें	गंपंमं	गंरें	सां	सांरें	निसां	–	–	–		
ऽऽऽ	ऽग	क	भी	ऽ	कांऽ	ऽऽऽ	टोंऽ	ऽ	केऽ	दाऽ	ऽ	ऽ	ऽग़		

म –

•	म	म	मधपध	–	ध	नि	निसां	निसां	सांरें	(नि)	–	निध	प		
•	फू	ल	कांऽऽऽ	ऽ	टों	ऽ	सेऽ	ऽऽ	भः	री	ऽ	हैंऽ	ऽ		

पध	सांनि	नि	ध	प	प	–	पध	ग	गम	मनि	धसांनि	ध	–		
ज़िऽ	ऽऽ	द	गी	ऽ	की	ऽ	वाऽ	ऽ	दिऽ	यांऽ	ऽऽऽ	ऽ	ऽ		
–ध	–	धप	पनि	धनिधप	मप	–	गप	सा	सा	ग	–	म	म		
ऽवा	ऽ	दिऽ	यांऽ	ऽऽऽऽ	ऽऽ	ऽ	हैऽ	ऽ	क	हीं	ऽ	प	र		
मध	–	ध	धपधप	–	म	–	मप	ग	ग	ग	म	म	ध		
शाऽ	ऽ	द	माऽऽऽ	ऽ	नी	ऽ	औऽ	ऽर	क	हीं	ऽ	ना	ऽ		
ध	–	धप	पनिध	निधप	मप	–	पध	म	म	मधपध	–	ध	धनि		
शा	ऽ	दिऽ	यांऽऽ	ऽऽऽ	ऽऽ	ऽ	आऽ	ऽ	ती	हैंऽऽऽ	ऽ	दु	निऽ		
नि	सां	सांरें	निसांनि	निध	धप	प	पध	सांनि	नि	धनिध	प	प	–		
या	ऽ	मेंऽ	सुऽऽ	खऽ	दुऽ	ख	कीऽ	ऽऽ	स	दाऽऽ	ऽ	यूँ	ऽ		
पध	ग	गम	मनि	ध	निध	–	ध	–	धप	पनिध	निधप	मप	–		
औंऽ	ऽ	धिऽ	यांऽ	ऽ	ऽऽ	ऽ	आँ	ऽ	धिऽ	यांऽऽ	ऽऽऽ	ऽऽ	ऽ		
ग	सा	सा	ग	–	म	म	म	ध	धसां	पधप	म	म	–		
है	ऽ	क	हीं	ऽ	प	र	शा	ऽ	दऽ	माऽऽ	ऽ	नी	ऽ		

मप	ग	ग	ग	म	म	धु
औऽ	ऽर	क	हीं	ऽ	ना	ऽ

ठेका बन्द

धु – धुम मनि धुसांनि धु म प – – प ग रे नि धु – – – प – –

शा ऽ दिऽ याँऽ ऽऽऽ ऽ ऽ ऽ ऽ ऽ (सरोद)

□□□

दम भर जो उधर....

संगीत-लिपि
अज्ञात

फिल्म : आवारा

दम भर जो उधर मुंह फेरे ओ चन्दा।
मैं उनसे प्यार कर लूंगी बातें हज़ार कर लूँगी ॥ दम भर ॥
दिल करता है प्यार के सजदे, और मैं भी उनके साथ।
चाँद को चन्दा रोज ही देखे, मेरी पहली रात ॥
बादल में अब छुप जा रे, ओ चन्दा, मैं उनसे प्यार।
दम भर जो इधर मुँह फेरे ओ चन्दा।
मैं उनसे प्यार कर लूंगा, नज़रें तो चार कर लूंगा ॥
मैं चोर हूँ काम है चोरी, दुनिया में हूँ बदनाम।
दिल को चुराता आया हूँ मैं, ये ही मेरा काम ॥
आना तू गवाही देने, ओ चन्दा..............॥
मैं उनसे प्यार कर लूंगा, नज़रें तो चार कर लूंगा ॥
दिल को चुराके खो मत जाना, राह न जाना भूल।
इन क़दमों से कुचल न देना, मेरे दिल का फूल ॥
ये बात उन्हें समझादे, ओ चन्दा................॥
मैं उनसे प्यार कर लूंगी, बातें हज़ार कर लूंगी।
दम भर जो उधर..............॥

संगीत : अज्ञात ० गीत : अज्ञात ० गायिका : लता व मुकेश

कहरवा ताल

ठेका बन्द

सा	रे	ग	म	-	-	•	सा	ध़	ध़	सा	सा	-	सा	सा	सा	सागरे
•	•	•	•	•	•	•	द	म	भ	र	जो	•	उ	ध	र	मुँऽऽ

सारे	ग	-	ग	म	-	-	-	-	-	•	ग	म	प	धप	म	ग	म
हऽ	फे	रे	ऽ	ऽ	ऽ	ऽ	ऽ	ऽ	•	•	ओ	ऽ	चं	ऽऽ	दा	ऽ	ऽ

पम	ग़	रे	रे	म	ग़	–	–	–	–	–	ऩि ध़
ऽऽ	ऽ	ऽ	ऽ	ऽ	ऽ	ऽ	ऽ	ऽ	•	•	मैं ऽ

टेका शुरू—

×				×				×				×			
ऩि	सा	सा	सारे	सारे	रे	ग़	रे	सारेसा	–	सा	–	–	–	ऩि	ध़
उ	न	से	प्याऽ	ऽऽ	र	क	र	लूँऽऽ	ऽ	गी	ऽ	ऽ	ऽ	बा	ऽ
ऩि	सा	सा	सारे	सारे	रे	ग़	रे	सारेसा	–	सा	–	–	–	सा	ध
तें	ऽ	ह	ज़ाऽ	ऽऽ	र	क	र	लूँऽऽ	ऽ	गी	ऽ	•	•	द	म
ध़	सा	सा	सा	सा	सा	गरे	सारे	ग	–	ग	म	–	–	ग	म
म	र	जो	उ	ध	र	मुँऽ	हऽ	फे	ऽ	रे	ऽ	ऽ	ऽ	ओ	ऽ
प	धप	म	ग	म	पम	ग़	रे	रे	म	ग़	–	–	–	ऩि	ध़
चं	ऽऽ	दा	ऽ	ऽ	ऽऽ	ऽ	ऽ	ऽ	ऽ	ऽ	ऽ	ऽ	ऽ	मैं	ऽ
ऩि	सा	सा	सारे	सारे	रे	ग़	रे	सारेसा	–	सा	–	–	–	ऩि	ध़
उ	न	से	प्याऽ	ऽऽ	र	क	र	लूँऽऽ	ऽ	गी	ऽ	ऽ	ऽ	बा	ऽ
ऩि	सा	सा	सारे	सारे	रे	ग़	रे	सारेसा	–	सा	–	–	म	ध	ऩि
तें	ऽ	ह	ज़ाऽ	ऽऽ	र	क	र	लूँऽऽ	ऽ	गी	ऽ	ऽ	*	•	•
सां	–	–	–	–	–	–	–	रें	ऩि	सां	ध	ऩि	प	ध	ऩि
सां	ध	ऩि	प	ध	म	प	ध	ऩि	प	ध	म	प	ग	म	गरे
सां	–	म	गरे	सा	–	रे	ग	म	ध	–	प	म	ऩि	–	ध
प	–	ग	म	प	–	प	प	ध	ऩि	ऩि	ध	धऩि	सां	–	ऩि
						दि	ल	क	र	ता	है	प्याऽ	ऽ	ऽर	के

ध निध धप – | – – प प | प – ध निध | प म प धप
स जऽ देऽ ऽ | ऽ ऽ औ र | मैं ऽ भी ऽऽ | उ न के ऽऽ

(म) – – – | मध पध – – | म ध ध निध | धप – प धप
सा ऽ ऽ ऽ | ऽऽ ऽऽ ऽ थ | चाँ ऽ द को | चंऽ ऽ दा ऽऽ

प म म पम | ग मग रे – | नि सा सा म | ग रे रे सा
रो ऽ ज़ हींऽ | दे ऽऽ खे ऽ | मे ऽ री ऽ | ऽ प ह ली

सा – – स | सारे –सा निसानि – | नि सा सा म | ग रे रे सा
रा ऽ ऽ त | होऽ ऽऽ ऽऽऽ ऽ | मे ऽ री ऽ | ऽ प ह ली

प म
सा – – ग | रे गरे सा ध | ध सा सा – | सा सा रे रे
रा ऽ ऽत * | * * बा ऽ | द ल में ऽ | अ ब छु प

ग रेग ग म | – –
जाऽ ऽऽ रे ऽ | ऽ ऽ ओ चंदा मैं उनसे प्यार कर लूँगी बातें………।

इसके बाद 'दम भर जो इधर मुँह फेरे ओ चन्दा, मैं उनसे प्यार कर लूँगा, नज़रें तो चार कर लूँगा' इसे स्थाई की तरह ही गाइये ! इसके पश्चात् वही आर्केस्ट्रा बजेगा जो अंतरे से पहले बजा है । दूसरा अंतरा—

| प –
| मैं ऽ

पध नि नि ध | धनि सां सां सां | नि सांनि ध प | – – प प
चोऽ ऽ र हूँ | काऽ ऽ म है | चो ऽऽ री ऽ | ऽ ऽ दु नि

मप – ध निध | पम गम प धप | (म) – – – | ध – – –
याँऽ ऽ में ऽऽ | हूँऽ ऽऽ ब दऽ | ना ऽ ऽ ऽ | ऽ ऽ ऽ म

म	ध	ध	ध	धप	-	प	धप	(म)	-	म	पम	ग॒	मग॒	रे	-
दि	ल	को	चु	राऽ	ऽ	ता	ऽऽ	आ	ऽ	या	ऽऽ	हूँ	ऽऽ	मैं	ऽ

नि़	-	सा	म	ग॒	सारे	-	सा	सा	-	-	सा	रे	सा	नि़पा	नि़
ये	ऽ	ही	ऽ	ऽ	मेऽ	ऽ	रा	का	ऽ	ऽ	म	हो	ऽ	ऽऽ	ऽ

									प	म					
नि़	-	सा	म	ग॒	सारे	-	सा	सा	-	-	ग॒	रे	ग॒रे	सा	ध़
ये	ऽ	ही	ऽ	ऽ	मेऽ	ऽ	रा	का	ऽ	ऽम	•	•	•	आ	ऽ

ध़	सा	सा	सा	सा	-	रे	-	ग	-	म	-	-	-	ग	पध
ये	ऽ	तू	ग	वा	ऽ	ही	ऽ	दे	ऽ	ने	ऽ	ऽ	ऽ	ओ	चंदा,मैं

उनसे प्यार..........पूर्ववत ।

अब वही आर्केस्ट्रा बजेगा जो दोनों अन्तरे के प्रारम्भ में बजा है। तीसरा अन्तरा इस प्रकार गाइये :—

प	ध	नि॒	ध	नि॒	सां	सां	रेंसां	सांनि॒	-	नि॒	सांनि॒	ध	नि॒ध	(प)	-
दि	ल	को	चु	रा	ऽ	के	ऽऽ	खो	ऽ	म	तऽ	जा	ऽऽ	ना	ऽ

प	-	ध	ध	प	म	प	धप	(म)	-	-	-	ध	पध	-	-
रा	ऽ	ह	न	जा	ऽ	ना	ऽऽ	भू	ऽ	ऽ	ऽ	ऽ	ऽऽ	ऽ	ल

म	ध	ध	नि॒ध	धप	-	प	धप	पम	म	-	पम	ग॒	मग॒	रेंसा	रे
इ	न	क	बऽ	मोंऽ	ऽ	से	ऽऽ	कुऽ	चल	ऽ	नऽ	दे	ऽऽ	नाऽ	ऽ

नि़	सा	सा	म	ग॒	रे	-	सा	सा	-	-	सा	सारे	-सा	नि़सा	नि़
मे	ऽ	रे	ऽ	ऽ	दिल	ऽ	का	फू	ऽ	ऽ	ल	होऽ	ऽऽ	ऽऽ	ऽ

									प	म					
नि़	सा	सा	म	ग॒	रे	-	सा	सा	-	-	ग॒	रे	ग॒रे	सा	-
मे	ऽ	रे	ऽ	ऽ	दिल	ऽ	का	फू	ऽ	ऽल	*	*	*	ये	ऽ

ध	सा	सा	सा	सा	-	सारे	सारे	ग	रेग	प	म	-	-
बा	ऽ	त	उ	न्हें	ऽ	सऽ	मऽ	झा	ऽऽ	दे	ऽ	ऽ	ऽ ओ चंदा मैं

उनसे प्यार..........पूववत !

□■□

दुआ कर ग़मे दिल....

संगीत लिपि :
अज्ञात

□ फ़िल्म : अनारकली

दुआ कर ग़मे दिल ख़ुदा से दुआ कर ।
वफ़ाओं का मजबूर दामन बिछाकर ।। दुआ कर.......।।
जो बिजली चमकती है उनके महल पर ।
वो करले तसल्ली मेरा घर जलाकर ।। दुआ कर........।।
सलामत रहे तू मेरी जान जाये ।
मुझे इस बहाने से ही मौत आये ।।
करूँगी मैं क्या चंद साँसें बचाकर । दुआ कर........।।
मैं क्या दूँ तुझे मेरा सब लुट चुका है ।।
दुआ के सिवा मेरे पास और क्या है ।
ग़रीबों को एक आसराए ख़ुदा है ।।
मगर मेरी तुझ से यही इल्तजा है ।
न दिल तोड़ना दिल की दुनियां बसाकर ।। दुआ कर.......।।

संगीत : अज्ञात ○ गीत : अज्ञात ○ गायक : लता मंगेशकर

कहरवा ताल

ठेका बन्द—

सां सां – सां – – – – – सां निसां रेंगं रेंसां निरें सांनि धुप
दु आ ऽ कर ऽ ऽ ऽ • • ग़ मेऽ ऽऽ ऽऽ ऽऽ ऽऽ दिलऽ

म – – – – – – म मग रे – ग – – – मप पधु निसां
ऽ ऽ ऽ ऽ ऽ • • ख़ु दाऽ ऽ ऽ से ऽ ऽ ऽ दुऽ आऽ ऽऽ

निधु निसां,नि धुपमप – – – – मग रेसा नि़ – – – सारे,म
ऽऽ ऽऽऽ करऽऽ ऽ ऽ ऽ ऽ ऽऽ ऽऽ ऽ ऽ ऽ ऽ ऽऽ

– – – –ग प – – – मगरेस। नि़पा – – – – – • •
ऽ ऽ ऽ ऽऽ ऽ ऽ ऽ ऽ ऽऽऽऽ ऽऽ ऽ ऽ ऽ ऽ ऽ • •

ठेका शुरू—

×	×	×	×
सा मम मम मग॒	सा गग गग सा	रे॒म -म - मग	म मप प -
● ● ● ●	● ● ● व	फ़ाऽ ऽओं ऽ काऽ	म जऽ बू ऽ
	सा		
प -,पनि॒ ध॒,पध॒ पम	गम मपमग रे॒सा नि॒	- नि॒नि॒ सासा सारे॒	रे॒म गप पम -
र ●दाऽ ऽमन ऽबि	छाऽ ऽऽऽऽ कर ऽ	● दुआ कऽ रग़	मेंऽ ऽऽ दिल ऽ
ग	सा		
- गम गरे॒ -सा	सा - सारे॒ नि॒	नि॒सा,सा - सा सारे॒	रे॒म गप मध॒ पध॒पम
ऽ ख़ुदा ऽसे ऽदु	आ ऽ कर दु	आऽऽ ऽ कर ग़ऽ	मेंऽ ऽऽ ऽऽ दिलऽ ऽ
ग			
- गम गरे॒ -सा	सा - सा -	म,-ध॒ सा मध॒ सासा	रे॒म -म - मग
ऽ खुदा ऽसे ऽदु	आ ऽ कर ऽ	● ● ● ऽजो	बिज ऽली ऽ चऽ
		सा	
म मप प प	- पनि॒,ध॒ -प -म	गम मपमग रे॒सा नि॒	- नि॒नि॒ सासा -रे॒
म कऽ ती है	ऽ उनऽऽ ऽके ऽम	हल ऽऽऽऽ पर ऽ	● बोक रलें ऽत
	ग	सा	
रे॒म गप पम -	- गम गरे॒ -सा	सा - सारे॒ नि॒	नि॒सा, - सा सारे॒
सल्ऽ ऽऽ लीऽ ऽ	ऽ मेरा ऽध रज	ला ऽ कर दु	आऽऽ ऽ कर ग़ऽ
	ग		
रे॒म गप मध॒ पध॒पम	- गम गरे॒ -सा	सां - सां -	सां -नि -ध॒ पम
मेऽ ऽऽ दिल ऽऽऽऽ	ऽ खुदा ऽसे ऽदु	आ ऽ कर ऽ	● ● ● ●
ध॒ -प -म गम	प - -म गरे॒	सा सांसां -सां सांनि	सां - सां -
● ● ● ●	● ● ● ●	● सला ऽम तर	है ऽ तू ऽ
सां			
- निनि -ध॒ -प	पम,म - मध॒ पनि	ध॒सां सांसां -सां सांनि	सांरें गं॒रें सांरें,सां -
ऽ मेरी ऽजा ऽन	जाऽऽ ऽ येऽ ऽऽ	ऽऽ सला ऽम तर	हेऽ ऽऽ तूऽऽ ऽ

सां नि

– निनि –ध –प | पम,म – मध पनि | धसां निसां निध –प | पध पनि धप मप,म

ऽ मेरी ऽजा ऽन | जऽऽ ऽ येऽ ऽऽ | ऽऽ मुझे ऽइस ऽब | हाऽ ऽऽ नेऽ सेऽऽ

रे

सा –सा रेम –ग | सा – सा – | म,–ध सा मध सासा | रेम –म – मग

ऽ •ही ऽमौ ऽत | आ ऽ ये ऽ | • • • • •क | रूँऽ ऽगी ऽ मैंऽ

सा

मप,प – प प | – पनि,ध –प –म | गम पम,ग रेसा नि | – निनि सासा सारे

क्याऽ ऽ चं द | ऽ सांऽऽ ऽसें ऽब | चाऽ ऽऽऽ कर ऽ | ऽ दुआ ऽक रग

ग सा

रेम गप पम ऽ | – गम गरे –सा | सा – सारे नि | निसा,सा – सा सारे

मेऽ ऽऽ दिल ऽ | ऽ ख़ुदा ऽसे दुऽ | आ ऽ कर दु | आऽऽ ऽ कर गऽ

ग

रेम गप मध पधपम | – गम गरे –सा | सा – सा – |

मेऽ ऽऽ दिलऽ ऽऽऽऽ | ऽ ख़ुदा ऽसे ऽदु | आ ऽ कर ऽ |

ठेका बन्द

सां –नि –ध पम ध –प –म गम प – –म गरे सा सासा –रे

• • • • • • • • • • • • • • •

ग प म गम – ध प मप –ध सां नि धनि –ध प म पम गरे

• • • • • • • • • • • • • • • • • •

सां ऽऽ प ध |

ऽ ऽऽ मैं ऽ |

ठेका शुरू

प

ध – पध प | ध – पध,प म | ध – पध,प म | – –प धनि –नि

क्या ऽ दूँऽ ऽ | क्या ऽ दूँऽऽ तु | झे ऽ मेऽऽ रा | • •स बलुट ऽचु

धु।,म – म – | – धुधु सांसां –नि | सांरें रेंसां रें गं | - रेंगं रें,सांरें सांनि
काऽऽ ऽ है ऽ | * दुआ ऽके ऽसि | वाऽ ऽऽ मे रे | ऽ पाऽ सऔऽ ऽर

धु
धु,निसां निधु पधु पम | सा रेनि –सा रे | म गम पम गरे | सा सांसां –सां –नि
क्याऽऽ ऽऽ हैऽ ऽऽ | * * * * | * * * * | * गरी ऽबों ऽको

सां – सां –नि | सांसां निसां नि धुनि धुप | प – धुपमप – | सां
ए ऽ क आ | ऽस राऽ ऽएऽ ख़ुऽ | दा ऽ हैऽऽऽ ऽ | ऽ ग़रीबों को एक

धुपमप – | – धुधु धुधु –धु | धुप पम पधु निधु नि | –धु,निधु –,पधु पम
आसरा
ए ख़ुदा हैऽऽऽ ऽ | * मग रमे ऽरी | तुऽ झऽ सेऽ ऽऽऽ | ऽ यहीऽ ऽइलऽ ऽत

ग ग
रे रे सा – | म़,-धु सा मधु सासा | रेम –म – मग | मप,– – प प
जा ऽ है ऽ | * * * *न | दिल तोऽ ऽ ड़ऽ | जाऽऽ ऽ दिल की

सा
– प,निधु -प –म | गम पम,ग रेसा नि | – निनि सासा –रे | रेम गप पम –
ऽ दुनिऽ ऽया ऽब | साऽ ऽऽऽ कर ऽ | * दुआ ऽकर ऽग़ | मेऽ ऽऽ दिलऽ ऽ

ग सा
– गम गरे –सा | सा – सारे नि | निसा,सा ऽ सा सारे | रेम गप मधु पधुपम
ऽ ख़ुदा ऽसे ऽदु | आ ऽ कर दु | आऽऽ ऽ कर ग़ऽ | मेऽ ऽऽ दिलऽ ऽऽऽऽ

ग
– गम गरे –सा | सा – सा – |
ऽ ख़ुदा ऽसे ऽदु | आ ऽ कर ऽ |

□□

दिले नादाँ तुझे हुआ····

संगीत-लिपि
अज्ञात

□ फिल्म : अपना देश

दिले नादाँ तुझे हुआ क्या है, हुआ क्या है, हुआ क्या है।
आखिर इस दर्द को दवा क्या है, दवा क्या है, दवा क्या है ॥
हमको उनसे वफा की है उम्मीद।
जो नहीं जानते वफा क्या है, वफा क्या है, वफा क्या है ॥ दिले नादाँ ····॥
हो भला कर तेरा भला होगा।
और दरद की सदा क्या है, सदा क्या है, सदा क्या है ॥ दिले नादाँ ····॥
जान तुम पर निसार करते हैं।
हम नहीं जानते दुआ क्या है, दुआ क्या है, दुआ क्या है ॥ दिले नादाँ····

० गायिका : पुष्पा हंसा

कहरवा ताल

ठेका बन्द

(आर्केष्ट्रा) इस स्वर से गाना शुरू कीजिये

ध़नि़	रेग	म	–	–	म	म	ग	ग	रे
*	*	*	*	*	दि	ले	ऽ	ना	ऽ

ठेका शुरू

×				×				×				×			
						रे			ग ग						
रे	–	–	–	रे	–	ग	–	म	–	–	म	म	ग	ग	रे
दाँ	ऽ	ऽ	ऽ	हाँ	ऽ	ऽ	ऽ	ऽ	ऽ	ऽ	दि	ले	ऽ	ना	ऽ

												म			
रे	–	–	ध़	नि़	रे	रे	ग	ग–	पम	*	प	प	ध	प	म
दाँ	ऽ	ऽ	हु	आ	ऽ	क्या	ऽ	हैऽ	ऽऽ	*	हु	आ	ऽ	क्या	ऽ

म– धप • म | ग रे रे रे | रे ग – म | प – म –
हैऽ ऽऽ • हु | आ ऽ क्या ऽ | है ऽ ऽ • | • • • •

ग • ग ध | ध – ध प | में म – में | प ध – प
• • आ ऽ | खि र इ स | द र ऽ द | की ऽ ऽ ऽ

म
पध मप म• प | प ध प म | म– धप • म | रेग पम ग रे
ऽऽ ऽऽ ऽ• द | वा ऽ क्या ऽ | हैऽ ऽऽ • द | वाऽ ऽऽ क्या ऽ

रे– पम • मग | ग रे रे रे | रे ग – म | म ग ग रे
हैऽ ऽऽ * दऽ | वा ऽ क्या ऽ | है ऽ ऽ दि | ले ऽ ना ऽ

रे – – ध़ | नि़ रे ग म | प • में ध | • प में प
दाँ ऽ ऽ * | * • • • | • • • • | * * * *

म• रेंगं मं• रें• | संरें निसं ध • | ध नि ध प | प ध प म
• • • • | • • • • | ह म को ऽ | उ न से व

म प प म | म ग म ग | रे – – ग | म प ध –
फ़ा ऽ की ऽ | है ऽ उ म् | मी ऽ द • | • • • •

ध नि ध प | प ध प म | म प प म | म ग ग ग
ह म को ऽ | उ न से व | फ़ा ऽ की ऽ | है ऽ उ म्

रें
रे – – ग | प ध नि – | * नि सं नि | स – नि ध
मी ऽ द • | • • • • | • जो ऽ न | हीं ऽ ऽ ऽ

प
• ध नि धप | प धध – प | पध मप म• प |
• जा ऽ नऽ | ते ऽऽ ऽ ऽ | ऽऽ ऽऽ ऽ• व | फ़ा क्या है, वफ़ा

ध
सं – – संनि | सं – सं संनि | नि –नि ध ध | ध पप म पध
हो ऽ ऽ भऽ | ला ऽ क रऽ | ते ऽरा ऽ भ | ला ऽऽ ऽ होऽ

ध – – रेग | पध निसं रें• ध• | सं – – संनि | सं – सं संनि
गा ऽ ऽ • | • • • • | हो ऽ ऽ भऽ | ला ऽ क रऽ

ध
नि –नि ध ध | ध पप म पध | ध – – पध | मप गम रे –
ते ऽदा ऽ भ | ला ऽऽ ऽ होऽ | ग़ा ऽ ऽ • | • • • •

रें नि़ ध
सं – – संनि | नि –सं नि ध | ध नि़ धध प | प ध पर मं
जा ऽ ऽ नऽ | तु ऽम प र | नि सा ऽऽ र | क र तेऽ ऽ

रें
प ध – सं | सं निसं ध • | ध सं – नि | नि सं नि ध
हैं ऽ ऽ • | • • * • | जा ऽ ऽ न | तु ऽम प र

नि़ ध
ध नि़ धध प | प ध पप मं | प ध – पध | मप गम रे –
नि सा ऽऽ र | क र तेऽ ऽ | हैं ऽ ऽ • | • • • *

□□□

देख लिया मैंने....

संगीत लिपि :
अज्ञात

फ़िल्म : दीदार

देख लिया मैंने क़िस्मत का तमाशा देख लिया ।
इक आग बुझी इक आग लगी, आँखों ने मेरी क्या देख लिया ।।
देख लिया मैंने, देख लिया मैंने साजन तेरा वादा देख लिया ।
रस्ते पे हूँ मैं, मंजिल पे है तू, ये प्यार का नाता देख लिया ।। देख लिया....।।
आया मैं किसी की महफ़िल में, तूफ़ान लिये लाखों दिल में ।
मिलकर भी रहा मैं मुश्किल में मिलने का नतीजा देख लिया ।। इक आग ।।
छुपते ही तेरे ओ चाँद मेरे, सूरज भी न निकला आँगन में ।
फिर ग़म की अँधेरी रात हुई, दो दिन का उजाला देख लिया ।। रस्ते पे हूँ ।।

संगीत : अज्ञात ० गीत : अज्ञात ० गायक : लता व रफ़ी

कहरवा ताल

ठेका बन्द (पार्श्व सङ्गीत)

मग रेसा – – मपम ग – – ग प नि रें – सांनि सां – –

ठेका शुरू

×   ×   ×
म ग रे सा ध़ नि़ | सा रे ग सा – – | निसा सा –रे ग गप मप
* * * * * * | * * * * * * | देऽ ख ऽलि या मैंऽ ऽऽ

                                                          म ग
गपग – रेग सारे सा सारे | गम मग ग गरे रेम गरे | सा – – सा – –
नेऽऽ ऽ ऽऽ ऽऽ ऽ क़िस | मत काऽ त माऽ शाऽ ऽऽ | दे ऽ खलि या ऽ ऽ

रे ग रे सा ग गप | प – प प धप धप | म मं म ग रेग –
* * * * इ कऽ | आ ऽग बु झी इऽ कऽ | आ ऽग ल गी आंऽ ऽ

धुसा सा –सा सारे रेम गमपम ग रेसारेसा रे ग – –	धुसा सा सा रेम गमग रेगरे	
खोंऽ ने ऽमे रीऽ क्या ऽऽऽऽ दे ऽऽऽख लि या ऽ ऽ	देऽ ख लि याऽ मैंऽऽ ऽऽऽ	

सा – – सा म पध (ग रे)	सां – – – नि धुप	रें – – – गं रेनि
ने ऽ ऽ * * *	* * * * * *	* * * * * *

सां – – – म –प	धु – – – प मग	रे – गरे सा – –
* * * * * *	* * * * * *	* * * * * *

"देख लिया मैंने साजन तेरा वादा देख लिया, रस्ते पे हूँ मैं..." वैसे ही गाइये जैसे स्थायी की प्रथम दो पंक्तियाँ गाई हैं :—

आर्केस्ट्रा

म प	धु प म सां रें गंमं	सां – – – रेनि सांरें
गं – रेंसां नि – धुप	म धुम गरे सा पधु निसां	रें – नि सां – ध
नि प धुनि प –		

पधु	निसां सां सां सां रेंसां रेंसां निधनि पध निसांनि निप मपम ग	
आऽ	याऽ मैं कि सी कीऽ ऽऽ मऽह फ़िल ऽऽऽ मेंऽ ऽऽऽ ऽ	

मप प प (प) – – (ग म)	प धु नि प –सा रे	रेम प मग गप प धु
मह फ़ि ल में ऽ ऽ	* * * * ऽतू ऽ	फ़ाऽ न लिऽ येऽ ला ऽ

निध ध धुप प – सांगं	गं गं –रें गंरें गंमंगं –सां	सांरें गंमंगं रेंसां सां – –
खोंऽ दि लऽ में ऽ मिल	कर भी ऽर हाऽ मैंऽऽ ऽऽ	मुश किलऽ ऽऽ में ऽ ऽ

मं	–	–	–										
–	–	–	–	गं	रें	सां	–	–	प	–	प	पध॒ नि॒ध नि॒ध॒ पम ग॒प मपम
ऽ	ऽ	ऽ	ऽ	•	•	•	•	•	•	•	मिल	नेऽ काऽ ऽन तोऽ जाऽ ऽऽऽ

ग॒	सारेसा	रे	ग॒	–	प	
दे	ऽऽख	लि	या	ऽ	इक	आग बुझी इक·····देख लिया मैंने·········।

(दूसरा अन्तरा आर्केस्ट्रा सहित प्रथम अन्तरे के समान ही गाइये ।)

□□

सीने में सुलगते हैं अरमाँ...

संगीत-लिपि
अज्ञात

□ फ़िल्म : तराना

सीने में सुलगते हैं अरमाँ, आँखों में उदासी छाई है।
ये आज तेरी दुनिया से हमें, तकदीर कहाँ ले आई है॥
कुछ आँख में आँसू बाक़ी हैं जो मेरे ग़म के साथी हैं।
अब दिल है न दिल के अरमाँ हैं, बस मैं हूँ मेरी तनहाई है॥ सीने में....॥
ना तुझसे गिला कोई हमको, ना कोई शिकायत दुनिया से।
दो चार क़दम जब मंज़िल थी, क़िस्मत ने ठोकर खाई है॥ सीने में....॥
एक ऐसी आग लगी मन में, जीने भी न दे मरने भी न दे।
चुप हूँ तो कलेजा जलता है, बोलूं तो तेरी रुसवाई है॥ सीने में...॥

संगीत : अज्ञात ० गीत : अज्ञात ० गायक : लता व तलत महमूद

कहरवा ताल

आर्केस्ट्रा

×   ×   ×   ×
ग - - - | - - ग॒ग साग॒ । सा - - - । नि॒सा प॒नि॒ प॒ -

- नि॒ - सा । - ग - म । ग - प - । ग - प -

ग प नि॒ ध । प ग ग॒ ग । सा रे सा - । ग - म -ध

प - प सां - । - -

सा रे | ग प प प | प प पधप मंपमं
सी ऽ | ने ऽ में सु | ल ग तेऽऽ ऽऽऽ

म॑ – म॑ म॑रे | रेप (प) – – | (ग) – – – | – – ग प
हैं ऽ अ रऽ | माँऽ ऽ ऽ ऽ | ऽ ऽ ऽ ऽ | • • आँ ऽ

गप नि नि निध | धनिध प प सा | सा रे सारे ग | ग – ग प
खोंऽ ऽ में उऽ | दाऽ ऽ सी ऽ | छा ऽ ईऽ ऽ | है ऽ ये ऽ

गपध निरें सां सां | सां – सां सां | सां रेंनि नि निध | धनिध प पग गप
आऽऽ ऽऽ ऽज ते | री ऽ दु नि | या ऽऽ से हऽ | मेंऽऽ ऽ तऽ कऽ

गप नि – निध | धनिध प प ग | ग प रेगरे – | सा – सा रे
दीऽ ऽ ऽर कऽ | हाँऽऽ ऽ ले ऽ | आ ऽ ईऽऽ ऽ | है ऽ सी ऽ

ग प प प | प प पधप म॑ | म॑ – म॑ म॑रे | रेप मपम – –
ने ऽ में सु | ल ग तेऽऽ ऽ | हैं ऽ अ रऽ | माँऽ ऽऽऽ ऽ ऽ

(ग) – – – | प नि – ध | प ध – प | म प – –
ऽ ऽ ऽ ऽ | ऽ • • • | • • • • | • • • •

ग सा रे – | – ग प ध | सां नि सां गं | – रें – नि
• • • • | • • • • | • • • • | • • • •

सां ध नि – | – – नि निध | ध नि नि निध | धनि सांनि धप धप
• • • • | • • कु छऽ | आँ ऽ ख मेंऽ | आँऽ ऽऽ सूऽ ऽऽ

प – प – | म॑प धप म ग | – ग प प | प ध म सांनि̱
वा ऽ को ऽ | हैंऽ ऽऽ जो ऽ | • मे ऽ रे | ग म केऽ ऽऽ

– ध – नि̱ध | धप धप म ग | – ग प प | ध सां सां –
ऽ सा ऽ थीऽ | हैंऽ ऽऽ जो ऽ | • मे ऽ रे | ग़ म के ऽ

निध पध धनिध प | प - - - | ध प ग ध | प ग ग़ ग
साऽ ऽऽ थीऽऽ ऽ | हैं ऽ ऽ ऽ | • • • • | • • • •

सा - ग़ ग | - - ग ग़ | मं प प प | प प पधप मे
• • • • | * * अ ब | दि ल है न | दि ल केऽऽ ऽ

मं प ग पम | ग ग़ म मं | मं प प प | प प पधप मं
अ र माँ ऽऽ | हैं ऽ अ ब | दि ल है न | दि ल केऽऽ ऽ

मं प ग पम | ग - सा ग | ग नि नि निध | निध प प पग
अ र माँ ऽऽ | हैं ऽ ब स | में ऽ हू मेऽ | रीऽ ऽ त नऽ

ग प रेगरे - | सा - सा रे | ग प प प | प प पधप मं
हा ऽ ईऽऽ ऽ | है ऽ सी ऽ | ने ऽ में सु | ल ग तेऽऽ ऽ

मं - मं ध | मं म - -ग | रेग - - - | - -प़ नि़ सा
हैं ऽ अ र | माँ ऽ ऽ ऽऽ | ऽऽ ऽ ऽ ऽ | ऽ ऽ• * *

ग - - म | ध नि सां ध | म - प म | ग सा रे सा
• • • • | • • * • | • • • * | • • • •

ग - - म | - - सारे नि़ | सा ध ध म | ध - धसां नि़ध
* • • • | * * नाऽ ऽ | तु झ से गि | ला ऽ कोऽ ऽऽ

प मं प धनि़ध | प - ग प | ध रें सां नि | धनिध प प प
ई ऽ ह मऽऽ | को ऽ ना ऽ | को ऽ ई शि | काऽऽ ऽ य त

मं प ग मं | मं ध - - | पमंध प - -मं | गमं ग ग मं
दु नि या ऽ | से ऽ ऽ ऽ | ऽऽऽ ऽ ऽ ऽऽ | ऽऽ ऽ दो ऽ

प ग प प | प – प धप | मं प ग म | ग – सा ग
चा ऽ ऽर क | दम ऽ ज बऽ | मं ऽ जि ल | थी ऽ कि स

प ग प प | प – प धप | मं प ग म | ग – सा ग
चा ऽ ऽर क | दम ऽ ज बऽ | मं ऽ जि ल | थी ऽ कि स

ग नि निसांनि ध | धनिध प प गप | ग प रेगरे – | सा – सा रे
म त नेऽऽ ऽ | ठोऽऽ ऽ क रऽ | खा ऽ ईऽऽ ऽ | है ऽ सी ऽ

ग प प प | प प पधप मं | मं – मं मंग | मपम – – –
ने ऽ में सु | ल ग तेऽऽ ऽ | हैं ऽ अ रऽ | माँऽऽ ऽ ऽ ऽ

म
म – – – | गं – – मंपं | गंमं सां – निसां | प – मप ग
ऽ ऽ ऽ ऽ | * * * * | * * * * | * * * *

– सारे निसा प | – नि सा ग | म प – नि | सां गं मं पं
* * * * | * * * * | * * * * | * * * *

मं गं – सां | नि प ग म | ग – सां नि | – – ग प
* * * * | * * * * | * * * * | * * ए क

प नि नि – | नि – नि नि | (प) ग प सां | नि – –ग प
ऐ ऽ सी ऽ | आ ऽ ग ल | गी ऽ म न | में ऽ ऽजी ऽ

प सां सां सां | सां – सां सांनि | निधनि ध निरें रेंगंरें | (सां) – – –ध
ने ऽ भी न | दे ऽ म रऽ | नेऽऽ ऽ भीऽ नऽऽ | दे ऽ ऽ ऽऽ

नि – – धप | पध – – पमं | धप – – मंग | मंग – ग मं
ऽ ऽ ऽ ऽऽ | ऽऽ ऽ ऽ ऽऽ | ऽऽ ऽ ऽ ऽऽ | ऽऽ ऽ चु प

प – प प | प – पधप मं | मं प ग पम | ग ग॒ र
हूँ * तो क | ले ऽ जाऽऽ ऽ | ज ल ता ऽऽ | है ऽ चु प

प – प प | प – पध्रप मं | मं प ग पम | ग – सा ग
हूँ • तो क | ले ऽ जाऽऽ ऽ | ज ल ता ऽऽ | है ऽ बो ऽ

ग नि नि निध | निध प प पग | ग प रेगरे – | सा – सा रे
लूँ ऽ तो तेऽ | रीऽ ऽ रु सऽ | वा ऽ ईऽऽ ऽ | है ऽ सी ऽ

ग प प प | प प पधप मं | मं – मं मंरे | रे पम – –
से ऽ में सु | ल ग तेऽऽ ऽ | हैं ऽ अ रऽ | माँ ऽऽ ऽ ऽ

(ग) – – – | – – – – | – – – – |
ऽ ऽ ऽ ऽ | ऽ ऽ ऽ ऽ | ऽ • • • |

□□

आप जबसे....

संगीतलिपि
देवकीनन्दन धवन

आप जबसे क़रीब आए हैं,
प्यार के रंग दिल पे छाए हैं।

जलवए-यार है निगाहों में,
फूल बिखरे हुए हैं राहों में,
दूर तक ज़िन्दगी के साए हैं।

दिल ने हल्की-सी चोट खाई है,
जिन्दगी अब समझ में आई है;
हम ख़ुद अपने नहीं, पराए हैं।

आपसे अपने दिल को हारके हम,
इस क़दर ख़ुश हैं, आप ही की क़सम;
जैसे दुनिया को जीत लाए हैं।

ख़ैर हो इश्क के फ़साने की,
लग न जाए नज़र ज़माने की;
हटके आगे क़दम बढ़ाए हैं।

□ फ़िल्म : दूरजहाँ

संगीत : रोशन ० गीत : शकील बदायूँनी ० गायिका : मुहम्मद रफ़ी आशा भोंसले

कहरवा ताल

ठेका बन्द

पार्श्व-संगीत :

				मं				ग		रे								
प	नि़	रे	प	प	-मं	-	मं	ग	-ग	-	रे	नि़	रे	ध़	नि़	रे	नि़	ग	रे

ठेका प्रारम्भ :

×				०				×				०			
सा	-	धनि	सां	-	प	गरे	गरे	सा	-	-	रेसा	नि़	ग	रे	ग
•	•	•	•	•	•	•	•	•	•	•	आऽ	ऽ	प	ज	ब
सा															
रे	-	-	सा	गरे	नि़नि़	ध़	नि़	नि़	सा	-	-	सा	-	सा	-
से	ऽ	ऽ	ऽ	क़ऽ	रीऽ	ऽ	ब	आ	ऽ	ऽ	ऽ	ए	ऽ	हैं	ऽ

– – – ग | प प प –मं | ग प ग धप | प प ग ग
• • • प्या | ऽ र के ऽऽ | रं ऽ ऽ ऽऽ | ग दिल ऽ पे

सा
रेग मंप – मं | ग रे ग मग | रे सा –
छाऽ ऽऽ ऽ ऽ | ए ऽ हैं ऽऽ | ऽ ऽ • आप जबसे क़रीब आये हैं

पमं गरे सानि॒ धप॒
रे
• • • साग | – रे सा नि॒ | नि॒रे – – – | रे मं – मं
• • • जल॒ | ऽ व ए ऽ | याऽ ऽ ऽ ऽ | र है ऽ नि

ग
गमं,ग – रे – | गमं प प – | – – – प | – प प प
गाऽऽ ऽ ऽ ऽ | होंऽ ऽ में ऽ | • • • फू | ऽ ल बि ख

ध
मं
प मं – – | ध मं नि ध | पमं,प – – मं | ग रे ग –
रे ऽ ऽ ऽ | हु ए ऽ है | राऽऽ ऽ ऽ ऽ | हों ऽ में ऽ

साग पनि सां
– • • पग | पग ग प प | धनि – – – | निध पध ध प
ऽ * • दूऽ | ऽऽ र त क | ज़िऽ ऽ ऽ ऽ | दऽ गीऽ ऽ के

प
मंप – ग ग | प – प – | गमं ग – पग | – ग प प
सा ऽ ऽ ऽ | ए ऽ हैं ऽ | ऽऽ ऽ • दूऽ | ऽ र त क

पध निध निसां नि | ध पध ध प | मंप – – मं | ग रे ग मग
ज़िऽ ऽऽ ऽऽ ऽ | द गीऽ ऽ के | साऽ ऽ ऽ ऽ | ए ऽ हैं ऽऽ

सा
रे सा –
ऽ ऽ ऽ आप जबसे क़रीब आए हैं।

{सा प – – । मंध्र पमं गमं ग । * प नि ध । पध प नि सां
पार्श्व-संगीत :

ध मंध मं रेमं |
– – • • | रे नि़रे नि़ प़ | ग – म – | – प ग सा

सा ग रे } सा | नि़ नि़ रे रे | ग रे – सा | सा सा – नि़
दिल | ऽ ने ह ल | की ऽ ऽ ऽ | सी चो ऽ ट

धनि़ ध़ – – | नि़ –ध़ प़ – | सा – – प़ | – प़ रे –
खाऽ ऽ ऽ ऽ | ई ऽऽ है ऽ | • • • जिं़ | ऽ द गी ऽ

रे रे – – | रे रे प मं | रे गम ग मप | म ग ग –
अ ब ऽ • | स म झ में | आ ऽऽ ऽ ऽऽ | ई ऽ है ऽ

सां पनि सां ग | – ग प प | धनि – – ध | ध पध – प
• • • हम | ऽ ख़ुद अ प | नेऽ ऽ ऽ ऽ | न हींऽ ऽ प

मंप – ग ग | प – प – | पग – – ग | ग ग प प
राऽ ऽ ऽ ऽ | ए ऽ हैं ऽ | ऽऽ ऽ ऽ हम | ऽ ख़ुद अ प

पध निध नि – | ध पध – प | मंग – – मं | ग रे ग म
नेऽ ऽऽ ऽ ऽ | न हींऽ ऽ प | राऽ ऽ ऽ ऽ | ए ऽ हैं ऽऽ

सा
रे सा – सानि़ | नि़ रे सा रे |
ऽ ऽ • आऽ | ऽ प ज ब | से क़रीब आए हैं, प्यार के रंग दिल पे छाए हैं! आप जबसे क़रीब आए हैं!

{मं प – मं । प – ग म । रे,गरे –ग प म । ग – गरे सानि़
पार्श्व-संगीत :

प़ नि़ रे ग । प धनि सां नि । प -ग प म । ग -,रेसा नि़ रे

प़

प - ग } ग | - रे सा नि़ | रे रे रे - | - मं - मं
} आ | ऽ प से ऽ | अ प ने ऽ | ऽ दिल ऽ को

मं मं

मंग,ग - रे रे | गमं प प - | - - - प | - प प प
हाऽऽ ऽ ऽ र | केऽ ऽ हम ऽ | ऽ ऽ ऽ इस | ऽ क़ द र

ध

प मं - - | ध मं नि ध | प - - मं | ग रे ग -
खु श ऽ ऽ | हैं आ ऽ प | हो ऽ ऽ ऽ | की क सम ऽ

साग पनि सां प | ग ग प प | धनि - - - | निध पध ध प
• • • जे | ऽ से दु नि | याऽ ऽ ऽ ऽ | कोऽ जीऽ ऽ त

प

मंप प ग ग | प - प - | गमं ग - प | ग म प प
लाऽ ऽ ऽ ऽ | ए ऽ हैं ऽ | ऽऽ ऽ • जै | ऽ से दु नि

पध निध नि - | ध पध ध प | मंप - - मं | ग रे ग मग
याऽ ऽऽ ऽ ऽ | को जोऽ ऽ त | लाऽ ऽ ऽ ऽ | ए ऽ हैं ऽऽ

सा

रे सा - |
ऽ ऽ • | आप जबसे क़रीब आए हैं !

(दूसरे अंतरे से पूर्व का पार्श्व-संगीत बजने के पश्चात् चौथा अन्तरा दूसरे अन्तरे के समान ही गाया जाएगा।)

□□

जाइए, आप कहाँ जाएँगे....

संगीत लिपि : देवकीनंदन धवन

□ फ़िल्म : मेरे सनम

जाइए, आप कहाँ जाएँगे !
ये नज़र लौटके फिर आएगी।
दूर तक आपके पीछे-पीछे—
मेरी आवाज़ चली जाएगी ॥
आपको प्यार मेरा याद जहाँ आएगा।
कोई काँटा वहीं दामन से लिपट जाएगा ॥

संगीत : ओ० पी० नैयर ० गीत : मजरूह सुलतानपुरी ० गायक : आशा भोंसले

कहरवा ताल

× | × | × | ×

{ सा रे। ग -ध - ग। सा -रे - ग
पार्श्व-संगीत :

प प प प। प प ध सां। गं -रें - नि। ध -म - रे

ग - - -। - - प नि। ध -म - ध। प -ग - सा

सा - - -। - - - -। - - - { प | मं प गं रें
जा | ऽ इ ए ऽ

सां	-	-	-	नि	रेंसां	सांरें,सां	प	प	मं	धप	-	ग	म	मप,म	ग
आ	ऽ	ऽ	ऽ	प	कऽ	हाँऽऽ	ऽ	जा	ऽ	ऽऽ	ऽ	एँ	ऽ	गेऽऽ	ऽ

						प							म	रे	
-	-	-	गसा	-	रे	म	ग	ग	-	-	-	रे	ग	सा	सा
ऽ	ऽ	ऽ	येऽ	ऽ	न	ज़	र	लौ	ऽ	ऽ	ऽ	ट	के	फि	र

				नि	नि										
प	-	-	-	ध	ध	प	धप	म	ग	-	गरे	सा	रे	रेप	मप
आ	ऽ	ऽ	ऽ	ए	ऽ	गी	ऽऽ	ऽ	ऽ	ऽ	येऽ	ऽ	न	ज़र	ऽऽ

म रे
पम ग – – | रे ग सा– – | नि – धप म | ध – प –
लौऽ ऽ ऽ ऽ | ट के फिर ऽ | आ ऽ ऽऽ ऽ | ए ऽ गी ऽ

सां सां रें
– – – गं | – गं रें रें | गं – – – | सां सांरें रें प
ऽ ऽ • दू | ऽ र त क | आ ऽ ऽ ऽ | प केऽ पी ऽ

सां
पनि नि – – | सांरें मंगं रेंसां सां | नि सां – मं | गं गं रें रें
छेऽ ऽ ऽ ऽ | पीऽ ऽऽ छेऽ ऽ | ऽ ऽ ऽ दू | ऽ र त क

गं – – – | सां सांरें रें प | पनि नि – – | सांरें मंगं रेंसां सां
आ ऽ ऽ ऽ | प केऽ पी ऽ | छेऽ ऽ ऽ ऽ | पीऽ ऽऽ छेऽ ऽ

निसां – ध रेंसां | ध ध ध म | मध ध – – | नि सां नि सां
ऽऽ ऽ ऽ मेऽ | ऽ री आ ऽ | वाऽ ऽ ऽ ऽ | ज़ च ली ऽ

ध
रेंसां सां – नि | नि सांनि पम ग | प – –
ऽऽ ऽ • जा | ऽ ऽऽ एऽ ऽ | गी • • जाइए, आप कहाँ जाएँगे ! ये

नि | – सा रेम पम
नज़र लौटके फिर आएगी, ये नज़र लौटके फिर आएगी । • | • • • •

ग – – प | – म गप पम | गम ग – सा | – रे ग म
• • • आ | ऽ ऽ ऽऽ ऽऽ | ऽऽ ऽ ऽ • | • • • •

म
मप – – प | – – गप निध | पम प – रे | – म पध पसां
• • • आ | ऽ ऽ ऽऽ ऽऽ | ऽऽ ऽ ऽ • | • • •* ••

म
नि – – रे | – म पध पसां | नि – – प | – नि सां रें
• * • आ | ऽ ऽ ऽऽ ऽऽ | ऽ ऽ ऽ • | • * • •

सां – – मं | – रें गं सां | रेंसां – – { गं । रें सां ग प

• • • आ | ऽ ऽ ऽ ऽ | ऽऽ ऽ ऽ { पार्श्व-संगीत :

निनि नि धध ध । पप प म प । धध ध पप प । मम म ग म

पप प मम म । गग ग रे ग । मम म ग रे । सा – नि ध

प

प – – } नि | – नि प ग | नि – – – | सां नि प ग

} आ | ऽ प को ऽ | प्या ऽ ऽ ऽ | र मे रा ऽ

नि – – – | सां नि निध पम | प – – ध | ध निध प –

या ऽ ऽ ऽ | द ज हाँऽ ऽऽ | आ ऽ ऽ ऽ | ए ऽऽ गा ऽ

– – – नि | – नि प ग | नि – – – | सां नि प ग

• • • को | ऽ ई काँ ऽ | टा ऽ ऽ ऽ | व हीं दा ऽ

नि– – – – | सां नि ध म | मप प – ध | ध निध प –

मन ऽ ऽ ऽ | से लि प ट | जाऽ ऽ ऽ ऽ | ए ऽऽ गा ऽ

सां

– – – गं | – गं रें रें | गं – – – | सां रें रें नि

• • • को | ऽ ई काँ ऽ | टा ऽ ऽ ऽ | व हीं दा ऽ

निरें रें – – | गं मं गं रें | गं – – – | सां रें रेंगं रेसां

मन ऽ ऽ ऽ | से लि प ट | जा ऽ ऽ ऽ | ए ऽ गाऽ ऽऽ

नि सां प

ऽ ऽ ऽ जाइए, आप कहाँ.........फिर आएगी।

– – – – | – – – – | सां – – – | – – – नि

• • • • | • • • • | आ ऽ ऽ ऽ | ऽ ऽ ऽ ऽ

- नि॒ रेंसां सां | - - - नि॒ | - नि॒ रेंसां सां | - ध सांनि॒ नि॒
● आ ऽऽ ऽ | ऽ ऽ ऽ ऽ | ● आ ऽऽ ऽ | ऽ ऽ ऽऽ ऽ

- - प नि॒ध॒ | ध॒ - प - | - - - - | - - - -
ऽ ऽ ऽ ऽऽ | ऽ ऽ ऽ ऽ | ऽ ऽ ऽ ऽ | ● ● ● ●

रें - - - | - - - सां | - -सां मंगं॒ गं॒ | - - - -
आ ऽ ऽ ऽ | ऽ ऽ ऽ ऽ | ● आ ऽऽ ऽ | ऽ ऽ ऽ ऽ

- सां मंगं॒ गं॒ | - - - - | रेंसां निसां रेंसां निसां | रेंसां - ध -
● आ ऽऽ ऽ | ऽ ऽ ऽ ऽ | आऽ ऽऽ ऽऽ ऽऽ | ऽऽ ऽ ऽ ●

सांनि॒ धनि॒ सांनि॒ धनि॒ | सांनि॒ - प - | नि॒ध॒ पध॒ नि॒ध॒ पध॒ | नि॒ध॒ - म -
आऽ ऽऽ ऽऽ ऽऽ | ऽऽ ऽ ऽ ● | आऽ ऽऽ ऽऽ ऽऽ | ऽऽ ऽ ऽ ऽ

ध॒ प - { गं॒ । रें सां ग॒ प । नि॒नि॒ नि॒ ध॒ध॒ ध॒ । पप प म प
ऽ ऽ ऽ { पार्श्व-संगीत

ध॒ध॒ ध॒ पप प । मम म ग॒ म । पप प मम म । ग॒ग॒ ग॒ रे ग॒
मम म ग॒ रे । सा - नि॒ ध़॒ । प़ - }

□□

बेकस पे करम कीजिए

स्वर-लिपि
देवकीनन्दन धवन

□ फ़िल्म : मुग़ले आज़म

ऐ मेरे मुशकिलकुशा फ़रियाद है फ़रियाद है ॥
आपके होते हुए दुनिया मेरी बरबाद है ॥
बेकस पे करम कीजिए सरकारे मदीना ।
गर्दिश में है तक़दीर भँवर में है सफ़ीना ॥
है वक्ते मदद आइये बिगड़ी को बनाने ।
पोशीदा नहीं आप से कुछ दिल के फ़साने ॥
ज़ख्मों से भरा है किसी मजबूर का सीना ॥
छाई है मुसीबत की घटा गेसुओं वाले ।
लिल्लाह मेरी डूबती कश्ती को बचा ले ॥
तूफ़ान के आसार हैं दुश्वार है जीना ॥

संगीत : नौशाद ० गीत : शकील बदायूंनी ० गायक : लता मंगेशकर

दादरा ताल

ठेका बन्द

नि॒ ग ग मं
सा - - - सा - - मं - म म - - - - म मग प -
• • • • ऐ ऽ ऽ ऽ ऽ मे रे ऽ ऽ ऽ • मु शऽ किल ऽ

मं मं नि
- मं प - - - - - प प पसां ध सां सां सांध - - नि॒ धप
ऽ कु शा ऽ ऽ ऽ • • फ़ रि याऽ ऽ ऽ द हैऽ ऽ ऽ ऽ फ़ऽ

प
प प मं धप म - - म ग प - - - - - सां - सां
रि या ऽ दऽ ऽ है ऽ ऽ ऽ ऽ ऽ ऽ ऽ • • आ ऽ प

मं
सां ध - - ध - ध - नि॒ ध प प - - - प प प - प
के ऽ ऽ ऽ हो ऽ ते ऽ ऽ हु ऽ ए ऽ ऽ ऽ दु नि याऽ

मं मं
प – प प प मंधप | म म – – ग पमं धप म – रे सा – –
री ऽ ब र बा ऽ दऽ ऽ है ऽ ऽ ऽ ऽऽ ऽऽ ऽ ऽ ऽ ऽ ऽ ऽ

प नि़ नि़ नि़
साम मध,प ग म रे सा सा सा
बेऽ ऽऽऽ क ऽस पे क र म

ठेका शुरू

× × ×
प – मं प –प प | पसां धसां सांध धप पमं धप,म | म – गम रेग,रे गम धप
की ऽ जि ये •स | काऽ ऽऽ रेऽ मऽ दीऽ ऽऽऽ | ना ऽ ऽऽ ऽऽऽ बेऽ ऽऽ

प नि़ नि़ नि़
ग म रे सा सा सा | प – मं प { प प | निध सां सांध धप पमं धप
क ऽस पे क र म | की ऽ जि़ ये { आर्केस्ट्रा |

मं ध मं
म – ग प } –ग मग | प प प प –मं प | ध –नि़ धनि़,ध प प परे
} •ग रऽ | दि श में है •त क़ | दी ऽऽ रऽऽ भँ व रऽ

प प नि़ नि़ नि़
रेग रे रेग गम मध पध | म – गम रेग,रे गम धप | ग म रे सा सा सा
मेंऽ ऽ हैऽ सऽ फ़ीऽ ऽऽ | ना ऽ ऽऽ ऽऽऽ बेऽ ऽऽ | क ऽस पे क र म

ध
प – मं प – – | { सा मग पमं ध नि़ ध। प मं प ध प म
की ऽ जि ये ऽ ऽ | { आर्केस्ट्रा

पमं धप म रे सा • | प सां निध धप पम म। प मं धप म } सां –नि
} है ऽऽ

ग ग म म
ध प मम म म रे | रे प प प –प प | पनि धनि,ध नि सां रें गंरें
व ऽ ऽक्ते म द द | आ ऽ इ ये *बि ग | ड़ोऽ ऽऽऽ को ब ना ऽऽ

रें मं

सां - -नि धनि प प | पनि ध धनि निसां रें गंरें | स - { सांरें रेंमं - -

ने ऽ ऽऽ ऽऽ बि ग | ड़ीऽ ऽ कोऽ बऽ ना ऽऽ | ने ऽ { वाद्य-संगीत

गं गं नि ध

रें - -मं सां } सां नि | निसां रें रें सां नि सां | ध नि ध प -प पध

} पो ऽ | शीऽ ऽ दा न हीं ऽ | आ ऽ प से *कु छऽ

मं मं प नि नि

मं प प प पमं धप | मम - -ग प गम धप | ग म रे सा सा सा

दिल ऽ के फ़ साऽ ऽऽ | ऽने ऽ ऽऽ ऽ ज़ऽ ऽऽ | ख़मों ऽ से भ रा ऽ

मं

प - मं प -प प | पसां धसां सांध धप पमं धप,म | म - गम रेग,रे

है ऽ कि सी *म ज | बूऽ ऽऽ रऽ काऽ सीऽ ऽऽऽ | ना ऽ ऽऽ ऽऽऽ

बेकस पे करम कीजिये......................।

[प्रथम अन्तरे से पूर्व का आर्केस्ट्रा बजाने के पश्चात् दूसरा अन्तरा भी प्रथम अन्तरे के समान गाएँ।]

चलो इक बार....

संगीतलिपि
देवकीनन्दन धवन

□ फ़िल्म : गुमराह

चलो इक बार फिर से अजनबी बन जाएँ हम दोनों।
न मैं तुम से कोई उम्मीद रक्खूँ दिल-नवाज़ी की,
न तुम मेरी तरफ़ देखो ग़लत-अन्दाज़ नज़रों से।
न मेरे दिल की धड़कन लड़खड़ाए मेरी बातों में,
न ज़ाहिर हो तुम्हारी कशमकश का राज़ नज़रों से।
तआरुफ़ रोग हो जाए तो उसको भूलना बेहतर;
तालुक बोझ बन जाए तो उसको तोड़ना अच्छा।
वो अफ़साना जिसे अंजाम तक लाना न हो मुमकिन,
उसे इक ख़ूबसूरत मोड़ देकर छोड़ना अच्छा।

संगीत : रवि ○ गीत : साहिर लुधियानवी ○ गायक : महेन्द्र कपूर

कहरवा ताल

×				०				×				०			
प	सां	प	नि॒	म	प	रे	ग॒	सा	–	– }	{ ग॒	ग॒	रे	सा	नि़
प्यानो :										}	{ च	लो	ऽ	इ	क

सारे,सा	–	–	सानि़	नि़पा	रेसा	नि़	–	–	सा	सा	सा	रेग॒	रे	सारे रेप	मम
बाऽऽ	ऽ	ऽ	रऽ	फिऽऽ	ऽऽ	से	ऽ	•	अ	ज	न	बीऽऽ	ऽऽ	बनऽ	ऽऽ

म	ग॒	–	ग॒म	ग॒म	रे	रेग॒,रे	सा	सा	–	– }	
जा	ऽ	ऽ	एँऽ	हमऽ	ऽ	दोऽऽ	ऽ	नों	ऽ	• }	दो बार

{ सारे	ग॒	सा	रे	नि़	सा	–	–	नि़सा	रे	नि़	सा	नि़
{ प्यानो :												

प – – सारे । ग॒ सा रे नि़ । सा – – नि़पा । रे नि़ सा नि़

रे | सा ग
पप़ मंप़ ऩि पऩि। सासा ऩि गपा गम। प – – | रे रे म म
न | मैं ऽ तुम ऽ

ध
प – – प | प – प म | पध सांनि – नि | नि – नि –
से ऽ ऽ को | ई ऽ उम् ऽ | मीऽ ऽऽ ऽ द | रक् ऽ खूँ ऽ

प प
– धनि,ध – प | प म पध सांनि | ध – – ध | ध ध नि धनि,ध
• दिलऽऽ ऽ न | वा ऽ ज़ाँऽ ऽऽ | की ऽ • न | तुम ऽ मे ऽऽऽ

ध म म ग
धप – – प | प पम म प | पध पध – ग | ग रे रे सा
रीऽ ऽ • त | र फ़ऽ दे ऽ | खोऽ ऽऽ ऽ ग़ | ल त अं ऽ

म
ऩि ऩि ग ग | ग रे रेग,रे सा | सा – – प | प – धनि पध
ऽ दा ऽ ज़ | न ज़ रोंऽऽ ऽ | से ऽ ऽ न | मे ऽ रेऽ ऽऽ

नि – – ध | नि नि नि – | – ध नि ध | नि – नि –
दिल ऽ ऽ की | ध ड़ कन ऽ | ऽ ल ड़ ख | ड़ा ऽ ए ऽ

– धनि,ध –ध प | पम – पध सांनि | पध – – ध | धप,ध –नि ध
ऽ मेऽऽ ऽरी ऽ | बाऽ ऽ तोंऽ ऽऽ | मेंऽ ऽ • न | ज़ाऽऽ ऽ हि र

म रे
धप – – पम | म प पध पध | म म म ग | ग रे सा ऩि
होऽ ऽ • तुऽ | म्हा ऽ रीऽ ऽऽ | ऽ क श म | क श का ऽ

म
ग ग – ग | ग रे रेग,रे सा | सा – –
ऽ रा ऽ ज़ | न ज़ रोंऽऽ ऽ | से ऽ ऽ चलो इक बार............।

ठेका बन्द

{ सा सा रे ग॒ रे – – नि॒ नि॒ सा रे सा – – ध॒ ध॒ नि॒सा
{ प्यानो :

नि॒ सा रे ग॒ म प – ग॒ रे सा – ए सा ग॒ म प नि॒ सां –

– –] सां नि – – नि नि
] त आ ऽ ऽ रु फ

ठेका शुरू

– नि सां नि | सां – निसां रेंसां | नि॒ – – नि॒ध | प धनि॒,ध म रे
ऽ रो ऽ ग | हो ऽ जाऽ ऽऽ | ए ऽ • तोऽ | उ सऽऽ को ऽ

सां
– रे म मप | पसां नि॒ नि॒ध प | प – – प | – – म प
ऽ भू ऽ लऽ | नाऽ ऽ ऽबे ह | तर ऽ • ता | ऽ ऽ लु क

प
पधपध – म म | म ग॒ ग॒म,ग॒ रे | रे – – रेसा | सा रे सानि॒ सनि॒
बोऽऽऽ ऽ ऽ झ | ब न जाऽऽ ऽ | ए ऽ • तोऽ | उ स क़ोऽ ऽऽ

सा म ग॒
ग॒ ग॒ – ग॒ | ग॒ रे रे सा | सा – – सा | सा सा सा नि॒
ऽ तो ऽ ड़ | ना ऽ अ ऽ | च्छा ऽ ऽ वो | अ फ़ सा ऽ

सा – – नि॒ | सा – सा – | – नि॒ सा नि॒ | सा सा – –
ना ऽ • जि | से ऽ अं ऽ | ऽ जा ऽ म | त क • •

म म
नि॒प –नि॒ – सा | ग॒ ग॒ रेसा सा | सा – – प | प प धनि॒ पध
लाऽ ऽना ऽ न | हो ऽ मुमऽ ऽ | किन ऽ ऽ वो | अ फ़ साऽ ऽऽ

नि॒	-	-	ध	नि॒	-	नि॒	-	-	ध	नि॒	ध	नि॒	-	-	-
ना	ऽ	ऽ	जि	से	ऽ	अ	ऽ	ऽ	ऽ	जा	म	तक	ऽ	•	•

नि॒ध	-ध	प	पम	म	-	पध	सांनि॒	ध	-	-	ध	ध	ध	नि॒	ध
लाऽ	नाऽ	ऽ	नऽ	हो	ऽ	मुमः	ऽऽ	किन	ऽ	ऽ	उ	से	ऽ	इ	क

-	ध	प	प	पम	-	म	प	पध	ध	म	मग॒	ग॒म,ग॒	रे	रेग॒,रे	सा
•	खू	ऽ	ब	सू	ऽ	र	त	माऽ	ऽ	ऽ	ड़ऽ	देऽऽ	ऽ	करऽ	ऽ

-	सा	ग॒	ग॒	ग॒म,ग॒	रे	रेग॒,रे	सा	सा	-	-
•	छो	ऽ	ड़	नाऽऽ	ऽ	अऽऽ	ऽ	चढ़ा	ऽ	ऽ चलो इक बार ——....।

□□

ज़रा-सी आहट होती है...

संगीत-लिपि
देवकीनन्दन धवन

फ़िल्म : दुल्हन एक रात की

ज़रा-सी आहट होती है तो दिल सोचता है,
कहीं ये वो तो नहीं !
छुपके सीने में कोई जैसे सदा देता है,
शाम से पहले दिया दिल का जला देता है।
है उसीकी ये सदा, है उसीकी ये अदा !
शक्ल फिरती है निगाहों में वही प्यारी-सी,
मेरी नस-नस में मचलने लगी चिंगारी-सी।
छू गई जिस्म मेरा, किसके दामन की हवा !

संगीत : मदनमोहन ० गीत : कैफ़ी आज़मी ० गायिका : लता मंगेशकर

कहरवा ताल

ठेका बन्द :

प़ नि़ रे प नि – – – सां – – – रें – निं – प – ग
वाद्यवृन्द :

– मे रे – रे – ग रे ग रे ग – – – – सा सा – ग –
ज़ रा ऽ सी ऽ

गमे प प प – – – मेप धप मे – मे ग रे – – – रे नि़रे
आऽ ऽ ह ट ऽ ऽ ऽहोऽ ऽऽ ता ऽ है ऽ ऽ ऽ ऽ ऽ तो दिलऽ

प प
– नि़रे गम म –ग ग – ग – रेसा रे सा – – – पप पप पप
ऽ सोऽ ऽऽ ऽ ऽच ता ऽ है ऽ ऽऽ ऽ ऽ ऽ • • • • •

सा
पप पप सा नि़ – रे रे
• • क हीं ऽ ये ऽ

ठेका शुरू :

× ० ×॰ ०

मंप मंप मंप गमं रे ग

ग – ग ग | ग – • • | • • • ग | नि़ – रे –
वो ऽ तो न | हीं ऽ • • | • • • क | हीं ऽ ये ऽ

रे मं मं मं | मं गमं,ग – रे | साग रे सा सा | नि़ – रे –
वो ऽ तो न | हीं ऽऽऽ ऽ ऽ | ऽऽ ऽ ऽ क | हीं ऽ ये ऽ

प सां नि प ग सा

रे ग ग ग | ग – • • | • • • सा | सा – ग –
वो ऽ तो न | हीं ऽ • • | • • • ज़ | रा ऽ सी ऽ

गमं प प प | – – मंप धप | मं – मं रे | – रे नि़ रे
आऽ ऽ ह ट | • • होऽ ऽऽ | ती ऽ है ऽ | • तो दिल ऽ

नि़रे गप गप मग | ग – ग –सा | रेग,रे सा – सा | नि़ – रे –
सोऽ ऽऽ ऽऽ ऽच | ता ऽ है ऽऽ | ऽऽऽ ऽ • क | हीं ऽ ये ऽ

नि धप मंप गमं ग –

रे ग ग ग | ग – • • | • • • ग | ग मं ध नि
वो ऽ तो न | हीं ऽ • • | • • • क | हीं ऽ ये ऽ

मंनि धमं –मं मं | मं गमं,ग – रे | साग रे सा सा | नि़ – रे –
वोऽ ऽऽ ऽतो न | हीं ऽऽऽ ऽ ऽ | ऽऽ ऽ ऽ क | हीं ऽ ये ऽ

रेमं ग ग ग | ग – { नि रें | सांगं सांरें – – | – – रेंगं रें
वोऽ ऽ तो न | हीं ऽ { वाद्यवृन्द : |

रेंमं रेंगं – – | – – – – | सां गं – – | रेंसां धप गरे सानि़

सा -प - -।- - सा सा।मं - - ध मं ग रे सा

नि़ नि - ध।मं धमं ग मंग।रेग रेसा -) सा | - सा सा -

छुप | ऽ के सी ऽ

नि नि

म - म - | - - गम धनि | सां - - ध | ध पमं,ग -मं धप

ने ऽ में ऽ | ऽ ऽ आऽ ऽऽ | ऽ ऽ ऽ ऽ | ऽ ऽऽऽ ऽऽ ऽऽ

म नि़ प प

म - - सा | - सा सा सा | म - म - | - म म ग

ऽ ऽ ऽ छुप | ऽ के सी ऽ | ने ऽ में ऽ | • को ई ऽ

म⁀ नि नि ध प (सा

ग नि - - | ध ध ध मं | मं ग - - | म ग ग -

जै ऽ ऽ ऽ | से स दा ऽ | दे ऽ ऽ ऽ | ता ऽ है ऽ

रे सानि़ ध़)

नि

• • • सानि़ | ध़ ध़ नि़ सा | म म म - | - म म ग

• • • शाऽ | ऽ म से ऽ | प ह ले ऽ | ऽ दि या ऽ

म⁀ नि नि ध प (सा

ग नि - - | ध ध ध मं | मं ग - - | म ग ग -

दिल ऽ ऽ ऽ | का ज ला ऽ | दे ऽ ऽ ऽ | ता ऽ है ऽ

म ग प)

ग ध प नि

• • • प | - प प मं | मं ध ध - | - ध धनि निध

• * • है | ऽ उ सी ऽ | की ऽ ये ऽ | * स दाऽ ऽऽ

नि ⁀

पमं - - मं | - ध मंध निसां | नि ध ध नि | प प प गप

ऽऽ ऽ • है | ऽ उ सीऽ ऽऽ | की ऽ ये ऽ | ऽ अ दा ऽऽ

(मंप मंप मंप

गप	सा	-	सा	नि	-	रे	-	रे	ग	ग	ग	ग	-	*	*
ऽऽ	ऽ	*	क	हीं	ऽ	ये	ऽ	वो	ऽ	तो	न	हीं	ऽ	तो	न

गमं रे ग)

*	*	*	ग	नि	-	रे	-	रे	मं	मं	मं	मं	ग,मं,ग	-	रे
*	*	*	क	हीं	ऽ	ये	ऽ	वो	ऽ	तो	न	हीं	ऽऽऽ	ऽ	ऽ

साग	रे	सा	सा	नि	-	रे	-	रेमं	ग	ग	ग	ग	-
ऽऽ	ऽ	ऽ	क	हीं	ऽ	ये	ऽ	वोऽ	ऽ	तो	न	हीं	ऽ

(पहले अन्तरे से पूर्व का वाद्यवृन्द बजाने के पश्चात् दूसरा अन्तरा भी पहले अन्तरे के समान गाइए।)

□□

दोस्त, दोस्त ना रहा....

संगीत-लिपि
देवकीनन्दन धवन

फ़िल्म : संगम

दोस्त, दोस्त ना रहा; प्यार, प्यार ना रहा।
ज़िंदगी ! हमें तेरा ऐतबार ना रहा॥
अमानतें मैं प्यार की, गया था जिसको सौंपकर....
वो मेरे दोस्त तुम ही थे; तुम्हीं तो थे।
जो ज़िंदगी की राह में बने थे मेरे हमसफ़र...
वो मेरे दोस्त तुम ही थे; तुम्हीं तो थे!
सारे भेद खुल गए, राज़दार ना रहा।
ज़िंदगी ! हमें तेरा ऐतबार ना रहा॥
गले लगीं सहम-सहम; भरे गले से बोलतीं...
वो तुम न थीं तो कौन था; तुम्हीं तो थीं!
सफ़र के वक्त में पलक से मोतियों को तोलतीं...
वो तुम न थीं तो कौन था; तुम्हीं तो थीं!
नशे की रात ढल गई, अब खुमार ना रहा!
ज़िंदगी ! हमें तेरा ऐतबार ना रहा॥

संगीत : शंकर-जयकिशन ० गीत : शैलेन्द्र ० गायक : मुकेश

दादरा ताल

ठेका बन्द

सा – –सा ग – – रे ग – -रे ग – – – रे – –सा रे –
दो ऽ ऽस्त दो ऽ ऽ स्त ना ऽ ऽर हा ऽ • • प्या ऽ ऽर प्या ऽ

रे
-ग गम रेग सासा सा – – – प – – पध धसां धसां,ध पम मम
ऽर नाऽ ऽऽ ऽर हा ऽ ऽ • ज़ि ऽ ऽ दऽ गीऽ ऽऽऽ ऽऽ हमें

– –ग म – – – म – –,मप धध पम गग ग – –रे ग – –
ऽ ऽते रा ऽ ऽ • ऐ ऽ ऽतऽ बाऽ ऽऽ ऽर ना ऽ ऽर हा ऽ •

रेगु रे सारे,सा धध़ साध़ रेरे सासा सा – –सा सा – –
ऐऽऽ ऽऽऽ ऽत बाऽ ऽऽ ऽर ना ऽ हा ऽ •

×						×						×					
सा	–	-सा	गु	–	–रे	गु	–	-रे	गु	–	–	रे	–	–रे	रे	–	–गु
दो	ऽ	ऽस्त	दो	ऽ	ऽस्त	ना	ऽ	ऽर	हा	ऽ	ऽ	प्या	ऽ	ऽर	प्या	ऽ	ऽर

मगु	रेसा	–सा	सा	–	–	प	–	–प	धसां	धप	मम	म	–	-ग	म	–	–
नाऽ	ऽऽ	ऽर	हा	ऽ	•	जि़	ऽ	ऽद	गीऽ	ऽऽ	ऽह	में	ऽ	ऽते	रा	ऽ	•

म	–	–म	पध	धप	मगु	गु	–	-रे	गु	–	–	गुरे	सारे,	धध़	साध़	रेरे	सासा
ऐ	ऽ	ऽत	वाऽ	ऽऽ	ऽर	ना	ऽ	ऽर	हा	•	•	ऐऽ	ऽऽऽ	ऽत	बाऽ	ऽऽ	ऽर

वाद्यवृन्द :			प	नि	धु	•	गु	रे	सा	नि़	धु़	प़	–	–	–	–	•
सा	–	-सा	सा	–	–	प़	–	–	–	–	–	–	–	स	प	नि	धु
ना	ऽ	ऽर	हा	ऽ	•	•	•	*	•	*	•	•	•	•	•	•	*

सा	–	–	गु	–	सा	रे	-धु़	पध़	प़	–	–	*	म	गु	रे	सा	नि़
पं	–	–	•	•	गुंगुं	मं	•	•	प	नि	प़	मं	–	–	–	–	–
*	•	*	•	•	•	•	•	•	*	*	*	*	*	•	•	*	•

धु़	प़	म़	प़	–	–	रे	–	–	–	•	नि़	सा	-धु़	पग़	म़	–	-*
–	–	–	पं	नि	पं	मं	–	–	•	•	रेंरें	गुंगुं	*	*	*	*	•र
•	*	•	*	•	*	•	•	•	•	•	•	•	•	•	•	*	•अ

पधु	म	म	मप	गु	गु	गुम	रे	रे	गु	–	-प	पधु	म	म	मर	प	गु
माऽ	ऽ	न	तेऽ	ऽ	मैं	प्याऽ	ऽ	र	की	ऽ	•ग	याऽ	ऽ	था	जिऽ	स	को

गुम	रे	रे	गु	–	पनि	नि	–	–ध	नि	–	–ध	धसां	प	प	प	–	–सां
सौंऽ	ऽ	प	कर	ऽ	वोऽ	मे	ऽ	ऽरे	दो	ऽ	ऽस्त	तुमऽ	ऽ	ही	थे	जिऽ	•तु

नि	प	प	प	–	–	प	सां	-प	गु	प	–प	पधु	म	म	मप	गु	गु
म्ही	ऽ	तो	थे	ऽ	*	*	*	**	*	*	*जो	जिऽ	ऽ	द	गीऽ	ऽ	को

गम रे रे ग – –प | पध म म मप ग ग | गम रे रे ग –पनि
राऽ ऽ ह में ऽ *ब | नेऽ ऽ थे मेऽ ऽ रे | हमऽ ऽ स फर ऽ वोऽ

नि – –ध नि – –ध | धसां प प प – नि | प गम,ग सा रे – •
मे ऽ ऽरे दो ऽ ऽस्त | तुमऽ ऽ ही थे ऽ तु | म्हीं ऽऽऽ तो थे ऽ •

प़ सा –रे गं सा – | मा – सा ग – –रे | ग – –र ग – –
• • • • • • | सा ऽ रे भे ऽ ऽद | खुल ऽ ऽग ए ऽ •

रे – –सा रे – –ग | गम रेग –सा सा – – | प – –प धसां धप मम
रा ऽ ऽज़ दा ऽ र | नाऽ ऽऽ ऽर हा ऽ • | ज़ि ऽ ऽद गीऽ ऽऽ ऽह

म – –ग म – – | रेप म –म पध धप मग | ग – –रे ग – –
में ऽ ऽते रा ऽ * | ऐऽ ऽ ऽत बाऽ ऽऽ ऽर | ना ऽ ऽर हा ऽ •

गरे सारे,सा धध़ साध़ रेरे सासा | सा – –सा सा – – | ग – – ग – म
ऐऽ ऽऽऽ ऽऽ बाऽ ऽऽ ऽर | ना ऽ ऽर हा ऽ * | प़ – – प – ध़

वाद्यवृन्द :

ग – – ग – – । ग – – ग – म । रे – – रे – –

प़ – – प – – । प़ – – प़ – ध़ । म़ – – म – –

मं – – – रें प । गं – – – सां गं । रें – – – ध – –

रें – – म –ध पग । सा ग ध प – –ग | ग – –ग ग – –म
*ग | ले ऽ ऽल ी ऽ ऽस

मप रे –रे रे – –रे | ग – –रे ग – –म | मप रे –रे रे – –नि
हम ऽ ऽस हम ऽ *भ | रे ऽ ऽग ले ऽ ऽसे | वोऽ ऽ ऽल तीं ऽ •वो

नि – –ध नि – –ध | धसां प –प प – –सां | नि प प प – –
तुम ऽ ऽन थीं ऽ ऽतो | कौऽ ऽ ऽन था ऽ •तु | म्हीं ऽ तो थीं ऽ ऽ

प सां -प ग प -सा | ग - -रे ग - -म | मप रे -रे रे रे रेसा
* * * * * *स | फर ऽ ऽके व ऽ ऽक्त | मेंऽ ऽ ऽप ल क सेऽ

ग - -रे ग - -म | सप रे -रे रे - -नि | नि - -ध नि - -ध
मो ऽ ऽति यों ऽ ऽको | तोऽ ऽ ऽल तीं ऽ *वो | तुम ऽ ऽन थीं ऽ ऽतो

धसां प -प प - -नि | प ग सा रे - * | प़ सा -रे ग सा -सा
कोऽ ऽ ऽन था ऽ ऽतु | म्हीं ऽ तो थीं ऽ * | * * * * * *न

प़
सा - -सा ग - -रे | ग - -रे ग - - | रे रे -सा रे - -ग
शे ऽ ऽकी रा ऽ ऽत | ढल ऽ ऽग ई ऽ * | अ ब ऽख़ु मा ऽ ऽर

गम रेग,- सासा सा - - | प - -प धसां धप मम | म - -ग म - -
नाऽ ऽऽऽ ऽर हा ऽ ऽ | ज़ि ऽ ऽद गीऽ ऽऽ ऽह | में ऽ ऽते रा ऽ *

रेसा म -म पध धप मग | ग - -रे ग - - | गरे पारे,सा धध़ साध़ रेरे सासा
ऐऽ ऽ ऽत बाऽ ऽऽ ऽर | ना ऽ ऽर हा ऽ ऽ | ऐऽ ऽऽऽ ऽत बाऽ ऽऽ ऽर

सा - -सा सा - - | सा - प़ ग - -रे | ग - -रे ग - -
ना ऽ ऽर हा ऽ ऽ | दो ऽ ऽस्त दो ऽ ऽस्त | ना ऽ ऽर हा ऽ *

रे - -सा रे - -ग | मग रेसा -सा सा - - |
प्या ऽ ऽर प्या ऽ ऽर | नाऽ ऽऽ ऽर हा ऽ ऽ |

□□

मुस्कराओ कि जी नहीं लगता

स्वर-लिपि
देवकीनन्दन धवन

मुस्कराओ कि जी नहीं लगता।
पास आओ कि जी नहीं लगता॥
ये ख़मोशी ये बेज़ुबानी क्यों।
छेड़ न दें कोई कहानी क्यों॥
गुनगुनाओ कि जी नहीं लगता॥

पास हो तुम है फिर भी तनहाई।
क्या नहीं प्यार की ये रुसवाई॥
कुछ सुनाओ कि जी नहीं लगता।

रात का हुस्न भी ज़रा देखो।
चाँदनी कह रही है क्या देखो।
मान जाओ कि जी नहीं लगता॥

□ फ़िल्म : कैनात

संगीत : चित्रगुप्त ○ गीत : राजेन्द्र कृष्ण ○ गायक : लता मंगेशकर

दादरा ताल

ठेका बन्द

{ सां – – नि – – सां – – प – – | नि – –, धुः – धुः

मग रेसा निध प सा ग } (ठेका शुरू)

×						×						×					
प	प,सा	गा	प	ध	ग	प	प,सा	गा	प	रे	ग	म	ग	रे	म	ग	रे
•	•	•	*	•	•	•	*	•	•	•	*	•	*	•	•	•	•

											सा			नि			
सां	–	सा	रे	गारे	गा,म	मग	–	रेसा	रे	गरे	नि	सानि	रेसा	ध	धप	प	–
•	*	मु	स्क	राऽ	ऽऽऽ	आऽ	ऽ	किऽ	जी	ऽऽ	न	हींऽ	ऽऽ	ल	गऽ	ता	ऽ

– – सा रे गु र मप | गुम गु रेसा | प प धुधु म
ऽ ऽ मु स्क राऽ ऽऽ | ओऽ ऽ किऽ जो नहीं लगता | पा स आऽ ऽ

प
धमप – प धु म म म | पम गु गधु पधु म – | गुर,गु सा
ओऽऽ ऽ कि जोऽ ऽ न | हीं ऽ ऽ लऽ गऽ ता ऽ | ऽऽऽ ऽ पास आओ कि

सा
निधु निधु स म निधु निधु,म म | म गुम,गु रे गुरे सा सा | रे गु र म र गुम गु रेसा
ओऽ ऽऽऽ न हींऽ ऽऽऽ ल | ग ताऽऽ ऽ ऽऽ ऽ मु | स्क राऽ ऽऽ ओऽ ऽ किऽ

सा रे
रे गुरे नि सानि गुरे सा | सा सा – – – { गु | प नि ध सांनि धु –
जी ऽऽ न हींऽ ऽऽ ल | ग ता ऽ ऽ ऽ { वाय | लिन

प्यानो (प
– म नि धुर मगु प । – गुम मर मरे – – । – गुम मर सा – –

सा गु म प म गु | ध प म नि – } प | प पधपध – नि – नि
– – – * * * | * * * * * } ये | खा मोऽऽऽ ऽ शी * ये

म नि नि
पप,गु – म प प धु | धु पप – – – नि | –नि पम गुर मप,म गु सा
बेऽऽ ऽ ऽजु बा ऽ नी | ऽ ऽक्यों ऽ ऽ ऽ छे | ऽड़ नऽ ऽऽ देंऽऽ ऽ को

म
सागुमागु म पम पध,प मगु | मर,प गु –रे सारे,सा – सा | रे सारे गुप,म मगु – रेसा
ईऽऽऽ ऽ क्र हाऽ ऽऽऽ नोऽ | ऽऽऽ क्यों ऽऽ ऽऽऽ * गुन | गु नाऽ ऽऽऽ ओऽ ऽ किऽ

सा रे
सा रे गुर मगु | गुम गु रेसा रे गुरे नि | सानि गुरे सा सा सा –
जो नहीं लगता मु स्क राऽ ऽऽ | ओऽ ऽ किऽ जाऽ ऽऽ न | हींऽ ऽऽ ल ग ता ऽ

– – { रेगु मगु पम धुर | नि – – गुंरें सां – । रेंसां धु – – – रे म
ऽ ऽ { आर्केस्ट्रा |

ध – – रेंसां धु – । सांनि प – • ग म । प नि धु म म धु
सां निसां धुनि प पम गुसा । नि – रेगु मगु पम धु । नि •) ध -धु धसां ध
) पा ऽस हो ऽ

नि – सांनि ध धम मरे | रे म धु प प – | – – प निसां, नि धुनि धु –
तुम ऽ हैऽ फि रऽ भीऽ | त न हा ऽ ई ऽ | ऽ ऽ क्या नऽऽ हींऽऽ ऽ

म
प प निसां, नि धुनि, ध – निधु | प पम गुम पधु, र पम, गु – | पम, प –
प्या ऽ रऽऽ कीऽऽ ऽ येऽ | रु सऽ वाऽ ऽऽऽ ईऽऽऽ ऽ | ऽऽऽ ऽ क्या नहीं प्यार की ये

रे
पम, गु – | सा – सा रे सारे गुप, म | मगु –
रुसवा — ईऽऽ ऽ | ऽ • कुछ सु नाऽ ऽऽऽ | ओऽ ऽ कि जी नहीं लगता

सा रे
सा रे गुप मप | गुम गु रेसा रे गुरे नि़ | सानि़ गुरे सा सा सा –
मु स्क राऽ ऽऽ | ओऽ ऽ किऽ जी ऽऽ न | हींऽ ऽऽ ल ग ता ऽ

– –
ऽ ऽ (जो आर्केस्ट्रा दूसरे अन्तरे से पूर्व बजा था, वही बजाने के पश्चात् तीसरा अन्तरा भी दूसरा अन्तरे के समान गाएँ)

□□

तेरे प्यार की तमन्ना....

संगीत लिपि :
शशिमोहन भट्ट

□ फ़िल्म : तवायफ़

तेरे प्यार की तमन्ना, ग़मे-ज़िंदगी के साए !
बड़ी तेज़ आँधियाँ हैं, ये चिराग बुझ न जाए !
तेरे प्यार की तमन्ना, ग़मे-ज़िंदगी के साए !

है अजीब दास्ताँ कुछ, ये हमारी दास्ताँ भी,
कभी तू समझ न पाए, कभी हम सुना न पाए !

न फ़ज़ा है अपने बस में, न नज़र में है किनारा,
कहीं मेरे दिल की कश्ती, न भँवर में डूब जाए।

कोई हल तू ही बता दे मेरे दिल की कशमकश का,
तुझे भूलना भी चाहा, तेरे याद भी सताए।

संगीत : रवि ० गीत : हसन कमाल ० गायक : महेंद्र कपूर

कहरवा ताल

×				०				×				०			
				[सा	-	सा	-	सा	-	सा	-	सा	-]	सा	ग॒
				[•	*	•	•	*	•	•	•	•	•]	ते	रे
				पार्श्व-संगीत											
				ग॒ (म)	ग॒म	ग॒म	ग॒	रे	सा	सा	-	-	-	सा	ग॒
प	-	-	-												
प्या	ऽ	ऽ	ऽ	र	कीऽ	ऽऽ	त	म	ऽ	न्ना	ऽ	ऽ	ऽ	ग़	मे
प	-	-	-	ग॒	ग॒म	ग॒म	ग॒	रे (म)	सा	सा	-	-	-,	प	प
ज़ि	ऽ	ऽ	ऽ	द	गीऽ	ऽऽ	के	सा	ऽ	ए	ऽ	ऽ	ऽ,	ब	ड़ी
रें	-	-	-	रेंसां	सांग॒ं	रेंग॒रें	रेंसां	सां	-	सां	-	-	-	नि॒	रेंसां
ते	ऽ	ऽ	ऽ	ज़ऽ	आँऽ	ऽऽऽ	धिऽ	याँ	ऽ	हैं	ऽ	ऽ	ऽ	ये	चिऽ
नि॒	ध॒	-	-	ध॒	ध॒	नि॒	ध॒प	प	-	प	-	म	ग॒,		
रा	ऽ	ऽ	ऽ	ग़	बु	झ	न	जा	ऽ	ए	ऽ	ऽ	ऽ, तेरे प्यार की		

तमन्ना, ग़मे-ज़िंदगी के—

रेसा	रेसा	सा	-	-	-	-	-
साऽ	ऽऽ	ए	ऽ	ऽ	ऽ	ऽ	ऽ

सां प - - । - - धुप धुप । सां प - - । - - - -
पार्श्व-संगीत

गुं रें - - । - - गुंरें गुंरें । मं रें गुं नि । सां - - -

सां - - रेंसां । नि - - सांनि । धु - - निधु । प - - -

सां - - रेंसां । नि - - सनि । धु मंगुं रेंसां निधु । प -] प धु
है अ

सां	-	-	-	सां	रेंगुं	सांरें	सां	सां	-	सां	सां	-	प	प	प
ज़ी	ऽ	ऽ	ऽ	ब	दाऽ	ऽऽ	स्	ताँ	ऽ	कु	छ	ऽ	ऽ	ये	ह
गुं	-	-	-	गुं	रेंगुं	सांरें	सां	सां	-	निसां	रेंसां	धु	प,	प	धु
मा	ऽ	ऽ	ऽ	री	दाऽ	ऽऽ	स्	ताँ	ऽ	भीऽ	ऽऽ	ऽ	ऽ,	है	अ

सां	-	-	-	सां	रेंगुं	सांरें	सां	सां	-	सां	सां	-	प	प	प
जी	ऽ	ऽ	ऽ	ब	दाऽ	ऽऽ	स्	ताँ	ऽ	कु	छ	ऽ	ऽ	ये	ह
गुं	-	-	-	गुं	रेंगुं	सांरें	सां	सां	-	सां	-	-	-,	सां	रेंसां
मा	ऽ	ऽ	ऽ	री	दाऽ	ऽऽ	स्	ताँ	ऽ	भी	ऽ	ऽ	ऽ,	क	भीऽ
सां	नि	-	-	नि	निध	सांनि	निधु	धु	-	धु	-	-	-	धु	धुसां
तू	ऽ	ऽ	ऽ	स	भऽ	झऽ	नऽ	पा	ऽ	ए	ऽ	ऽ	ऽ	क	भीऽ
निसां	निसां	-	-	निधु	धुनि	धुनि	धु	प	-	प	-	म	गु		
हम	ऽऽ	ऽ	ऽ	सुऽ	नाऽ	ऽऽ	न	पा	ऽ	ए	ऽ	ऽ	ऽ, तेरे प्यार की		

तमन्ना, ग़मे ज़िंदगी के साए । बड़ी तेज आँधियाँ हैं, ये चिराग़ बुझ न जाए । तेरे प्यार की तमन्ना, ग़मे ज़िंदगी के साए—

प - - - । - - - - । धुनि धु - - । पनि धु - -
पार्श्व-संगीत

रें सां धुसां प । - - - - । मपधु धुसांरें पधुनि सांरेंगुं । धुनिसां रेंगुंमं निसांरें गुंमं

पं - - - । - - - - । मं - रें मं । गुं रें सां नि

रें सां नि धु । प -]

(दूसरा अंतरा 'न फ़ज़ा है…' पहले अन्तरे 'है अजीब दास्ताँ…' के समान गाया जाएगा । तत्पश्चात्—

ग - रे सा। ग - रे सा। ध - प म। ध - प म
पार्श्व-संगीत

सां - नि ध। सां - नि ध। नि सां गं धं। प - - -

प - - - । ध - - - । निसांनि ध प -। - - - -

प - - -। ध - - -। सां नि ध प। - - - -

म - - ध। प म ग रे। ग सा रे नि। सा - सा रे
को ई

ग - - - | ग पम पधप मग | ग - ग - | - - रे ग
हल ऽ ऽ ऽ | तू हीऽ ऽऽऽ बऽ | ता ऽ दे ऽ | ऽ ऽ मे रे

ध - - - | ध पध नि ध | प प प - | - - सां गं
दिल ऽ ऽ ऽ | की कऽ श म | क श का ऽ | ऽ ऽ • •

धं पं - गं | धं पं - ग | धंपं धंपं गंरें गंरें | सां - प ध
• • • • | • • • • | • • • • | • • को ई

सां - - - | सां रेंगं सांरें सां | सां - निसां रेंसां | ध - प प
हल ऽ ऽ ऽ | तू हीऽ ऽऽ ब | ता ऽ देऽ ऽऽ | ऽ ऽ मे रे

गं - - - | गंरें रेंगं सांरें सां | सां सां सां - | - -,
दिल ऽ ऽ ऽ | कीऽ कऽ शऽ म | क श का ऽ | ऽ ऽ, तुझे भूलना

भी चाहा तेरी याद भी सताए' पंक्ति को 'कभी तू समझ न पाए, कभी हम सुना न पाए' के समान गाया जाएगा। शेष पंक्तियाँ पूर्ववत् गाकर अन्त में 'तेरे प्यार की तमन्ना, ग़मे-ज़िंदगी के साए' गाते हुए समाप्ति इस प्रकार होगी—तेरे प्यार''' '''ज़िंदगी के—

रेसा रेसा सा - | - - - - | -,
साऽ ऽऽ ए ऽ | ऽ ऽ ऽ ऽ | ऽ,

□□

ऐ कातिबे-तक़दीर....

संगीत लिपि
श्रीनन्दन गोस्वामी

फिल्म : मेरी बहिन

ऐ कातिबे-तक़दीर! मुझे इतना बता दे,
क्यों मुझसे ख़फ़ा है तू, क्या मैंने किया है ?

औरों को खुशी मुझको फ़क़त दर्दो-रंजो ग़म,
दुनिया को हँसी और मुझे रोना दिया है !

हिस्से में सबके आई हैं रंगीन बहारें।
बदबख़्तियाँ लेकिन मुझे शीशे में उतारें।।

पीते हैं लोग रोज़ो-शब मुसर्रतों की मय,
मैं हूँ कि सदा ख़ूने-जिगर मैंने पिया है !

था जिनके दम-कदम से ये आबाद आशियाँ,
वो चहचहाती बुलबुलें जाने गईं कहाँ ?

जुगनूं की चमक है न सितारों की रोशनी !
इस घुप अँधेरे में है मेरी जान पर बनी।।

क्या थी ख़ता कि जिसकी सजा, तूने मुझको दी,
क्या था गुनाह कि जिसका बदला मुझसे लिया है !

संगीत : अज्ञात ० गीत : अज्ञात ० गायक : सहगल

प ध नि - सां सां सां सां सांरें निरें सां - - - नि ध नि
ऐ ऽ का ऽ ति बे त क़ दोऽ ऽऽ ऽ ऽ ऽ ऽ र ऽ ऽ

- - - धप - धनि धप धनिसां निसां - - - - - - -
ऽ ऽ ऽ ऽऽ ऽ ऽऽ ऽऽ ऽऽऽ ऽऽ ऽ ऽ ऽ ऽ ऽ ऽ ऽ ऽ

- - - - निध नि - - ध - - - - - - - ध ध ध
ऽ ऽ ऽ ऽ मुऽ झे ऽ ऽ ऽ ऽ ऽ ऽ ऽ ऽ ऽ ऽ इ त ना

ध पध पध नि नि प - - - - - - - - - -
ब ताऽ ऽऽ ऽ दे ऽ ऽ ऽ ऽ ऽ ऽ ऽ ऽ ऽ ऽ ऽ

× × ×

| सारे निं
| ऐऽ ।

सा प प प प प | प – प प ध म | म प प नि ध –
का ऽ ति बे त क़ | दी ऽ र मु झे ऽ | इ त ना ब ता ऽ

प – – – गम प | प प ध म मप ध | प म – – सारे नि
दे ऽ ऽ ऽ • • | इ त ना ब ताऽ ऽ | दे ऽ ऽ ऽ क्योंऽ ऽ

सा म म म म ग | गप मप – – गरे ग | सा – सा रे ग रे
मु झ से ख़ फा ऽ | हैऽ ऽऽ तू ऽ क्याऽ ऽ | मैं ऽ ने कि या ऽ

सा – – – सा रे | ग म म म म ग | गप मप म – गरे (ग)
है ऽ ऽ ऽ • • | • • • • • • | • • • • • •

सा – सा रे ग रे | सा – – – सा – | सारे ग रे सा ध नि
• • • * • • | • • • • औ ऽ | रोंऽ ऽ को खु शी ऽ

नि सा सा सा सा सा | सा ग ग म – प | मप गम – – सा रे
मु झ को फ़ क त | द ऽर् दो रं ऽ जो | गम ऽऽ ऽ ऽ दु नि

ग म म म प ध | पम प म ग ग – | सा – सा रे ग रे
या ऽ को हँ सीऽ ऽ | औऽ ऽ र मु झे ऽ | रो ऽ ना दि या ऽ

सा – – – सारे नि | सा प प प मप ध | प – – – प –
है ऽ ऽ ऽ क्या ऽ | मैं ऽ ने कि याऽ ऽ | है ऽ ऽ क्या ऽ ऽ

प – ध म मप ध | पम गम – – सा रे | ग म म म म ग
मैं ऽ ने कि याऽ ऽ | हैऽ ऽऽ ऽ ऽ क्यों ऽ | मु झ से ख़ फ़ा ऽ

गप मप प – गरे ग | सा – सा रे ग रे | सा – – – पध सां
हैऽ ऽऽ तू ऽ क्याऽ ऽ | मैं ऽ ने कि या ऽ | है ऽ ऽ ऽ • •

पनि धप मप ग – मग | ध पम गरे सा– गम म | ग – म ध ध नि
• • • • • • | • • • • * हि | स्से ऽ में स ब के

धनि सांरें सां सांरें नि सां | – – – – ध नि | – – ध (सां) – –
आऽ ऽऽ ई है ऽ ऽ | ऽ ऽ ऽ ऽ ऽ ऽ | ऽ ऽ ऽ ऽ ऽ ऽ

– नि ध प – म | ग – म ध ध नि | ध नि ध रें सां सां
ऽ • • • • हि | स्से ऽ में स ब के | आ ऽ ई हैं र ऽ

नि ध नि सां ध – | प – – – प म | ध – ध ध ध –
गो ऽ न ब हा ऽ | रें ऽ ऽ ऽ ब द | ब ऽ खि याँ ले ऽ

ध ध ध ध ध प | म प म ग रे म | गरे (ग) – – सा रे
कि न मु झे शी ऽ | शे ऽ में उ ता ऽ | रेंऽ ऽ ऽ ऽ पी ऽ

ग म म – सा रे | ग म ग म सा रे | ग म ग सा ध नि
ते ऽ हैं ऽ • • | • • • • पी ऽ | ते ऽ हैं लो ऽ ग

सा – सा सा सा सा | सारे ग ग म ग प | मप ग म – सा रे
रो ऽ ज़ो श ब मु | सऽ ऽ रं तों ऽ की | मऽ ऽ य ऽ मैं ऽ

ग म म म मप ध | पम प म ग ग ग | सा – सा रे ग रे
हूँ ऽ कि स दाऽ ऽ | खूऽ ऽ ने जि ग र | मैं ऽ ने पि या ऽ

सा – – – सारे नि | सा प प प मप ध | प – – – प –
है ऽ ऽ ऽ क्या ऽ | मैं ऽ ने कि याऽ ऽ | है ऽ ऽ क्या ऽ ऽ

प – ध नि ध रें | सां – – – सांरें गं | रें नि ध प म ग
मैं ऽ ने कि या ऽ | है ऽ ऽ ऽ थाऽ ऽ | जि न के द म क

सा ध नि सा – – | सा ग रे सा सा – | सा – रे ग म ग
द म से ये ऽ ऽ | • • • • आ • | बा ऽ द आ ऽ शि

म – – – – – | सा रे ग म म ध | ध ध ध ध – ध
याँ ऽ ऽ ऽ ऽ ऽ | • • • • व ह | च ह च हा ऽ ती

ध सां नि ध मप ध | ध ध ध ध – ध | ध सां नि ध ध –
• • • • वऽ ह | च ह च हा ऽ ती | बु ल बु लें जा ऽ

प - म म - ध | धप मप - - म म | ग - म ध ध नि
ने ऽ ग ई ऽ क | हाँ ऽऽ ऽ ऽ जु ग | नू ऽ की च म क

ध नि ध रें सां - | नि - सां नि रे सां | ध - - - ध रें
है ऽ न सि ता ऽ | रों ऽ की रो ऽ श | नी ऽ ऽ ऽ इ स

रें रें रें रें - रें | रें - रें रें रें - | सां - नि ध ध रें
घु ऽ प अँ धे ऽ रे | में ऽ है मे री ऽ | जा ऽ न प र ब

सां - - - प ध | सां - - - प ध | सां - - - सा रे
नो ऽ ऽ ऽ क्या ऽ | थो ऽ ऽ ऽ • • | * • • * क्या ऽ

म - - - ध नि | सा - सा सा - सा | सा सा सा सा सा नि
थो ऽ ऽ ऽ क्या ऽ | थो ऽ ख़ ता ऽ कि | जि स की स जा ऽ

सा - रे ग ग प | मप गम - - सा रे | रे म - - ध नि
तू ऽ ने मु झ को | दीऽ ऽऽ ऽ ऽ क्या ऽ | था ऽ ऽ ऽ क्या ऽ

ग - ग म म म | ग प म ग रे ग | सा सा सा रे ग रे
था ऽ गु ना ह कि | जि स का ब द ला | मु झ से लि या ऽ

सा - - - सा रे नि | सा प प प मप ध | प - - - प -
है ऽ ऽ ऽ क्या ऽ | मैं ऽ ने कि याऽ ऽ | है ऽ ऽ ऽ क्या ऽ

प - ध म मप ध | पम गम - - सा रे | ग म म म म ग
मैं ऽ ने कि याऽ ऽ | हैऽ ऽऽ ऽ ऽ क्यों ऽ | मु झ से ख़ फ़ा ऽ

गप सप म - - - - - - - ग रे ग - - - - रे - सा -
हैऽ ऽऽ तू ऽ ऽ ऽ ऽ ऽ ऽ क्या ऽ ऽ ऽ ऽ ऽ ऽ ऽ ऽ ऽ ऽ

नि - - - - - - - सा - सा ग सारे ग रेग गरे सा -
ऽ ऽ ऽ ऽ ऽ ऽ ऽ ऽ मैं ऽ ने कि याऽ ऽ ऽऽ हैऽ ऽ ऽ

- - - - - - - - - - - -
ऽ ऽ ऽ ऽ ऽ ऽ ऽ ऽ ऽ ऽ ऽ

दिल चीज़ क्या है...

संगीत-लिपि
देवकीनन्दन धवन

□ फ़िल्म : उमराव जान

दिल चीज़ क्या है, आप मेरी जान लीजिए!
बस, एक बार मेरा कहा मान लीजिए!!

इस अंजुमन में आपको आना है बार-बार।
दीवारो दर को ग़ौर से पहचान लीजिए!

माना कि दोस्तों को नहीं, दोस्ती का पास।
लेकिन ये क्या कि ग़ैर का अहसान लीजिए!

कहिए तो आसमाँ को ज़मीं पर उतार लाएँ।
मुश्किल नहीं है कुछ भी अगर ठान लीजिए!

संगीत : ख़य्याम ० गीत : शहरयार ० गायिका : आशा

गम पनि सां – – – – – – – – निरें सांसां निध,नि – प – –
आऽ ऽऽ ऽ ऽ ऽ ऽ ऽ ऽ ऽ ऽ ऽऽ ऽऽ ऽऽऽ ऽ ऽ ऽ ऽ

प
– पमंध्रप – ग – – – मपगम ग – – – | नि नि सां – सां सां
ऽ आऽऽऽ ऽ ऽ ऽ ऽ ऽ ऽऽऽऽ ऽ ऽ ऽ ऽ | दि ल ची ऽ ज़ क्या

– – – सां – – पप सां नि रें सां नि ध धनि,ध प – –
ऽ ऽ ऽ है • • आऽ ऽ ऽ ऽ प मे ऽ रीऽऽ ऽ • •

नि
नि – सांरें,सां नि ध ध पमं मंध्र प – – – – | नि नि सां –
जा ऽ नऽऽ लो ऽ ऽ जिऽ एऽ ऽ ऽ ऽ ऽ ऽ | दि ल ची ऽ

सां सां – सां – – पसां नि रें सां | ग ग ग – ग
ज़ क्या ऽ है • • आऽ ऽ ऽ प मेरी जान लीजिए | ब स ए ऽ क

ग – ग – – मपगम – प प प पग – – ग ग ग – ग
बा ऽ र • • मेऽऽऽ ऽ ऽ रा क हाऽ • * ब स ए ऽ क

ग – ग मपगम – गम,प – प प प ग
बा ऽ र मेऽऽऽ ऽ ऽऽऽ ऽ रा क हा ऽ

कहरवा ताल

×	०	×	०
– – म ध	ध धनि,ध प प	ध नि प –	मप,म – ग –
* * मा ऽ	न लीऽऽ ऽ जि	ए ऽ ऽ ऽ	ऽऽऽ ऽ ऽ ऽ
सा ग ग –	ग ग – ग	मपगम – गम,प –	प प प ग
ब स ए ऽ	क बा ऽ ए	मेऽऽऽ ऽ ऽऽऽ ऽ	रा क हा ऽ
– – म ध	ध धनि,ध प प	ध नि प –	मग,म – गरे सा
● ● मा ऽ	न लीऽऽ ऽ ज़ि	ए ऽ ऽ ऽ	ऽऽऽ ऽ ऽऽ ऽ
सा ग ग –	ग ग – –	म प गम प	प प प ग
दि ल को ऽ	ज़ क्या ऽ है	आ ऽ ऽऽ ऽ	ब मे री ऽ
– – म ध	ध धनि,ध प प	धनि – प –	– – – –
* * जा ऽ	न लीऽऽ ऽ ज़ि	एऽ ऽ ऽ ऽ	ऽ ऽ ऽ ऽ
ग प प सां	सां सां – सां	– नि रें सां	निध निध प ग
इ स अं ऽ	जु मन ऽ में	● आ ऽ प	कोऽ ऽऽ ऽ ऽ
ग प प सां	सां सां – सां	– नि सां –	– – – –
इ स अं ऽ	जु मन ऽ में	● आ ऽ ऽ	ऽ ऽ ऽ ऽ
– – निरें सांसां	निध नि नि ^ध^प	– – – –	ग प सां नि
ऽ ऽ ऽऽ ऽऽ	ऽऽ ऽ ऽ ऽ	● ● ● ●	आ ऽ ऽ ऽ
^प^सां – – –	– पध पप –	^प^ग – मप गम	ग – – –
ऽ ऽ ऽ ऽ	ऽ ऽऽ ऽऽ ऽ	ऽ ऽ ऽऽ ऽऽ	ऽ ऽ ऽ ऽ
ग प प सां	सां सां – सां	– नि रें सां	निध निध प ग
इ स अं ऽ	जु मन ऽ में	● आ ऽ प	कोऽ ऽऽ ऽ ऽ

ग प प सां | सां सां - सां | रेंसां निप निसां गं | गं रें सां -

इ स अ ऽ | जु मन ऽ मे | आऽ ऽऽ ऽऽ ऽ | प को ऽ ऽ

नि नि

नि - नि - | सां ध ध मं | मं ध प - | - - - -

आ ऽ ना ऽ | है बा ऽ र | बा ऽ ऽ ऽ | ऽ ऽ ऽ रऽ

सा

ग - ग - ग ग ग ग म प गम प प मप ग - - साग

दो ऽ वा ऽ रो द र को ग़ौ ऽ ऽऽ ऽ र सेऽ ऽ • • दीऽ

- ग - ग ग ग ग म प गम प प प ग -

ऽ वा ऽ रो द र को ग़ौ ऽ ऽऽ ऽ र से ऽ *

म ध ध - | ध धनि,ध प प | ध नि प - | मप;म - ग -

प ह चा ऽ | न लीऽऽ ऽ ज़ि | ए ऽ ऽ ऽ | ऽऽऽ ऽ ऽ ऽ

सा ग ग - | ग

दी ऽ वा ऽ | रो दर को ग़ौर से पहचान लीजिये-

ध नि प - | मप,म - गरे सा | सा ग ग - | ग ग - ग

ए ऽ ऽ ऽ | ऽऽ ऽ ऽऽ ऽ | दि ल चो ऽ | ज़ क्या ऽ है

म प गम प | प प प ग | - - म ध | ध ध - रें

आ ऽ ऽऽ ऽ | प मे री ऽ | • • जा ऽ | न ली ऽ जि

निसां निप ध प | - - - - |

एऽ ऽऽ ऽ ऽ | ऽ ऽ ऽ ऽ |

ग प प सां | सां सां - सां | सांनि धनि - - | रें सां निध निध

मा ऽ ना ऽ | कि दो ऽ स् | तोंऽ ऽऽ ऽ ऽ | को न हींऽ ऽऽ

प ग - - | - नि - नि | सां - - - | - - - -

ऽ ऽ • • | • दो ऽ स् | तों ऽ ऽ ऽ | ऽ ऽ ऽ ऽ

निरें सांसां धनि - | - प - - | - ग - प | सां ध पर्म र्म
ऽऽ ऽऽ ऽऽ ऽ | ऽ ऽ ऽ ऽ | • दो ऽ स् | तों ऽ ऽऽ ऽ

- प - ध | पध प ग - | गम पग म - | ग - - -
ऽ को ऽ न | हींऽ ऽ ऽ ऽ | ऽऽ ऽऽ ऽ ऽ | ऽ ऽ • •

ग प प सां | सां सां - सां | सांनि धनि - - | रें सां निध निध
मा ऽ ना ऽ | कि दो ऽ स् | तोंऽ ऽऽ ऽ ऽ | को न हींऽ ऽऽ

प - नि - | सांरें,सां धनि ध पर्म | र्म ध प - | - - - -
ऽ ऽ दो ऽ | स्ऽऽ तीऽ ऽ काऽ | पा ऽ ऽ ऽ | ऽ ऽ ऽ ऽस

सा ग ग ग ग ग - ग मप मग मप प प - - - } दो बार
ले ऽ कि न ये क्या ऽ कि ग़ैऽ ऽऽ ऽऽ र का ऽ ऽ ऽ

म ध ध - | ध धनि̱,ध प प | धनि - प - | मप,म - ग -
ए ह सा ऽ | न लीऽऽ ऽ जि | एऽ ऽ ऽ ऽ | ऽऽऽ ऽ ऽ ऽ

| धनि - प - | मप,म - गरे सा
लेकिन ये क्या कि ग़ैर का एहसान लीजि- | एऽ ऽ ऽ ऽ | ऽऽऽ ऽ ऽऽ ऽ

सा ग ग - | ग ग - ग | म प गम प | प प प ग
दि ल की ऽ | ज़ क्या ऽ है | आ ऽ ऽऽ ऽ | प मे री ऽ

- - म ध | ध ध - रें | निसां निप ध प | - - - -
• • जा ऽ | न ली ऽ जि | एऽ ऽऽ ऽ ऽ | ऽ ऽ ऽ ऽ

गं गं रेंगंमंगं - | गंरें,सां - - - | - निरें सांनि धनि | - प - -
क हि एऽऽऽ ऽ | तोऽऽ ऽ ऽ ऽ | ऽ ऽऽ ऽऽ ऽऽ | ऽ ऽ ऽ •

गं ग गं - | गं गं - गं | मं - - - | - - - -
क हि ए ऽ | तो आ ऽ स | माँ ऽ ऽ ऽ | ऽ ऽ ऽ ऽ

– – – – | – – – गं | पं गं सां – | गं – – –
s s s s | s s s s | को s s s | s s s s

– – – – | – – – – | गं गं गं – | गं गं – मं
s s • • | • • • • | क हि ए s | तो आ s स

ें
मंगं गं गं सां | सां सां निध नि | सां – – – | सांनि नि प प
माँs s s s | को ज़ मीं s | पर s s • | उs ता s र

म नि पनि प | मग,– ग ग – | – – – – | – – – –
ला s ss s | sss s एँ s | s s • • | • • • •

सा ग ग – ग ग – ग म गम प – मप ग – –
मु श् किल s न हीं s है कु छs s s भीs s • •

सा ग ग – ग ग – ग म गम प – प प प ग
मु श् किल s न हीं s है कु छs s s भी अ गर s

– – म ध | ध धनि,ध प प | धनि – प – | मप,म – ग –
s s ठा s | न लीss s जि | एs s s s | sss s s s

| धनि – प – | मप,प – गरे सा
मुश्किल नहीं है कुछ भी अगर ठान लीजि— | एs s s s | sss s ss s

सा ग ग – | ग ग – ग | म प गम प | प प प ग
दि ल चो s | ज़ क्या s है | आ s ss s | प मे री s

– – म ध | ध धनि,ध प प | धनि – प – | मप,म – ग –
• • जा s | न लीss s जि | एs s s s | sss s s s

सा ग ग – | ग ग – – | म ध पध,प – | मग ग – –
ब स ए s | क बा s sर | ब स एss s | कs बा s र

सा ग ग - | ग ग - ग | म प गम प | प प प ग

ब स ए ऽ | क बा ऽ र | मे ऽ ऽऽ ऽ | रा क हा ऽ

[- - म ध | ध धनि,ध प प | धनि नि प - | - - - -] दो

[• • मा ऽ | न लीऽऽ ऽ जि | एऽ ऽ ऽ ऽ | ऽ ऽ ऽ ऽ] बार

- - म ध | ध ध - रें | निसां निप ध प | - - - -

• • मा ऽ | न ली ऽ जि | एऽ ऽऽ ऽ ऽ | ऽ ऽ ऽ ऽ

- - - - | - - - - |

ऽ ऽ ऽ ऽ | ऽ ऽ ऽ ऽ |

□□□

दिल के अरमाँ

स्वर-लिपि
देवकीनन्दन धवन

फ़िल्म : निकाह

दिल के अरमाँ आंसुओं में बह गए।
हम वफ़ा करके भी तनहा रह गए ॥
ज़िंदगी इक प्यास बनकर रह गई,
प्यार के किस्से अधूरे रह गए ॥
शायद उनका आखिरी हो ये सितम,
हर सितम ये सोचकर हम सह गए ॥
खुद को भी हमने मिटा डाला मगर,
फ़ासले दो दरम्यां के रह गए ॥

संगीत : रवि ० गीत : हसन कमाल ० गायक : सलमा आग़ा

सां
सांनिधुप मगुरेसा- | प धु सां रें सां रें गुं - गुं गुं - गुं - - -
सितार की तरबें | (सितार)

सां
गु - रें सां धु प धु - प - - - म प धु - धु - -

म
- प धु प म गु रे गु रे रे - - - मगु - रे गु रे
सारे गुसा रेसा सा - - - | सां - रें - सां - धु - प -
(पूरा आर्केस्ट्रा)
- गु - प - - - - - म - - - रे - म - गु -
- - नि़ - रे - सा - - - - - - - सा - रे -
दिल ऽ के ऽ
गु गु पम - - - - - रेम गु - - रेसा रे गुरे सा नि़
अ र माँऽ ऽ ऽ ऽ • • आँऽ ऽ ऽ ऽ सुऽ ओं ऽऽ में ऽ
- - सा सा - सा सा - - - | प प - प प प प प
ऽ • ब ह ऽ ग ए ऽ ऽ ऽ | (आर्केस्ट्रा)
प प - प प प प प प | सा - रे गु गु मप म
| दिल ऽ के अ र माँऽ ऽ

कहरवा ताल

× ० × ०

गुरे मगु – रेसा | रेगु रे सा नि़ | सा सा – सा | रेसा – नि़ प़
आँऽ ऽऽ ऽ सुऽ | ओं ऽ में ऽ | ब ह ऽ ग | एऽ ऽ ऽ ऽ

– सा – रे | गु गु मप म | | सा – पम गुम
* दिल ऽ के | अ र माँऽ ऽ | आँसुओं में बह ग— | ए ऽ * *

प गु प प | प – प प | प धु प धु | धु/प म पम गु
* हम ऽ व | फ़ा ऽ क र | के ऽ ऽ भी | त न हाऽ ऽ

गु म धु प | मप,म – म/गु – | रे/सा
र ह ऽ ग | एऽऽ ऽ ऽ ऽ | ऽ दिल के अरमाँ आँसुओं में—

सा सा – सा | सा – – – | [प – – – । – – नि प
ब ह ऽ ग | ए ऽ ऽ ऽ | (आर्केस्ट्रा)

धु – – – । – – म गु । रे – – – । – गु रे नि़

सा – – रे । गु धु प – । –] गु प प | धु सां सां रेंसां
] ज़ि ऽ द | गी ऽ इ कऽ

[आर्केस्ट्रा शुरू : सां गं

निुध सांनिु – धु | नि/धु प धुप म | – प प धु | पधु पम धुप –
प्याऽ ऽऽ ऽ स | ब न करऽ ऽ | ऽ र ह ग | ईऽ ऽऽ ऽऽ ऽ

रें – – – | – – सां गं | रें सां धु सां | प – – –
* * * * | * * * * | * * * * | * * * *

–] प – प | धु सां | प म गु रे
*] ज़ि ऽ द | गी ऽ इक प्यास बनकर रह ग— | ई ऽ ऽ ऽ

सा सा – रे | गुम गु –प म | गुरे मगु – रेसा | रेगु रे सा नि़
ऽ प्या ऽ र | केऽ ऽ *क़ि ऽ | स्सेऽ ऽऽ ऽ अऽ | धू ऽ रे ऽ

सा सा – सा | रेसा – नि़ प़ | –
र ह ऽ ग | एऽ ऽ ऽ ऽ | * प्यार के क़िस्से अधूरे—

सा सा – सा | सा – पम गम | प ग प प | प – प प
र ह ऽ ग | ए ऽ * * | * हम ऽ व | फ़ा ऽ क र

प ध प ध |
के ऽ भी ऽ | तनहा रह गए। दिल के अरमाँ…।

[प – – – । – – ध – । सां – – – । – – नि सां
(आर्केस्ट्रा)

रें – – – । – – सां रें । सां ध प – । – – – –

म – – प । ध म प ग । म रे ग सा । रे ग प –

–]
(दूसरा अंतरा पहले अन्तरे के समान गाए जाने के पश्चात्—)

[प म – – । * * म प । नि ध – – । * * प ध
(सितार)

सां रें – – । * * सां रें । सां ध प – । – –] म प
(पूरा आर्केस्ट्रा)

ध – – – । – – म ग । रे – – – । – – ग म

प सा – – । – – [सा रे । ग म प नि ध । प – * *
(सितार)

*]
(तीसरा अंतरा पहले अंतरे के समान गाया जाएगा।)

□□□

इन आँखों की मस्ती के....

स्वर-लिपि
देवकीनंदन धवन

□ फ़िल्म : उमराव जान

इन आँखों की मस्ती के मस्ताने हज़ारों हैं।
इन आँखों से वाबस्ता अफ़साने हज़ारों हैं॥

इक तुम ही नहीं तनहा उल्फ़त में मेरी रुसवा।
इस शहर में तुम-जैसे दीवाने हज़ारों हैं॥

इक सिर्फ़ हमीं मय को आँखों से पिलाते हैं।
कहने को तो दुनिया में मयखाने हज़ारों हैं॥

इस शम्मे-फ़रोज़ाँ को आँधी से डराते हो।
इस शम्मे-फ़रोज़ाँ के परवाने हज़ारों हैं॥

संगीत : खय्याम • गीत : शहरयार • गायन : आशा

सा सा सा – रे रे गरेसारे -सा सा – – – सा – – –
इ न आँ ऽ खों की मऽऽऽ ऽऽ स्ती ऽ ऽ ऽ के ऽ ऽ ऽ
(ठेका बन्द)

रे निं़ नि़
प रे ग – – – सा सा – रे सा ध़ पमं,प़ – – – प़सा –
आ ऽ ऽ ऽ ऽ ऽ ऽ ऽ ऽ ऽ ऽ ऽ ऽऽऽ ऽ ऽ ऽ ऽऽ ऽ

नि़रे – सा – – – सा सा सा – रे रे गरे सारे
ऽऽ ऽ ऽ ऽ ऽ ऽ इ न आँ ऽ खों की मऽ ऽऽ

कहरवा ताल

×				०				×				०			
सा	–	–	–	सा	–	–	–	रेग	–	ग	–	ग	ग	मग	रे
स्ती	ऽ	ऽ	ऽ	के	ऽ	*	*	मऽ	ऽ	स्ता	ऽ	ने	ह	ज़ाऽ	ऽ

(ठेका शुरू)

रे	गम,ग	–	रे	सारे	गरे	सा	–	
रों	ऽऽऽ	ऽ	ऽ	हैंऽ	ऽऽ	ऽ	ऽ	दो बार

सा सा सा – | रे रे गरे सारे | सा – – – | सा – – –] दो बार
इ न आँ ऽ | खों से वाऽ ऽऽ | ब ऽ ऽ ऽ | स्ता ऽ * *]

रे ग ग – | ग ग मग रे | रे गम,ग – रे | सारे गरे सा –] दो बार
अ फ़ सा ऽ | ने ह ज़ाऽ ऽ | रों ऽऽऽ ऽ ऽ | हैंऽ ऽऽ ऽ ऽ]

इन आँखों की मस्ती।

ग प प प | प प धनि,ध प | (नि)ध प प – | ग – – –
इ क तु म | ही न हींऽऽ ऽ | त न हा ऽ | ऽ ऽ ऽ ऽ

प रे ग – | – – सा – | सा नि़सा ग – | – – – –
आ ऽ ऽ ऽ | ऽ ऽ ऽ ऽ | ऽ ऽऽ ऽ ऽ | ऽ ऽ ऽ ऽ

इक तुम ही नहीं तनहा— | गध प प ग | गम,ग रे रे सारे,–
| उल्ऽ ऽ फ़ त | मेंऽऽ मे री ऽऽऽ

ग म ग मग | रे गरे सा रे | रे ग ग मग | (ग)रे रे रे सारे,–
रु स वा ऽऽ | ऽ ऽऽ ऽ ऽ | उल् ऽ फ़ तऽ | में मे री ऽऽऽ

ग म ग मग | रे गरे सा – |
रु स वा ऽऽ | ऽ ऽऽ ऽ ऽ |

सा सा सा सा रे रे गरे सा सा – – – सा – – –
इ स श ह र में तुमऽ ऽ जै ऽ ऽ ऽ से ऽ * *

(ठेका बन्द)

सा सा सा सा | रे रे गरे सारे | सा – – – | सा – – –
इ स श ह | र में तुमऽ ऽऽ | जै ऽ ऽ ऽ | से * * *

(ठेका शुरू)

रे ग ग – | ग ग मग रे | रे गम,ग – रे | सारे गरे सा –] दो बार
दी ऽ वा ऽ | ने ह ज़ाऽ ऽ | रों ऽऽऽ ऽ ऽ | हैंऽ ऽऽ ऽ ऽ]

इन आँखों की मस्ती के मस्ताने हज़ारों हैं, इन आँखों की मस्ती के—

| प रे ग – | – – रेसा –
| आ ऽ ऽ ऽ | ऽ ऽ ऽऽ ऽ

सा साग ऱेरे – | साध़ – प़ – | – प़प़ सा – | – – – –
ऽ ऽऽ ऽऽ ऽ | ऽऽ ऽ ऽ ऽ | ऽ ऽऽ ऽ ऽ | ऽ ऽ ऽ ऽ

ग ध प प | प प प – | मंप धप – मं | ग सा ग मं
इ क सि र् | फ़ ह मीं ऽ | मय ऽऽ ऽ ऽ | को ऽ ऽ ऽ

प प प प | प प प – | – – – – | – – – –
इ क सि र् | फ़ ह मीं ऽ | ऽ ऽ ऽ ऽ | * * * *

ग ध प प | प प प – | मंप धप – मं | गग गम ग –
इ क सि र् | फ़ ह मीं ऽ | मयऽ ऽऽ ऽ ऽ | कोऽ ऽऽ ऽ ऽ

ग सा
रेग – ग म | रे रे रे रे | ग म ग मग | रे गरे सा रे
आँऽ ऽ खों ऽ | से पि ला ऽ | ते ऽ हैं ऽऽ | ऽ ऽऽ ऽ ऽ

ग सा
रे ग गम ग | रे रे रे रे | ग म ग मग | रे गरे सा –
आँऽ ऽ खोंऽ ऽ | से पि ला ऽ | ते ऽ हैं ऽऽ | ऽ ऽऽ ऽ ऽ

सा सा सा – रे रे गरे सा सा – – – सा – –
क ह ने ऽ को तो दुऽ नि या ऽ ऽ ऽ में ऽ * *

(ठेका बन्द)

सा सा सा – | रे रे गरे सारे | सा – – – | सा – – –
क ह ने ऽ | को तो दुऽ निऽ | या ऽ ऽ ऽ | में ऽ * *

(ठेका शुरू)

रे ग ग – | ग ग मग रे | रे गम,ग – रे | सारे गरे सा – } दो बार
मय ऽ खा ऽ | ने ह ज़ाऽ ऽ | रों ऽऽऽ ऽ ऽ | हैंऽ ऽऽ ऽ ऽ }

'इन आँखों से····।' (तीसरा अंतरा पहले अंतरे के समान गाने के बाद, अंत में–) इन आँखों की मस्ती के मस्ताने हज़ारों हैं। इन आँखों से वाबस्ता—

रे ग ग – | ग ग ग –ध | पध मंप – मं | रेग –रे सा –
अ फ़ सा ऽ | ने ह ज़ा ऽऽ | रोंऽ ऽऽ ऽ ऽ | हैंऽ ऽऽ ऽ ऽ

ग प प – | प प मंप सांध | सां धप – – | गरे रे सा –
अ फ़ सा ऽ | ने ह ज़ाऽ ऽऽ | ऽ रोंऽ ऽ ऽ | हैंऽ ऽ ऽ ऽ

इन आँखों की मस्ती के····।

□□□

मैं पल-दो पल का शाइर हूँ····

स्वर लिपि :
मुकेश गर्ग

मैं पल-दो पल का शाइर हूँ, पल-दो पल मेरी कहानी है !
पल-दो पल मेरी हस्ती है, पल-दो पल मेरी जवानी है !!
मुझसे पहले कितने शाइर आए और आकर चले गए,
कुछ आहें भरकर लौट गए, कुछ नग़मे गाकर चले गए।
वो भी एक पल का क़िस्सा थे, मैं भी एक पल का क़िस्सा हूँ,
कल तुमसे जुदा हो जाऊँगा, गो आज तुम्हारा हिस्सा हूँ ॥
कल और आएँगे नग़मों की खिलती कलियाँ चुननेवाले,
मुझसे बेहतर कहनेवाले, तुमसे बेहतर सुननेवाले।
कल कोई मुझको याद करे, क्यूँ कोई मुझको याद करे,
मसरूफ़ ज़माना मेरे लिए क्यूँ वक़्त अपना बरबाद करे ॥

☐ फ़िल्म : कभी-कभी

संगीत : ख़ैयाम • गीत : साहिर • गायन : मुकेश

कहरवा ताल

× | × | × | ×
सा –सा – रेग | गग गरे रेरे गरे,सा | सा सासा सा प़ग | ग गरे रे,गरे सासा
* * * मैंऽ | पल दोऽ पल काऽऽ | शा इर हूँ पल | दो पल मेरीऽ ऽक

सा रे रे सा –,सारे | ग–प पप प ध,नि॒ध | प प प गध | धप पग रे,गरे सासा
हा नी हैऽऽ *पल | दोऽऽ पल मे रीऽऽ | ह स्ती है पल | दोऽ पल मेरीऽ ऽज
ध़ सा (ध़ सां गं –)
सा रेरे ग – | – – * रेग |
वा नीऽ है ऽ | ऽ ऽ * मैंऽ | पल-दो पल का शाइर हूँ····मेरी जवानी है

रेग | गग गरे रेरे गरे,पा | सा सासा सा – | गप ध,–प गसा रेसा
मैंऽ | पल दोऽ पल काऽऽ | शा इर हूँ ऽ | **पार्श्व संगीत :**

ध़,(ध)प़ ध़प़ –,सारेगप । ध –प मध,प –म । गरेसारे गरे,सा,पसां निध । ग मप ग मप

ग मप,– – गसा | साग,-मप मप मग,ग | ग ग मप –ग | ग मप मप मग,ग
मुझ | सेऽऽ पह लेऽ कित | ने शा इर *आ | ए और आ कऽर

गग –ग मप – | (म) ग – – | * * * गसा | साग,– मप मप मम,ग
चले ऽग एऽ ऽ | ऽ ऽ ऽ ऽ | * * * कुछ | आऽऽ हेंऽ भर कऽर

प (सांनि॒)
ग गग मप –,गग | गग मप मध,प मग,ग | गग –ग मप,– – | (म) ग – *
लौ टग एऽ *कुछ | नग़ मेऽ गाऽऽ कऽर | चले ऽग एऽऽ ऽ | ऽ ऽ ऽ *

पंमं गंसां गंपं नि॒ –)
* * * नि॒ | सां सांसां सांसां सांनि॒धनि॒ | सां सां सां नि॒ | सां सांसां सांसां सांनि॒धनि॒
* * * वो | भी एक पल काऽऽऽ | क़ि स्सा थे मैं | भी एक पल काऽऽऽ

नि॒ ध
सां सां सां नि॒ध | नि॒ नि॒ध नि॒ नि॒ध,प | ध ध ध धसां,नि॒ | धप मम म पधनि॒प
क़ि स्सा हूँ कल | तुम सेजु दा होऽऽ | जा ऊँ गा गोऽऽ | आऽ ऽज,तु म्हा राऽऽऽ

प प प –, | ग – –, रेग |
हि स्सा हूँ ऽ | * • * मैंऽ | पल-दो पल का शाइर····मेरी जवानी है!

रेग | गग ग–रे रेरे गरे,सा | सा सासा सा – | साग गप –ध पग
मैंऽ | पल दोऽऽ पल काऽऽ | शा इर हूँ ऽ | **पार्श्व संगीत :**

(सा रेसा गरे साध़
रे,गम गरे सा,रेग रेसा, । ध़सा रेसा ध़प़ ध़प़, । धसां,– – रेंगं,– – । पं धप धंपं –

सा – म) ग रे पध
– – मं | मम | म प प धप,म | मम प सा पप | प–ध धनि निध धनि
कल | औ रा एँ गेऽऽ | नग़ मों की खिल | तीऽऽ कलि याँ चुन

ग
निध,प प प – | – – – मग | म पप पप धप,म | म प प पप
नेऽ वा ले ऽ | ऽ ऽ * मुझ | से बेह तर कऽह | ने वा ले तुम

प ध
पध धनि निध धनि | निध,प प प – | – – – धसां,सां | सां सांनि निध निध,प
से; बेह तर सुन | नेऽऽ वा ले ऽ | ऽ * * कऽल | को ईऽ मुझ कोऽऽ

प –प प,– सांनि,-	नि निध धध निध,प	प –प पग,– पध	नि॒ –नि॒ धनि॒– धप
या ऽद,क रेऽऽक्यूंऽऽ	को ईऽ मुझ कोऽऽ	या ऽद,क रेऽऽ मस	रू ऽफ़,ज माऽऽ नाऽ

प	रे		(ग – –)
ध धध ध धसां,नि॒	धप पम म पध,नि॒	प –प प –	– * * रेग
मे रेलि ए क्यूंऽऽ	बऽ क़तप ना बरऽ	बा ऽद,क रे ऽ	ऽ * * मैंऽ

पल-दो पल का शाइर हूँ····मेरी जवानी है ! मैं पल-दो पल का····मेरी जवानी है ! मैं पल-दो पल का शाइर हूँ ।

□□□

दिल की ये आरज़ू....

स्वरलिपि :

देवकीनन्दन धवन

दिल की ये आरज़ू थी, कोई दिलरुबा मिले।
लो बन गया नसीब कि तुम हमसे आ मिले॥
देखें, हमें नसीब से अब अपने क्या मिले।
अब तक तो जो भी दोस्त मिले बेवफ़ा मिले॥

आँखों के इक इशारे की ज़हमत तो दीजिए।
क़दमों में दिल बिछा दूँ, इजाज़त तो दीजिए॥
ग़म को गले लगालूँ जो ग़म आपका मिले!

हमने उदासियों में गुज़ारी है ज़िंदगी।
लगता है डर फ़रेबे-वफ़ा से कभी-कभी॥
ऐसा न हो कि ज़ख्म कोई फिर नया मिले!

कल तुम जुदा हुए थे जहाँ साथ छोड़कर।
हम आज तक खड़े हैं, उसी दिल के मोड़ पर॥
हमको इस इन्तज़ार का कुछ तो सिला मिले!

□ फ़िल्म : निकाह

संगीत : रवि • गीत : हसन कमाल • गायन : महेन्द्र कपूर व सलमा आग़ा

सा – ग – प – निसां – – – साग – प – निसां – सां
(सितार)

– सां – नि सां नि ध प ध निसां,नि ध प गरे – ग – म

– – – धप – प – ग –रे – ऩि सा धऩि,ध – प ऩि –

ग (above रे)
ऩि – – – साऩि रे ग रे गम – – – म – ग म रे –

सा सा (above ऩि ऩि)
ऩि – ऩि – सा – सा सा – –] सा ग ग – – ग
दि ल की ऽ * ये

(महेन्द्र)

ग (above सा)
ग – – सा सारेगप म ग म ग रे रेग,रे – साग रे नि
आ ऽ ऽ र ज़ूऽऽऽ ऽ ऽ ऽ थी को ईऽऽ ऽ ऽऽ ऽ ऽ

– सा ध धऩि सा ऩि
* दिल रु बाऽ ऽ मि

कहरवा ताल

×				०				×				०			
															ग
सा	–	–	–	–	–	–	–	सा	ग	ग	–	ग	ग	–	सा
ले	ऽ	ऽ	ऽ	ऽ	ऽ	ऽ	ऽ	दि	ल	की	ऽ	ये	आ	ऽ	र
सारेगप	म	ग	म	ग	रे	रेग	रे	साग	रे	सा	नि़	ध़	धनि़	सा	नि़
ज़ूऽऽऽ	ऽ	ऽ	ऽ	थी	को	ईऽ	ऽ	ऽऽ	ऽ	ऽ	दिल	रु	बाऽ	ऽ	मि
सा	–	–	–	–	–	–	–	ग	प	प	–	प	प	–	–
ले	ऽ	ऽ	ऽ	ऽ	ऽ	ऽ	ऽ	लो	ऽ	बन	ऽ	ग	या	ऽ	ऽ
				प											प
प	मंप	निध	निध	म	म	म	–	–	–	मध	प	मग	गरे	–	म
न	सीऽ	ऽऽ	ऽऽ	ब	कि	तुम	ऽ	*	*	हमऽ	ऽ	सेऽ	आऽ	ऽ	मि
ग	–	–	मग	रेसा	रे	सा	–								
ले	ऽ	ऽ	ऽऽ	ऽऽ	ऽ	ऽ	ऽ	दिल की ये आरज़ू थी, कोई दिलरुबा मिले							
सा	–	–	–	–	–	(प	म। ग	–	–	म। ग	सा	नि़	प़		
ले	ऽ	ऽ	ऽ	ऽ	ऽ	(सितार)									
नि़	सा	साग	रे।	ग	सा	–	–)	सा	ग	ग	–	ग	म	ग	ग
								दे	ऽ	खें	ऽ	ह	में	ऽ	न

(सलमा)

म	प	–	–	प	प	प	प	रे	–	रे	रे	ग	गम	धप	प
सी	ऽ	ऽ	ऽ	ब	से	अ	ब	ऽ	ऽ	अ	प	ने	क्याऽ	ऽऽ	मि
म	प	ग	–	रेग	मग	रे	सा	सा	ग	ग	–	ग	म	ग	ग
ले	ऽ	ऽ	ऽ	ऽऽ	ऽऽ	ऽ	ऽ	दे	ऽ	खें	ऽ	ह	में	ऽ	न
म	ध	पध	नि॒ध	प	प	प	प	रे	–	रे	रे	ग			
सी	ऽ	ऽऽ	ऽऽ	ब	से	अ	ब	ऽ	ऽ	अ	प	ने क्या मिले।			
							ग								
सा	ग	ग	–	ग	गम	ग	सा	सारेमप	म	ग	म	ग	रे	रेग,रे	सा
अ	ब	तक	ऽ	तो	जोऽ	ऽ	भी	दोऽऽऽ	ऽ	ऽ	ऽ	स्त	मि	लेऽऽ	ऽ

(सितार : म ग सा

साग,रे	सा	–	नि़	ध़	ध़नि़	सा	नि	सा	–	–	–	–	–	–	–
ऽऽऽऽ	ऽ	*	बे	व	फ़ाऽ	ऽ	मि	ले	ऽ	ऽ	ऽ	ऽ	ऽ	ऽ	ऽ

सा ग ग ग | ग ग – गप | पध,प म – – | ग रे रेगरे सा
अ ब त क | तो जो ऽ भी | दोऽऽ ऽ ऽ ऽ | स्त मि लेऽऽ ऽ

साग,रे सा – नि़ | ध़ ध़नि़ सा नि़ | सा – – – | – – [नि़ प़
ऽऽऽ ऽ * बे | व फ़ाऽ ऽ मि | ले ऽ ऽ ऽ | ऽ ऽ [(सितार)

नि़ – – सा । रे ग गप म । ग सा रे नि़ । सा – – –]

ग प प – | प प निध नि | सां – – – | सां सां – नि
आँ ऽ खों ऽ | को इ कऽ इ | शा ऽ ऽ ऽ | रे की * ज़

(महेन्द्र)

रेंसां नि – * | निध धनि पध पप | प – – – | पमं धप ग –
हऽ मत ऽ * | तोऽ दीऽ ऽऽ ऽजि | ए ऽ ऽ ऽ | ऽऽ ऽऽ ऽ ऽ

प प प – | प पनि ध नि | सां – – – | सां – –सां निरें
क द मों ऽ | में दिलऽ ऽ बि | छा ऽ ऽ ऽ | दूँ ऽ *इ जाऽ

सां नि निसां,नि ध | – धनि पध पप | प – – – | ग म प ध
ऽ जत तोऽऽ ऽ | * दीऽ ऽऽ ऽजि | ए ऽ ऽ ऽ | * * * *

(सां)
ध – ध – | ध ध – धग | गप धनि़ ध नि़ | ध प पध प
ग़म ऽ को ऽ | ग ले ऽ लऽ | गाऽ ऽऽ ऽ ऽ | लूँ जो ग़मऽ ऽ

(ग प)
म – म – | म गम धप म | गरे ग – – | म म प प
ऽ ऽ आ ऽ | प काऽ ऽऽ मि | लेऽ ऽ ऽ ऽ | ऽ ऽ ऽ ऽ

(सां)
ध – ध – | ध ध – धसां | सां रेंसां निसां,नि – | ध नि धनि,ध –
ग़म ऽ को ऽ | ग ले ऽ लऽ | गा ऽऽ ऽऽऽ ऽ | लूँ जो ग़मऽ ऽ

प – प म | म गम धप म | ग – – – | रेग पम गग रेसा
ऽ ऽ आ ऽ | प काऽ ऽऽ मि | ले ऽ ऽ ऽ | ऽऽ ऽऽ ऽऽ ऽऽ

–सा ग ग – |
*दिल ऽ की ऽ | ये आरज़ू थी कोई दिलरुबा मिले।

सा ग ग – | ग ग – गप | पध,प – म – | ग रे रेग,रे सा
दि ल की ऽ | ये आ ऽ रऽ | जूऽऽ ऽ ऽ ऽ | थी को ईऽऽ ऽ

साग,रे सा – नि़ | ध़ ध़नि़ सा नि़ | सा – – – | – – – –
SSS S ❋ दिल | रु बाऽ ऽ मि | ले ऽ ऽ ऽ | ऽ ऽ ऽ ऽ

ग
[सा रे ग – । ग ग – प । रे – – – । ग प रे –
[(सितार)

| प – म – | ग – रे –]
नि़
सा – – नि़ । ध़ ध़नि़ सा नि़ | सा – – – | ❋ ❋ ❋ ❋]

प़ सा सा – | सा सा – सानि़ | नि़सा गरे – सा | नि़सा,नि़ ध़ नि़ प़
हम ऽ ने ऽ | उ दा ऽ सिऽ | योंऽ ऽऽ ऽ ऽ | मेंऽऽ गु ज़ा ऽ
(सलमा)

प़
ग – – – | ग गम धप पम | म प ग – | – – [प ग
री ऽ ऽ ऽ | है ज़िंऽ ऽऽ दऽ | गी ऽ ऽ ऽ | ऽ ऽ [(बाँसुरी)
म – – – । – – ध म । प ग सा रे । सा – – –]

ध़ सा सा – |
हम ऽ ने ऽ | उदासियों में गुज़ारी है ज़िंद—

म प ग – | ग म प ध | म ध ध – | ध प ध धप
गी ऽ ऽ ऽ | ❋ ❋ ❋ ❋ | ल ग ता ऽ | है डर ऽ फ़ऽ

पनि धप – – | प प प धप | पमगम – – – | म गम प पम
रेऽ ऽऽ ऽ ऽ | बे व फ़ा ऽ | सेऽऽऽ ऽ ऽ ऽ | क भीऽ ऽ कऽ

ग म
म प ग – | म म प प | ध ध ध – |
भी ऽ ऽ ऽ | ऽ ऽ ऽ ऽ | ल ग ता ऽ | है डर फ़रेबे-वफ़ा से

| पम | म प ग – | रेग मग रेग,रे सा
कभी— | कऽ | भी ऽ ऽ ऽ | ऽऽ ऽऽ ऽऽऽ ऽ

सा ग ग – | ग ग – गसा | सारेगप म ग म | ग रे रेग,रे सा
ऐ ऽ सा ऽ | न हो ऽ किऽ | ज़ऽऽऽ ऽ ऽ ऽ | ख़म को ईऽऽ ऽ

साग,रे सा – नि | ध़ ध़नि़ सा नि | सा – – – | – – – –
SSS S ऽ फिर | न याऽ ऽ मि | ले ऽ ऽ ऽ | ऽ ऽ ऽ ऽ

सा ग ग – | ग ग – गप | पध,प म – – | ग रे रेग,रे सा
ऐ ऽ सा ऽ | न हो ऽ किऽ | ज़ाऽऽ ऽ ऽ ऽ | रुम को ईऽऽ ऽ

साग,रे सा –
ऽऽऽ ऽ * फिर नया मिले। अब तक तो जो भी दोस्त मिले, बेवफ़ा मिले॥

पार्श्व-संगीत : [ग – – – । नि़ रे ग प । म – – – । – – रे सा
नि़ – – – । प़ नि़ रे ग । सा – – – । ग – प –]

प प प – | प पनि ध नि | सां – – – | नि रें सांरें निसां
क ल तुम ऽ | जु दाऽ ऽ हु | ए ऽ ऽ ऽ | थे ज हाँऽ ऽऽ
(महेन्द्र)

– – नि – | नि धनि पध प | प – – – | पमं धप ग –
ऽ ऽ सा ऽ | थ छोऽ ऽऽ ड़ | कर ऽ ऽ ऽ | ऽऽ ऽऽ ऽ ऽ

प प प – | प नि ध नि | सां – – – | नि रें सांरें निसां
ह म आ ऽ | ज त क ख | ड़े ऽ ऽ ऽ | हैं उ सीऽ ऽऽ

– – नि – | नि धनि पध प | प – – – | ग म प ध
ऽ ऽ दिल ऽ | के मोऽ ऽऽ ड़ | पर ऽ ऽ ऽ | * * * *

ध ध ध – | ध ध – धग | गप धनि॒ ध नि॒ | ध प प पध
ह म को ऽ | इस इन् ऽ तऽ | ज़ाऽ ऽऽ ऽ ऽ | र का कु छऽ

म – – – | म गम धप म | गरे ग – – | म म प प
तो ऽ ऽ ऽ | सि लाऽ ऽऽ मि | लेऽ ऽ ऽ ऽ | ऽ ऽ ऽ ऽ

ध – – – | ध ध – धसां | सां रेंसां नि॒सां,नि॒ – | ध नि॒ ध प
हम ऽ को ऽ | इस इन् ऽ तऽ | ज़ा ऽऽ ऽऽऽ ऽ | र का कु छ

पध,प – म – | म गम धप म | ग – – – | रेग पम गग रेसा
तोऽऽ ऽ ऽ ऽ | सि लाऽ ऽऽ मि | ले ऽ ऽ ऽ | ऽऽ ऽऽ ऽऽ ऽऽ

दिल की ये आरज़ू….। देखें,हमें नसीब से अब अपने क्या मिले। अब तक तो जो भी….।

(सलमा)

□□□

तुझे देखा तो ये जाना सनम

स्वरलिपि
प्रभुशरण मेहता

□ फ़िल्म : दिलवाले दुल्हनियाँ ले जाएँगे

तुझे देखा तो ये जाना सनम, प्यार होता है दिवाना सनम !
अब यहाँ से कहाँ जाएँ हम, तेरी बाँहों में मर जाएँ हम ! तुझे …!
आँखें मेरी, सपने तेरे, दिल मेरा, यादें तेरी ।
ओ, मेरा है क्या, सब-कुछ तेरा; जाँ तेरी, साँसें तेरी ।।
मेरी आँखों में आँसू तेरे आ गए, मुस्कराने लगे सारे ग़म ! तुझे …!
ये दिल कहीं लगता नहीं, क्या कहूँ मैं क्या करूँ;
हाँ ! तू सामने बैठी रहे, मैं तुझे देखा करूँ ।
तूने आवाज़ दी, देख मैं आ गई,
प्यार से है बड़ी क्या क़सम ! तुझे ….!

संगीत : जतिन-ललित • **गीत :** आनंद बख्शी • **गायन :** लता मंगेशकर व कुमार सानू

आलाप :

रे रे रे ध – – –, प– ध– म– –प –– नि– –ध, – –
तु झे दे खा ऽ ऽ ऽ, तोऽ येऽ जाऽ ऽना ऽऽ सऽ नम, ऽ ऽ

– – –, रे रे रे ध प – – –, ध– म– –प –– म– ग–,
ऽ ऽ ऽ; प्या ऽर हो ता है ऽ ऽ ऽ, दिऽ वाऽ ऽना ऽऽ सऽ नम

– – – – –; रे रे रे ध – – –; प– ध– म– –प ––
ऽ ऽ ऽ ऽ ऽ; तु झे दे खा ऽ ऽ ऽ; तोऽ येऽ जाऽ ऽना ऽऽ

सां– ध–, – – – – –
सऽ नम, ऽ ऽ ऽ ऽ ऽ

कहरवा ताल

× ० × ०

इले० मैंडोलिन :

रें – सां –। नि – ध –।। प – म –। ग – रे –
सां – नि –। ध – प –।। म – ग –। रे – सा –]

मल्टी वॉयलिन :

ध नि सा, ध। नि सा ग म, ।। सा ग म, सा। ग म ध नि,

सां नि ध नि। सां गं मं धं, । ध नि सां गं। सां गं मं निं
धं –]; ।

[स – – – | ग – म – | प – – – | – – – –
आ ऽ ऽ ऽ | ऽ ऽ ऽ ऽ | ऽ ऽ ऽ ऽ | ऽ ऽ ऽ ऽ

कंठ-स्वर (कोरस) :

ग – – – | म – प – | ध – – – | – – – –] दो
आ ऽ ऽ ऽ | ऽ ऽ ऽ ऽ | ऽ ऽ ऽ ऽ | ऽ ऽ ऽ ऽ] बार

[– – – – । – – – – । – – – – । – – – –

(केवल रिद्‌म)

– – – – । – – – – । – – – – । – – – –]

[ध़ – रे – । रे स नि़ ध़ । प़ – स – । – – – –]

सिंथेसाइज़र :

[प – म ग । – स ग म । प – म ग । – – – –]

मल्टी वॉयलिन :

[ध़ – रे – । स नि़ ध़ प़ । नि़ – ध़ –] । [– – म –

सिंथेसाइज़र : **मल्टी वॉयलिन :**

प ध – प । सं – नि – । ध – – –]; | रे – रे –
| तु ऽ झे ऽ

(स्थायी)

रे – ध – | प – ध – | म – – प | – – नि –
दे ऽ खा ऽ | तो ऽ ये ऽ | जा ऽ ऽ ना | ऽ ऽ स ऽ

ध– ––; [रे – । ग – नि – । ध – – – | रे – रे –
नम ऽऽ [**मल्टी वॉयलिन :** | प्या ऽ ऽ र

रे – ध – | प – ध – | म – – प | – – म –
हो ऽ ता ऽ | है ऽ दि ऽ | वा ऽ ऽ ना | ऽ ऽ स –

ग –; [रे – । ग – म – । प – म – । ग –]
नम ऽऽ, [**मल्टी वॉयलिन :**

| रे – रे –
| तु ऽ झे ऽ

रे – ध – | प – धं – | म – – प | – – नि –
दे ऽ खा ऽ | तो ऽ ये ऽ | जा ऽ ऽ ना | ऽ ऽ स ऽ

ध –; ⎧रे –। ग – नि॒ –। ध – – –⎫ | रे – रे –
नम ऽ ⎩मल्टी वॉयलिन : ⎭ | प्या ऽ ऽ र

रे – ध – | प – ध – | म – – प | – – म –
हो ऽ ता ऽ | है ऽ दि ऽ | वा ऽ ऽ ना | ऽ ऽ स ऽ

ग –, ⎧रे –। ग – म –। प – – –⎫ | रे – ग –
नम ऽ ⎩मल्टी वॉयलिन : ⎭ | अ ब य ऽ

सा – – रे | – – ग – | सा – – रे | – – म –
हाँ ऽ ऽ से | ऽ ऽ क ऽ | हाँ ऽ ऽ जा | ऽ ऽ एँ ऽ

– – – – | ⎧ध – – –। सां – – –। रें – – –
हम ऽ ऽ ऽ | ⎩मल्टी वॉयलिन :

| रे – रे –
| ते ऽ री ऽ

सा – – रे | – – ग – | सा – – ग | – – ग –
बाँ ऽ ऽ हों | ऽ ऽ में ऽ | म र ऽ जा | ऽ ऽ एँ ऽ

रे – – – | – – – – |
हम * * * | * * * * |

⎧रें रें रें रें। – – रें –। रें – – –⎫ | रे – रे –
⎩इले० मैंडोलिन : ⎭ | तु ऽ झे ऽ

रे – ध – | प – ध – | म – – प | – – नि॒ –
दे ऽ खा ऽ | तो ऽ ये ऽ | जा ऽ ऽ ना | ऽ ऽ स ऽ

ध –, ⎧रे –। म – नि॒ –। ध – – –⎫ | रे – रे –
नम ऽ ⎩मल्टी वॉयलिन : ⎭ | प्या ऽ ऽ र

रे – ध – | प – ध – | म – – प | – – म –
हो ऽ ता ऽ | है ऽ दि ऽ | वा ऽ ऽ ना | ऽ ऽ स ऽ

ग– ––; ⎫रे –। ग – म –। प – – –⎫ ; | रे – ग –
नम ऽऽ ⎭मल्टी वॉयलिन : ⎭ | अ ब य ऽ

सा – – रे | – – ग – | सा – – रे | – – म –
हाँ ऽ ऽ से | ऽ ऽ क ऽ | हाँ ऽ ऽ जा | ऽ ऽ एँ ऽ

ग– – – – | ⎧ध – – –। सां – – –। रें – – –⎫
हम * * * | ⎩इले० मैंडोलिन : ⎭

| ग - म -
| ते ऽ री ऽ

प - - सां | - - नि॒ - | ध - - म | - - प -
बाँ ऽ ऽ हों | ऽ ऽ में ऽ | नि क ऽ ले | ऽ ऽ ये ऽ

ध- - - - | म - ग - | रे - - -; | रे - रे -
दम ऽ ऽ ऽ | ऽ ऽ ऽ ऽ | ऽ ऽ ऽ ऽ; | तु ऽ झे ऽ

रे - ध - | प - ध - | म - - प | - - सां -
दे ऽ खा ऽ | तो ऽ ये ऽ | जा ऽ ऽ ना | ऽ ऽ स ऽ

सां ध - -; |
न म ऽ ऽ; |

[रे ग म, प। ध नि॒, म प, । ध, नि॒ सां रें
पहले अंतरे का संगीत (मल्टी वॉयलिन) :

गं - - रें। गं - - रें। गं मं गं रें। गं - मं -
पं मं - गं। - - - -। - - -, गं। मं गं रें सां
रें - - सां। रें - - सां। रें गं रें सां। रें - गं -
मं गं - रें। - - - -। - - - -। - - - -]

[रे - - - | ध - - - | - - नि - | सां - नि -
जा ऽ ऽ ऽ | ऽ ऽ ऽ ऽ | ऽ ऽ ऽ ऽ | ऽ ऽ ऽ ऽ

बहुकंठालाप :

ध - - - | प - - - | - - - - | ध प म ग
ऽ ऽ ऽ ऽ | ऽ ऽ ऽ ऽ | ऽ ऽ ऽ ऽ | ऽ ऽ ऽ ऽ

सा - - - | ग - - - | - - म - | ध - म -
ऽ ऽ ऽ ऽ | ऽ ऽ ऽ ऽ | ऽ ऽ ऽ ऽ | ऽ ऽ ऽ ऽ

ग - - - | रे - - - | - - - - | - - - -]
ऽ ऽ ऽ ऽ | ऽ ऽ ऽ ऽ | * * * * | * * * *]

[ध नि॒ ध प | ध - - -] || [रे - - ध। - - - -]
ला रा ला ला | ला ऽ ऽ ऽ] || इले० ऑर्गन :

एकल कंठालाप :

ध नि ध प | ध – ; ग रे । रे – – ध । – – – –
ला रा ला रा | ला ऽ इले० ऑर्गन :

एकल कंठालाप :

ध सां नि ध | नि – ; ध नि । नि – – नि । – – ; रें –
ला रा ला रा | ला ऽ, इले० ऑर्गन : ला ऽ

एकल कंठालाप : एकल कंठा० :

रें – – सां | – – – – | – – – – ; | ध नि सां रें
रा ऽ ऽ ला | ऽ ऽ ऽ ऽ | ऽ ऽ ऽ ऽ | इले० ऑर्गन :

मं गं रें – । गं रें सां – । –, ध – नि । सां रें नि सां

ध – ; ध – | – नि – रें | ध – – – | – – – –
आँ ऽ | ऽ खें ऽ मे | री ऽ ऽ ऽ | ऽ ऽ ऽ ऽ

(अन्तरा प्रथम)

– –, ध – | – नि – रें | रें – – नि | ध – – –
ऽ ऽ, स प | ऽ ने ऽ ते | रे ऽ ऽ ऽ | ऽ ऽ ऽ ऽ

प – ध नि | – –, ग – | म – नि ध | – – – –
दि ल मे रा | ऽ ऽ, या ऽ | दें ऽ ते री | ऽ ऽ ऽ ऽ

प – ध नि । – –, ग – । म – नि ध | ध – ध –
इले० फ़्लूट : | ओ ऽ ऽ ऽ

ध –, ध – | – नि – रें | ध – – – | ध नि ध –
ऽ ऽ, मे ऽ | ऽ रा ऽ है | क्या ऽ ऽ ऽ | ला रा ला ऽ

(एकल कंठ)

– – –, ध | – नि – रें | रें – – नि | ध ध नि ध –
* * *, स | ब कु छ ते | रा ऽ ऽ ऽ | ला रा ला ऽ

(एकल कंठ)

प – ध नि | – –, ग – | म – नि ध | – – – –
जाँ ऽ ते री | ऽ ऽ, सां ऽ | सें ऽ ते री | * * * *

प – ध नि । – – ग – । म – नि ध । – ; ध – प
इले० फ़्लूट : मे ऽ री

ध – – – | –, म – ग | रे – – – | –, ध – प
आँ ऽ ऽ ऽ | ऽ, खों ऽ में | आँ ऽ ऽ ऽ | ऽ, सू ऽ ते

ध – – – | –, ग – म | प – – –, | ग – म –
रे ऽ ऽ ऽ | ऽ, आ ऽ ग | ए ऽ ऽ ऽ, | मु स् क ऽ

प – – सां | – – सां – | नि़ – – सां | – – नि़ –
रा ऽ ऽ ने | ऽ ऽ ल ऽ | गी ऽ ऽ ज़ि | ऽ ऽ द ऽ

ध – – – | म – ग – | रे – – –, |
गी ऽ ऽ ऽ | ऽ ऽ ऽ ऽ | ऽ ऽ ऽ ऽ, |

|| ध – नि़ – । सां – – रें । सां रें सां नि
अन्तरा द्वितीय का संगीत (मल्टी वॉयलिन) :

सां – – –] || ध – नि़ – । सां – सां मं । गं मं रें –
इले० फ़्लूट :

सां – – –] || प – ध – । नि़ – – ध । प – ध –
मल्टी वॉयलिन :

नि़ – – –] || प – ध – । नि़ – नि़ रें । सां रें नि़ सां
इले० फ़्लूट :

ध – – –] || [– – – –] || ध – प नि़ । ध –, प –
(रिद्म) मल्टी वॉयलिन :

म प म – । प म ग रे । स – प – । – – – –

– – – – । म ग रे सा || नि़ – – – । – – – –
(अन्तरा द्वितीय)

म – – – । ग – स – । रे ग – रे । – – – –

– – – – । – – – – । – –] ।

साथ ही स्त्री-कंठालाप : रे – – – । – – – –

म – – – । नि़ – – – । ध – – – । – – – –

– – – – । – – – – । – – (अन्तरा द्वितीय)

(दूसरा अन्तरा पहले अन्तरे के समान ही गाया जाएगा।)

□□□

मेरे ख़्वाबों में जो आए

संगीतलिपि :
प्रदीपसिंह अहदी

□ फ़िल्म : दिल वाले दुल्हनियाँ ले जाएंगे

मेरे ख़्वाबों में जो आए, आके मुझे छेड़ जाए !
उससे कहो कभी सामने तो आए, मेरे ख़्वाबों में जो आए !
कैसा है, कौन है, वो जाने कहाँ है,
जिसके लिए मेरे होठों पे हाँ है।
अपना है या बेगाना है वो, सच है या कोई अफ़साना है वो ॥
देखे घूर-घूर के, यूँ ही दूर-दूर से,
उससे कहो, मेरी नींद ना चुराए ! मेरे ख़्वाबों में.......... ।
जादू-सा जैसे कोई चलने लगा है,
मैं क्या करूँ, दिल मचलने लगा है।
तेरा दीवाना हूँ, कहता है वो,
छुप-छुप के फिर क्यूँ रहता है वो ?
कर बैठा भूल वो, ले आया फूल वो।
उससे कहो जाए, चाँद लेके आए ! मेरे ख़्वाबों में.......... !

संगीत : जतिन ललित • गीत : आनन्द बख़्शी • गायन : लता मंगेशकर

[अपने मध्यम को 'स' मानकर यह गीत गाना उपयुक्त है।]

ग * *, म * *
दूसरा वॉ० समूह :
ध * *
प * *, [सारे ग -प - सा ध * * सारे ग ध सा —
प्रथम वॉ०समूह : गिटार :

रे * * ग *रे - सा * नि सा रे
म * * प *म - ग * रे ग म
ध * * प नि सा -रे - म]

ग
प , पध प* म* ग* रे* सा* नि*, पध निपा रेग मप धनि सांरें गंमं पंधं, नि,
म्यूट गिटार व बाँसुरी : बॉ०समूह :

× × × ×
सा – – *]

सा – – –। प – – म। पसां –नि – –। – – – –

ठेका शुरू (ट्रम्पेट) :

वॉ० समूह : नि नि
*

* म – म। म –,पनि – म। पनि –प – –। – – – –,

सा – – –। प – – म। प सां नि –। – – – –

* म – म। म –नि – म। प नि प –। – – – –

प –धु – प। म –गु – रे। गु –म – गु। रे –सा – नि

वॉ० समूह व चैलो :

[बेस गिटार : सा – – नि। सा – – नि

रे – – –। – *, गुंमं पं,। सां* *सां – निनि। सां सां * निनि
ठेका बंद (बाँसुरी) : ठेका शुरू (बाँसुरी व म्यूट गिटार) :

[सा – – नि। सा – –]

| सां* *सां * निनि। सां* सां* सां *, | सा – प – सा रे गु म
| मे ऽ रे * ख्वा बों में जो

(ठेका बंद)

[वॉ० समूह : *नि सां रें। गुं – – –। – –]

म
गुम – – पम | म रे– – – | सा – प – | सा रे गु म
आऽ ऽ ऽ ऽऽ | ए ऽ* * * | आ ऽ के ऽ | मु झे छे ड़

म
गुम – – पम | म रे– – – | गु– प – गु | गु –म गु रे
जाऽ ऽ ऽ ऽऽ | ए ऽ* * * | उस* से * क | हो ऽऽ क भी

रे –म गु रे | सा रेसा नि –
सा ऽम ने तो | आ ऽऽ ए * | मेरे ख्वाबों में....आए। आके मुझ....छेड़....
जाए। उससे कहो....आए ! मेरे ख्वाबों में जो—

म

ग॒म – – पम | म रे – ग॒रे | स – – – | सप –,]

आऽ ऽ ऽ ऽऽ | ए ऽ ऽ ऽऽ | ऽ ऽ ऽ ऽ | ऽऽ *,]

ट्रम्पेट्स : पग॒ रेस

[[प़ – – * | * * * * | ध़॒ – – *] |

ब्रास बैंड :

ध प

प –प – * | * ग॒म पग॒ मप | ध॒ –ध॒ – * | * * सांनि॒ ध॒सां]

[[नि़॒ – * म़ | म –म –* नि़॒ | स – – * | *]]

ब्रास बैंड :

नि॒ –नि॒ – म | नि॒ –नि॒ –* म | पध॒ –प – – | –,]]

वॉ०समूह : * ग॒म पम ग॒रे

[[स़ – – * | * * * * | ध़॒ – – * | * * * *]

ब्रास बैंड :

म प

[प –प –* * | * * * * | ध॒ –ध॒ –* * | * * * *

ट्रम्पेट्स :

स ग॒म पसां पग॒ | पम पसां पम पनि॒ | ध॒ ग॒ग॒ सग॒ मप | ध॒ ग॒ग॒ ध॒ध॒ सां]

[नि़॒ – – * | नि़॒ – * नि़॒ | स – – *] |

ध॒

नि॒ –नि॒ –* म | नि॒ –नि॒ – म़ | ध़॒नि़॒,स –प – – | – –]

नि॒ मम रेरे म | नि॒ मम नि॒नि॒ रें | ग॒ं – –, ग॒ | पम ग॒रे सानि़॒ ध़॒प]

नि॒सां रेंसां | नि॒ – – –

वॉ०समूह :

प

[ग॒ म | प – – – | म – – – | – – म प

आ ऽ | आ ऽ ऽ ऽ | आ ऽ ऽ ऽ | * * आ ऽ

(दूसरा स्त्री-कोरस)

स – – – | – – प़ सा | नि़॒ – – – | – – म़ प़

आ ऽ ऽ ऽ | ऽ ऽ ऽ ऽ | आ ऽ ऽ ऽ | ऽ * आ ऽ

(पहला स्त्री-कोरस)

रें – ध़ – । – – सां नि । नि सां रें नि । सां नि रें सां

ध़ – ग़ – | सा – – – | प – ग़ – | रे सा – –
आ ऽ ऽ ऽ | आ ऽ ऽ ऽ | आ ऽ ऽ ऽ | आ ऽ ऽ *

ध़ – – – | – – ग़(म) सा | रे – – – | – – रे सा
आ ऽ ऽ ऽ | ऽ ऽ आ ऽ | आ ऽ ऽ ऽ | * * आ ऽ

नि़ – – – । प –गं़ – रें । सां – –]

म – – –
ओ ऽ ऽ ऽ

नि़ – – – | प –ग़ – रे | सा – – –
आ ऽ ऽ ऽ | आ ऽऽ ऽ ऽ | आ ऽ ऽ ऽ

बाँसुरी व म्यूट गिटार : * ग़म प* म* रे* सा* नि़*]

[नि़ – – – । । नि़ – – – सा – – –]
(मेजर) (मेजर) (माइनर)

* रे रे रे रे –ग़ रे सा नि़ –,साग़ – सा सा – सा –
* कै सा है कौ ऽन है वो जा ऽनेऽ ऽ क हाँ ऽ है ऽ

ठेका बंद (गिटार कॉर्ड्‌स) :

सम,– * * * | * * * * । * * * * | * * रेसा नि़सा
ऽऽ* * * * | होऽ ऽऽ

(ठेका शुरू)

[मम नि़ मम नि़ । मम नि़ मम नि़ । मम नि़ मम नि़ । पप सां पप सां

मैंडोलिन :

रे रे रे रे | रे –ग़ रे सा | नि़(सा) –,साग़ –सा | सा – सा –
ओ* कै सा है | कौ ऽन है वो | जा ऽनेऽ ऽ क | हाँ ऽ है *

मम नि़ मम नि़ । मम नि़ मम नि़ । मम नि़ मम नि़ । पप सां पप सां]

* रे रे रे | रे –ग़ रे सा | नि़(रेसा) –,सारे – सा | सा – सा –
* जिस के लि | ए ऽऽ मे रे | हों ऽठोंऽ ऽ पे | हाँ ऽ है ऽ

– पप म ग | प – मप,म ग | रे रे ग म,–ग | रेंरें –रें गं मं
* अप ना है | या ऽ बेऽऽ ऽ | गा ना है वो,ऽऽ | मैंडोलिन :

– मम ग रे | म – ग रे | नि़ सा रेग सा | – – सारे,– –
* सच है या | को ई अ फ़् | सा ना हैऽ वो | ऽ ऽ ऽऽ* *

नि़ सा
रे रे रे – | रे – रे – | ग ग ग – | ग – ग –
दे खे घू ऽर | घू ऽर के ऽ* | यूँ ही दू ऽर | दू ऽर से ऽ*

ग– प – ग | ग –म ग रे | रे –म ग रे | सा रेसा नि –
उस से * क | हो ऽऽ मे री | नीं ऽद ना चु | रा ऽऽ ये ऽ*

मेरे ख्वाबों में जो आए। आके मुझे छेड़ जाए। उससे कहो कभी सामने तो आए।
मेरे ख्वाबों में जो—

म
गम – – पम | म रे – गरे | सा – – – || सम,– [*सां गं* पं*
आऽ ऽ ऽ ऽऽ | ए ऽ ऽ ऽऽ | ऽ ऽ ऽ ऽ || ऽऽ* वाँ० समूह :

[सा –नि़ –प़। – – ग –। नि़ – – –। – – – –
चैलो :
सां –निं –* *। * *प नि* रें*। पं –मं –* *। * *गं मं* पं*

प़ – – –। ग – – –। सा – – –]।
धं –धं –* *। * *धं निं* मं*। पं –पं –* *,। मप *ग सा *,
पिक्कोलो :

सा प प प। पधु –प – *। सा धु धु धु। धुनि सांधु – *
ट्रम्पेट्स (पहला समूह) :

[म –म –* सा। म –म –* सा। सारे –ग – –। – – – –]
ट्रम्पेट्स (दूसरा समूह) :
नि –नि –* म। नि – नि* म। पधु –प – –। – – – –
ट्रम्पेट्स (पहला समूह) :

बाँ०समूह : * सारे गुम पनि

सा सा
सा प प प। पधु -प - -। सा धु धु धु। धुनि -धु - -

नि - - -। नि -रें - नि | सां - - -।

[* गुम प* म*। गु* रे* सा* नि*]

बाँसुरी व म्यूट गिटार :

नि - - - |
(मेजर)

* रे रे रे |

* जा दू सा |...... चलने लगा है !

गिटार कॉर्ड :

(ठेका बंद)

(अगले अन्तरे के समान ही लेकर अन्त में 'चाँद लेके आए....! मेरे ख़यालों ...आए.... छेड़.... जाए ! मेरे ख़्वाबों ...आए....मुझे छेड़....जाए ! उससे कहो....सामने तो—)

| सा रेसा नि -
| आ ऽऽ ए ऽ*

सा - प - | सा रे ग म | गुम - - पम | रे - - -
ला ऽ ला * | ला ला ला ला | लाऽ ऽ ऽ ऽऽ | ला ऽ ऽ ऽ

सा - प - | सा रे ग म | गुम - - पम | रे - - मरे
ला ऽ ला * | ला ला ला ला | लाऽ ऽ ऽ ऽऽ | ऽ ऽ ऽ ऽऽ

सा - - - | - - - - | - - - - | - - - -
ऽ ऽ ऽ ऽ | ऽ ऽ ऽ ऽ | ऽ ऽ ऽ * | * * * *

सां* •सां * निनि। सां *सां * निनि। सां *सां * निनि। सां* सां सां *

बाँसुरी व म्यूट गिटार : (ठेका बन्द)

□□□

घर से निकलते ही

स्वरलिपि
देवकीनंदन धवन

घर से निकलते ही, कुछ दूर चलते ही रसते में है उसका घर !
कल सुबह देखा तो बाल बनाती वो खिड़की में आई नज़र !!
मासूम चेहरा नीची निगाहें, भोली-सी लड़की भोली अदाएँ।
न अप्सरा है न वो परी है, लेकिन उसकी जादूगरी है।।
दीवाना करती वो, इक रंग भरती वो, शरमा के देखे जिधर !
करता हूँ उसके घर के मैं फेरे, हँसने लगे हैं अब दोस्त मेरे।
सच कह रहा हूँ उसकी क़सम है,
मैं फिर भी ख़ुश हूँ बस एक ग़म है।।
जिसे प्यार करता हूँ मैं जिसपे मरता हूँ, उसको नहीं है ख़बर !
लड़की है जैसे कोई पहेली, कल जो मिली मुझको उसकी सहेली।
मैंने कहा उसको जा के ये कहना, अच्छा नहीं है यूँ दूर रहना।।
कल शाम निकले वो घर से टहलने को,
मिलना जो चाहे अगर !

□ फ़िल्म : पापा कहते हैं

संगीत : राजेश-रोशन • गीत : जावेद अख़्तर • गायन : उदितनारायण

प सां नि - - - - - - - - - प - ध - - - - - - - -
ठेका बंद (पार्श्व-संगीत) :

- - - मं - - - - प - - - - - - - - - ग॒ - -

- ग - - - - - - - - सा - - - - - - - -

रे सा रे सा ऩिसा रे - - - - - - - - | प़ - - - - - - - -
(गुनगुनाना) | * * * * * * * *

रेग रेसा नि़ सा ग - - - - - - - - - | ग - - - - - - - -
(गुनगुनाना) | * * * * * * * *

ग मं प ध पध मंप - - रे (प) - - - | प - - - - - - - -
(गुनगुनाना) | * * * * * * * *

रेग रेग – – – सा –
(गुनगुनाना)

(रिद्म के साथ)

कहरवा ताल

×   ×   ×   ×

ग – सा –। – – – –। – – – –। – – – –

* * * *। नि़ – – –। रे ग प ध। नि रेंनि रें –

– – – –। नि * * *। * नि रे ध। नि रें गं रें

* गं मं गं। मं – – गं। गंरें सां – –। * सां – रें

गं पं पं पं। पं पं पं गं। * * गं –। रेंगं –रें गं रें

गं रें – –। नि – – प। – – सां –। – – –,

ठेका शुरू

×   ०   ×   ०

नि़ | सा नि़ ध़ नि़ | सा – – – | नि़ रे – सा

घ | र से ऽ नि | कल ऽ ऽ ऽ | ऽ ते ऽ ही

– – – ग | ग ग – प | गरे – – – | – नि़ रे सा

* * * कु | छ दू ऽ र | चल ऽ ऽ ऽ | ऽ ते ही ऽ

प   ध

सा रे प प | प सां – नि | प – – – | – प रे रेग

* * * र | स् ते ऽ में | है ऽ ऽ ऽ | ऽ उ स काऽ

रे ग – – | – – ग प | सां – पध,प – | – रेग,रे – –

घर ऽ ऽ ऽ | ऽ ऽ * * | * * * * | * * * *

सा – – नि़ | स ध़ ध़ नि़ | सा – – – | नि़ रे – सा

* * * क | ल सु ब ह | दे ऽ ऽ ऽ | ऽ खा ऽ तो

– – – ग | – ग – प | गरे – – – | – नि़ रे सा

* * * बा | ऽ ल ऽ ब | नाऽ ऽ ऽ ऽ | ऽ ती ऽ वो

प   ध

सा रे प प | प सां – नि | प – – – | – प रे रेग

* * * खि | ड़ की ऽ में | आ ऽ ऽ ऽ | ऽ ई ऽ नऽ

रेग – – – | – – ग प | सां – पध,प – | – रेग,रे – –
जर ऽ ऽ ऽ | ऽ ऽ * * | * * * * | * * * *

सा – – नि़ | सा नि़ध़ – नि़ | सा – – – | नि़ रे रेग रे
* * * घ | र सेऽ ऽ नि | कल ऽ ऽ ऽ | ऽ ते हीऽ ऽ

पा० सं० शुरू : ग – – – ।

सा – – – | – – – – | प – – – । सां – – –
ऽ ऽ ऽ ऽ | ऽ ऽ ऽ ऽ | पार्श्व संगीत :

रें गं पं गं । * सां – नि । रें – – – । – – – –

रें गं पं गं । * रें – नि । सां – – – । – – – –

रें गं पं गं । * सां – नि । रें – – – । – – – –

प –म | गरे गरे गस –
रें गं पं गं । * रें – नि | सां – – – | – – – –

ग प सां नि | – – – – | धनि ध – – | – – – मं
आ ऽ ऽ ऽ | ऽ ऽ ऽ ऽ | ऽऽ ऽ ऽ ऽ | ऽ ऽ * आ
(समूह आलाप)

प – – – | – – ग – | ग – – – | सा – – –
ऽ ऽ ऽ ऽ | ऽ ऽ * * | * * * * | * * * *

– – ध़ – | सा – ग – | रे – – – | मं – ध –
* * * * | * * * * | * * * * | * * * *

ग – – म | – म – ध | ध – ध – | – ध ग –
* * * मा | ऽ सू ऽ म | चे ऽ ह ऽ | ऽ रा ऽ ऽ

– – – ग | – म – ध | धप प – – | – प ग –
* * * नी | ऽ ची ऽ नि | गाऽ ऽ ऽ ऽ | ऽ हैं ऽ ऽ

– – – ग | – म – ध | ध – ध – | – ध – –
* * * भो | ऽ ली ऽ सी | ल ऽ ड़ ऽ | ऽ की ऽ ऽ

ग प धप

– – – ग | – म – ध | धप प – – | – प ग –
● ● ● भो | ऽ ली ऽ अ | दाऽ ऽ ऽ ऽ | ऽ एँ ऽ ऽ

मं – –

● ● ● मं | – मं मं मं | मं – – – | – प धप –
● ● ● न | ऽ अ प स | रा ऽ ऽ ऽ | ऽ है ऽऽ ऽ

म प ग स ग

ग – – ग | म पध प म | ग – – – | – ग स –
ऽ ऽ ऽ न | ऽ वोऽ ऽ प | री ऽ ऽ ऽ | ऽ है ऽ ऽ

रे – –

● ● ● नि़ | रे रे – रे | रे – रे – | रे – – –
● ● ● ले | ऽ किन ऽ ये | उ ऽ स ऽ | की ऽ ऽ ऽ

नि़

– – – नि़ | ध़ स – स | स – – – | स – – –
● ● ● ना | ऽ दू ऽ ग | री ऽ ऽ ऽ | है ऽ ऽ ऽ

– – – नि़ | स नि़ ध़ नि़ | स – – – | नि़ रे – सा
● ● ● दी | ऽ वा ऽ ना | कर ऽ ऽ ऽ | ऽ ती ऽ वो

– – – ग | ग ग – प | गरे – – – | – नि़ रे सा
● ● ● इ | क रं ऽ ग | भरऽ ऽ ऽ ऽ | ऽ ती ऽ वो

प ध

सा रे प प | प सां – नि | प – – – | – प रे रे
● ● ● श | र मा ऽ के | दे ऽ ऽ ऽ | ऽ खे ऽ जि

ग – – – | – – ग प | सां – पध,प – | – रेग,रे – –
धर ऽ ऽ ऽ | ऽ ऽ ● ● | ● ● ● ● | ● ● ● ●

स – –,
● ● ●, घर से निकलते ही..................उसका :—

रे ग – – | – – – – |
घर ऽ ऽ ऽ | ऽ ऽ ● ● | (केवल रिद्म)) | ....

सानि़ सानि़ प़नि़ सानि़ । सानि़ प़नि़ सानि़ प़नि़ ।
पार्श्व-संगीत :
सानि़ सानि़ प़नि़ सानि़ । सानि़ प़नि़ सानि़ स़नि़ ।

नि़म॑ गम॑ गम॑ निम॑ । गम॑ गम॑ गरे गरे । नि़म॑ गम॑ गम॑ नि़म॑ । गम॑ गम॑ गरे गरे

सा नि सां ध । सां प सां म॑ । सा – प – । ^प^सां – – –

नि –सां – गं । नि – – – । ध –नि – सां । ध – – –

म॑ –प – ध । प – – ग । प – – – । – – – –

रें – सां रें । – – – – । ^प^रें – – – । स – – –

रें – सां रें | – – ^म॑^प – | म॑ग रे ग – | – – – –
| आ | ऽऽ ऽ ऽ ऽ | ऽ ऽ ऽ ऽ
(सामूहिक आलाप)

– – –, |
ऽ ऽ ऽ, |

(दूसरा अन्तरा लगभग पहले अन्तरे के समान गाने के पश्चात्—)

घर से निकलते ही..............उसका :—

रेग – – – | – – – – | – – प – | – रे – –
घरऽ ऽ ऽ ऽ | ऽ ऽ • • | • • • • | • • • •

रें गं पं गं • सं – नि
सा – – – | • • • • | रें – – – | – – – –
• • • • | • • • • | • • • • | • • • •

रें गं पं गं | • रें – नि | सां – – – | – – – –
• • • • | • • • • | • • • • | • • • •

रें गं पं गं | • सां – नि | रें – – – | – – – –
• • • • | • • • • | • • • • | • • • •

										प	-म॑	गरे	गरे	गस	–
रें	गं	प	गं	✽	रें	–	नि	सां	–	–	–	–	–	–	–
✽	●	✽	✽	✽	✽	●	✽	✽	✽	✽	✽	✽	✽	✽	✽
ग	प	सां	नि	–	–	–	–	धनि	ध	–	–	–	–	–	म॑
आ	ऽ	ऽ	ऽ	ऽ	ऽ	ऽ	ऽ	ऽऽ	ऽ	ऽ	ऽ	ऽ	ऽ	✽	आ
प	–	–	–	–	–	ग॒	–	ग	–	–	–	सा	–	–	–
ऽ	ऽ	ऽ	ऽ	ऽ	ऽ	✽	✽	✽	✽	✽	✽	✽	✽	✽	●
–	–	ध़	–	ग	–	–	–	रे	–	–	–	म॑	–	–	–
✽	✽	✽	✽	✽	✽	✽	✽	✽	✽	●	●	✽	✽	✽	●
ग	–	–,													
✽	✽	✽,													

(तीसरा अन्तरा पहले अन्तरे के समान गाया जायेगा।)

□□□

खाते हैं हम क़सम

स्वरलिपि
देवकीनंदन धवन

खाते हैं हम क़सम तुमको ही चाहेंगे !
तेरे सिवा कहीं दिल न लगाएँगे।
अब तो तुम्हें सनम हम न भुलाएँगे !
गवाही अपनी मुहब्बत की देंगे ज़मीं–आसमाँ।
किसी दिन तेरी ही चाहत में खोएँगे दोनों जहाँ॥
जब तक हैं साँसें, जब तक है दम !

कुछ भी करले ये दुनिया अब प्यार होगा न कम।
कभी न होंगे जुदा तुमसे, सह लेंगे सारे सितम॥
चाहे खुशी हो, चाहे हो ग़म !

□ फ़िल्म : आतिश

संगीत : नदीम श्रवन • गीत : समीर • गायन : कुमार सानू व अल्का याज्ञिक

पाश्र्व-संगीत :
पध प – – प प प प मप म – – म म म म ग – –

रे – – सा – नि़ सा ग रे सां – – – प ध ध ध प ध

ध ध गं – – – सां – – – प ध ध ध प ध ध ध

सां – – – – – – – प ध ध ध प ध ध ध ध

गं – – – सां – – – प ध ध ध प ध ध ध

गम़ पध़ नि़सा रेग मम
सां – – – – – – –

कहरवा ताल

× ० × ०
पं – – गं। – – सां –। पं – – – | ग – सा –
पाश्र्व-संगीत : | – – – –

| म – रे –
पं – – गं।– – सां –।धं – – –| – – – –

| ऩि – रे –म
धं – – मं।– – रें –।धं – – –| – – – –

ग – ग –| सा – – –| – – – –| – – – –
पं – – गं| – – सां धं| पं – – –| – – – –

प ध ध ध। प ध ध ध। गं – – –। सां – – –
प ध ध ध। प ध ध ध। सां – – धप। म – – –

म –म प मप,म। ग – – –। म –ग म ग। रे – ऩि –

ऩि
सा – –) सा| – सा प़ प़| ध़ – – सा| ऩि – – –
) खा| ऽ ते ऽ हैं| हम ऽ ऽ क़| सम ऽ ऽ ऽ

ग
– – – प़| – सा – म| गम,ग – ग रे| रे सा – –
* * * तुम| ऽ को ऽ ही| चाऽऽ ऽ हें ऽ| गे ऽ ऽ ऽ

– – – सा| – सा प़ प़| ध़ – – सारे,सा| ऩि – – –
* * * खा| ऽ ते ऽ हैं| हम ऽ ऽ क़ऽऽ| सम ऽ ऽ ऽ

– – – | – – – सा| – सा प़ प़
* * * तुमको ही चाहेंगे— | * * * ते| ऽ रे ऽ सि

रे
ध़ – – सा| ऩि – – –| – – – प़| – सा – म
वा ऽ ऽ क| हीं ऽ ऽ ऽ| * * * दिल| ऽ न ऽ ल

ग
गम,ग – ग रे| रे सा – –| – – – ग| ग ग – ग
गाऽऽ ऽ एँ ऽ| गे ऽ ऽ ऽ| * * * अ| ब तो ऽ तु

म – – म| मप म गम ग| रे – – रे| – रेप ग ग
म्हें ऽ ऽ स| नमऽ ऽ ऽऽ ऽ| ऽ ऽ * हम| ऽ नऽ ऽ भु

ग – ग –| ग मग रे गरे| सा * *
ला ऽ एँ ऽ| गे ऽऽ ऽ ऽऽ| ऽ * * खाते हैं हम क़सम, तुमको ही चाहेंगे। तेरे सिवा कहीं दिल न लगाएँगे।

–	–	–	ग	ग	ग	–	प	म	–	–	म	मप	म	गम	ग
*	*	*	अ	ब	तो	ऽ	तु	म्हें	ऽ	ऽ	स	नमऽ	ऽ	ऽऽ	ऽ
रे	–	–	रे	–	प	म	म	ग	–	ग	–	ग	मग	रे	गरे
ऽ	ऽ	*	हम	ऽ	न	ऽ	भु	ला	ऽ	ऍं	ऽ	गे	ऽऽ	ऽ	ऽऽ

सा * *

ऽ * * खाते हैं हम क़सम, तुमको ही चाहेंगे। तेरे सिवा कहीं दिल न लगाएँगे।।

पार्श्व-संगीत :

प़ – ग –। – रे – सा। नि़ – – –। * ध़ – प़

म़ – – –। प़ ध़ * म़। प़ – – –। – – – – (दो बार)

पार्श्व-संगीत :

म – म ग। रे – रे ग। म ग म ग। रे – – –

ग – – रे। सा – सा रे। ग रे ग रे। सा – – –

								म	–	म	ध	म	ध	म	–
								हू	ऽ	हू	हू	हू	हू	हू	ऽ
नि़	–	–	नि।	–	ध	–	प	म	–	–	–	–	–	–	–
								ग	–	ग	प	ग	प	ग	–
								हू	ऽ	हू	हू	हू	हू	हू	ऽ
रे	–	–	रें।	–	सां	–	नि	सां	–	–	–	ऽ	ऽ	ऽ	ऽ

सा सा – ग। नि़ नि़ – ग। ध़ ध़ – ग। प़ – ग रे

सा – – (दो बार)

			ग	रे	ग	रे	सा	–	–	–	सा	सा	रे	–	ग
			ग	वा	ऽ	ही	ऽ	*	*	*	अ	प	नी	ऽ	मु
म	–	–	–	–	ग	प	धप	म	–	–	–	–	–	–	–
ह	ऽ	ऽ	ऽ	ऽ	ऽ	ब्ब	तऽ	की	ऽ	ऽ	ऽ	ऽ	ऽ	ऽ	ऽ
–	–	–	–	गम	प	ग	–	–	–	–	गम	ग	रे	–	–रे
ऽ	ऽ	ऽ	ऽ	ऽऽ	ऽ	ऽ	ऽ	*	*	*	देंऽ	ऽ	गे	ऽ	ऽज़
ग	–	रेग	मग	–	रेसा	रे	–सा	सा	–	–	–	–	–	–	–
मीं	ऽ	ऽऽ	ऽऽ	ऽ	आऽ	ऽ	ऽस	माँ	ऽ	ऽ	ऽ	ऽ	ऽ	ऽ	ऽ

–	–	–	ग	रे	ग	रे	सा	–	–	–	सा	–	रे	–	ग
*	*	*	कि	सी	ऽ	दिन	ऽ	*	*	*	ते	ऽ	री	ऽ	ही
म	–	–	–	–	ग	प	धप	म	–	–	–	–	–	–	–
चा	ऽ	ऽ	ऽ	ऽ	ऽ	ह	तऽ	में	ऽ	ऽ	ऽ	ऽ	ऽ	ऽ	ऽ
						म									
–	–	–	–	गम	प	ग	–	–	–	–	गम	ग	रे	–	रे
ऽ	ऽ	ऽ	ऽ	ऽऽ	ऽ	ऽ	ऽ	*	*	*	खोऽ	ऽ	एँ	ऽ	गे
पग	ग	–	–	–	रेसा	रे	सा	सा	–	–	–	–	–	–	–
दोऽ	ऽ	ऽ	ऽ	ऽ	नोंऽ	ऽ	ज	हाँ	ऽ	ऽ	ऽ	ऽ	ऽ	ऽ	–
										प	प	नि			
–	–	–	ध	ध	ध	ध	ध	पध	–	ध	ध	ध	पम	प	–
*	*	*	ज	ब	त	क	हैं	साँऽ	ऽ	ऽ	ऽ	ऽ	सँऽ	ऽ	ऽ
म	–	–	ध	प	प	प	प	प	–	–	धप	ग	पग	रे	गरे
ऽ	ऽ	ऽ	ज	ब	त	क	है	दम	ऽ	ऽ	ऽऽ	ऽ	ऽऽ	ऽ	ऽऽ
सा	*	*													
ऽ	*	*	खाते हैं हम क़सम ....।												

नि़ सा रे सा। – – – –। नि़ सा रे सा। – – – –

पार्श्व-संगीत :

नि़ सा रे सा। – नि़ – ध़। म़ – – –। – – – –

प़ ध़ नि़ ध़। – – – –। प़ ध़ नि़ ध़। – – – –

प़ ध़ नि़ ध़। – ध़ – म़। म़ प़ – –। नि़सा रेग मप धनि

नि सां रें सां। – – – –। नि सां रें सां। – – – –

नि सां रें सां। – नि – धप। म – – –। – – – –

प ध नि ध। – – – –। प ध नि ध। – – – –

प ध नि ध। – ध – म। म प – –। – – – –

प – – नि। – – नि –। प – – नि। – – – –

| धं – धं – | पं – मं –
प – – नि । – – प ध | ध – – – | – – – –

मं – –
म – – ध | – – ध – । म – – ध । – – ध –

| पं – मं – | मं – गं –
म – – ध । – – म मं | प – – – | – – – –

प ध प – । – – म ग । रे ग म ध । प – म ग

प * * }
(दूसरा अन्तरा पहले अन्तरे के समान गाने के पश्चात्) अन्त में :—

– – – { सा । – सा – प़ । ध़ – – सा । नि़ – – –
* * * { पार्श्व-संगीत :

| प़ध़ नि़सा सारे गम
* * * प़ । – सा – म । ग – ग रे | सा – – –

रेग गम गम मप | मप पध पध धनि | सां – – – | – – }
– – – – | – – – – | * * * * | * * }

□□□

गीत नामानुक्रम

१. आप जब से क़रीब आए (नूरजहाँ : मुहम्मद रफ़ी व आशा भोसले) ६९
२. इन आँखों की मस्ती के (उमराव जान : आशा) १११
३. ऐ कातिबे-तक़दीर (मेरी बहिन : सहगल) ९८
४. खाते हैं हम क़सम (आतिश : कुमार सानू व अल्कायाज्ञिक) १४०
५. घर से निकलते ही (पापा कहते हैं : उदित नारायण) १३४
६. चलो इक बार फिर से (गुमराह : महेन्द्र कपूर) ८०
७. ज़रा-सी आहट होती है (हक़ीक़त : लतामंगेशकर) ८८
८. जाइए, आप कहाँ जाएँगे (मेरे सनम : आशा भोसले) ७३
९. जिगर के दाग़ नए (हमराही : बिनीता बोस) ४०
१०. जो हम पें गुज़रती है (पन्ना : राजकुमारी) १३
११. तीर खाते जाएँगे (दीवाना : लता) २४
१२. तुझे देखा तो ये जाना सनम (दिल वाले दुल्हनियाँ ले जाएँगे : लता व कुमार सानू) १२२
१३. तेरी महफ़िल में दिल थामे (शीशा : मोहम्मद रफ़ी) १८
१४. तेरे प्यार की तमन्ना (तवायफ़ : महेन्द्र कपूर) ९५
१५. दम भर जो उधर मुँह फेरे (आवारा : लता व मुकेश) ४९
१६. दिल की ये आरज़ू (निकाह : महेन्द्र कपूर व सलमा आग़ा) ११७
१७. दिल के अरमाँ (निकाह : सलमा आग़ा) १०८
१८. दिल चीज़ क्या है (उमराव जान : आशा) १०२
१९. दिल जलता है तो जलने दो (पहिली नज़र : मुश्ताक) १
२०. दिले नादां तुझे हुआ क्या है (अपना देश : पुष्पा हंसा) ५८
२१. दुआ कर ग़मे दिल (अनार कली : लता मंगेशकर) ५४
२२. देख लिया मैंने (दीदार : लता व रफ़ी) ६१
२३. दोस्त, दोस्त ना रहा (संगम : मुकेश) ८८
२४. नुक्ताचीं है ग़मे दिल (मिर्ज़ा ग़ालिब : सुरैया) ५
२५. बदनाम ना हो जाए (शहीद : सुरेन्द्र कौर) १६
२६. बेकस पे करम कीजिए (मुग़ले आज़म : लता मंगेशकर) ७७
२७. मुस्कराओ कि जी नहीं लगता (कंगन : लता मंगेशकर) ९२
२८. मेरे ख़्वाबों में जो आए (दिल वाले दुल्हनियाँ ले जाएँगे : लता मंगेशकर) १२८
२९. मैं पल दो पल का शायर हूँ (कभी-कभी : मुकेश) ११४
३०. यहाँ बदला वफ़ा का (जुगनू : नूरजहाँ और रफ़ी) ३२
३१. ये हवा ये रात ये चाँदनी (संगदिल : तलत महमूद) २१
३२. शामे ग़म की क़सम (फ़ुटपाथ : तलत महमूद) २८
३३. सीने में सुलगते हैं अरमां (तराना : लता व तलत महमूद) ६४
३४. हम बेख़ुदी में (काला पानी : मोहम्मद रफ़ी) ९
३५. है कहीं पर शादमानी (आंधियाँ : लता) ४४

□□□

संगीतलिपि चिह्न-परिचय

प	जिन स्वरों के ऊपर-नीचे कोई चिह्न नहीं है, वे मध्य (बीच की)–सप्तक के शुद्ध स्वर हैं।
ध॒	जिन स्वरों के नीचे पड़ी रेखा या लकीर है, वे कोमल स्वर हैं; किंतु कोमल मध्यम पर कोई चिह्न नहीं होता, क्योंकि कोमल मध्यम को शुद्ध मध्यम भी कहते हैं।
म॑	मध्यम के ऊपर खड़ी रेखा हो तो वह तीव्रमध्यम कहलाता है।
प़/ध़.	नीचे एक बिंदी वाले स्वर मंद्र-सप्तक के तथा दो बिंदी वाले स्वर अतिमंद्र-सप्तक के हैं।
सं/पं̈	ऊपर एक बिंदी वाले स्वर तार-सप्तक के तथा दो बिंदी वाले स्वर अतितार-सप्तक के हैं।
प–	जिस स्वर के आगे जितनी रेखाएँ (–) हैं, उसे उतनी ही मात्राओं तक और बजाइए।
गाऽ	जिस अक्षर के आगे जितने अवग्रह (ऽ) के चिह्न हैं, उसे उतनी ही मात्राओं तक और गाइए।
मधप	इस प्रकार जितने भी स्वर मिले हुए (सटे हुए) हों, उन-सबको एक मात्रा में बजाइए।
◡	जिन स्वरों के नीचे इस प्रकार का कोष्ठक (ब्रैकिट) हो तो उन स्वरों को एक मात्रा-काल में बजाया जाएगा।
×०२	'×' सम का, '०' खाली का तथा २, ३ या ४ आदि तालियों के चिह्न होते हैं।
,	'सरे, स' इस प्रकार एक ही मात्रा के (सभी आपस में सटे हुए) स्वरों के बीच में लगा हुआ कौमा एक मात्रा को आधी-आधी मात्रा के दो खंडों में विभाजित करता है।
✽	जहाँ ऐसे फूल दिए हों, वहाँ उतनी ही मात्रा तक चुप रहना चाहिए।
⌒	यह चिह्न स्वरों के ऊपर मीड़ देने के लिए होता है।
ग प	इस प्रकार किसी स्वर के ऊपर कोई स्वर हो, तो ऊपर वाले स्वर को ज़रा-सा छूते हुए नीचे के स्वर को बजाइए। ऊपर वाला स्वर 'कण-स्वर' कहलाता है।
(म)	इस प्रकार कोई स्वर कोष्ठक में बंद हो, तो उसके आगे का स्वर, वह स्वर, उससे पहले का स्वर तथा फिर वही स्वर लेकर एक मात्रा में ही बजाइए; जैसे (पमगम)।
〰	यह चिह्न स्वरों के ऊपर 'ज़मज़मा' (कम्पन) देने के लिए होता है; अर्थात् जिन स्वरों के ऊपर यह चिह्न है, उन स्वरों को मधुर व संतुलित ढंग से हिलाते हुए प्रयोग में लाइए।

संगीत कार्यालय के प्रकाशन

[मँहगाई के अनुसार समय-समय पर मूल्यों में वृद्धि होती रहती है।]

● **कंठ-संगीत** (Vocal Music)

बालसंगीत शिक्षा (3 भागों में)–कक्षा 6,7 व 8 के लिए; मूल्य क्रमश : 20/-, 25/- व 30/-
संगीत किशोर—कक्षा 9-10 के लिए 30/-
क्रमिक पुस्तक मालिका (भाग 1 से 6 तक, पाठ्यक्रमानुसार)—मूल्य क्रमशः
25/-, 175/-, 250/-, 275/-, 175/-, 225/-
Kramik Pustak Part-1 (English) 50/-
A Guide to Indian Music (Eng.) 85/-
स्वरमालिका–भातखंडे जी द्वारा संकलित 62 रागों में 123 सरगमें 75/-
क्रमिक तान आलाप (भाग १)— 15/-
क्रमिक तान आलाप (भाग 3)— 150/-
क्रमिक तान आलाप (भाग 4)— 150/-
अप्रकाशित राग (भाग 1) 73 बंदिशें 50/-
स्वर प्रवाह—63 रागों में भक्तिप्रधान 246 बंदिशें 375/-
मधुर चीज़ें—111 मधुर राग-बंदिशें 50/-
सूर संगीत–सूरदास के स्वरबद्ध पद (प्रेस में)
वंदना संगीत–50 स्वरबद्ध प्रार्थनाएं 40/-
ठुमरी गायकी–45 स्वरबद्ध ठुमरियाँ 50/-
मारवा ठाठ अंक—88 राग-रचनाएं 125/-
अप्रचलित राग ताल अंक 125/-
आलाप-तान अंक—एम० ए० स्तर 125/-
प्रार्थना संगीत—विभिन्न धर्मों की स्वरलिपि सहित मूल प्रार्थनाएं 65/-
भक्ति संगीत अंक-102 स्वरबद्ध पद 125/-
मीरा संगीत अंक—11 महत्त्वपूर्ण लेख व मीराबाई के 138 स्वरबद्ध पद 125/-
गज़ल अंक—स्वरलिपि-सहित ग़ज़लें 125/-
राष्ट्रीय संगीत—लेख व स्वरलिपि 150/-
महिला संगीत अंक—लेख व स्वर० 125/-
मुहम्मद रफ़ी अंक-जीवनी व स्वरांकन 125/-
फ़िल्मी ग़ज़ल अंक (भाग 1) फ़िल्मों की स्वरबद्ध 35 ग़ज़लें 85/-
फ़िल्मी शास्त्रीय गीत अंक (भाग 1) फ़िल्मों के 52 स्वरबद्ध शास्त्रीय गीत 125/-
फ़िल्मी प्रेम गीत अंक (भाग 1)— फ़िल्मों के 40 स्वरबद्ध प्रेम भरे गीत 85/-
फ़िल्मी उल्लास गीत अंक— फ़िल्मों के 35 स्वरबद्ध उल्लासपूर्ण गीत 85/-
फ़िल्मी युगल गान अंक (भाग 1)— फ़िल्मों के 35 स्वरबद्ध युगल-गीत 85/-
फ़िल्मी भजन अंक (भाग 1)— फ़िल्मों के 35 स्वरबद्ध भक्ति-गीत 85/-
फ़िल्मी सांस्कृतिक गीत अंक (भाग 1)— फ़िल्मों के 35 स्वरबद्ध गीत 85/-
फ़िल्मी विविध गीत अंक (भाग 1)— फ़िल्मों के 35 स्वरबद्ध लोकप्रिय गीत 85/-
फ़िल्मी विविध गीत अंक (भाग 2 व 3)— फ़िल्मों के 35 स्वरबद्ध लोकप्रिय गीत 85/-
फ़िल्मी विविध गीत अंक (भाग 4)— फ़िल्मों के 35 स्वरबद्ध लोकप्रिय गीत 85/-
फ़िल्मी विविध गीत अंक (भाग 5)— फ़िल्मों के 35 स्वरबद्ध लोकप्रिय गीत 85/-
फ़िल्मी विविध गीत अंक (भाग 6)— फ़िल्मों के 35 स्वरबद्ध लोकप्रिय गीत 85/-
फ़िल्मी विविध गीत अंक (भाग 7 व 8)— फ़िल्मों के 35 स्वरबद्ध लोकप्रिय गीत 85/-
फ़िल्मी विरह गीत अंक (भाग 1)— फ़िल्मों के 35 स्वरबद्ध दर्द भरे गीत 85/-
संगीत विनय पत्रिका- संत तुलसीदास के 70 स्वरबद्ध पद 85/-

■ **शास्त्र व इतिहास** (Theory & History)

हाईस्कूल संगीत शास्त्र–पूरा कोर्स 50/-
संगीत शास्त्र— कक्षा 12 तक 50/-
भारतीय संगीत का इतिहास 50/-
संगीत विशारद–एम०ए० तक का कोर्स 200/-
राग विशारद, भाग 1 एम.ए. तक 200/-
राग-कोष—1438 रागों का विवरण 75/-
भातखंडे संगीत शास्त्र (भाग 3) 200/-
संगीत-पद्धतियों का तुलनात्मक अध्ययन- प्राचीन 10 संगीत ग्रन्थों का सार 60/-
संगीत निबंधावली—26 निबंध 50/-
निबंध संगीत —7१ शोधपूर्ण निबंध 250/-
संगीत चिंतामणि—आचार्य बृहस्पति के उच्चस्तरीय 31 विस्तृत शोध-निबंध 250/-
स्वरमेल कलानिधि—रामामात्य कृत एक आधार ग्रंथ, हिंदी टीका-सहित 30/